De toutes les couleurs

Autobiographie de **Germaine Dubreuil**

YMENAK

YMENAK
C.P. 294 ANJOU QC
H1K 4G7
TÉL: 514 237 9034

Tous droits réservés:
Édition
YMENAK

Auteure
Germaine Dubreuil, 6 novembre, 1923

Dépôt légal
Bibliothèque nationale du Canada
Bibliothèque nationale du Québec
Deuxième trimestre 2001

ISBN 2-9806916-3-1

Remerciements

Je tiens à remercier mon fils, Luc, pour m'avoir aidée à construire ce long et ardu travail. Je lui avais fait part de mon intention d'"écrire ma biographie en novembre, 1998 pour le nouveau millénaire, ce qui ne lui donnait pas beaucoup de temps.

Il a passé au travers avec enthousiasme et je l'en félicite. Nous avons travaillé ensemble sans nous nuire. Il ne m'a pas torturée, bien au contraire. Ce fut pour moi une véritable thérapie.

Quant à lui, je l'ai laissé libre et je ne suis jamais intervenue. Je lui ai fait entièrement confiance, à mon avis c'est ce qu'il fallait faire.

Sans sa précieuse aide, ce livre n'aurait probablement jamais vu le jour.

Dédicace

Je dédie ce livre
à tous mes enfants et petits- enfants.
Il a été écrit expressément pour l'An 2000

Un nouveau millénaire est déjà commencé, mais j'estime qu'il ne faut pas oublier trop vite l'autre siècle, le vingtième celui qui m'a vue naître, celui qui a façonné ma vie et celle de tous mes enfants.

Cette époque n'a pas toujours été de tout repos. Il y a eu des guerres, des famines, de grands bouleversements, mais le bonheur était là quand même. Parfois, il venait frapper à notre porte et nous jasait un brin puis, il repartait car il avait beaucoup à faire mais il revenait toujours. Le plus souvent on le retrouvait dans la simplicité, dans la nudité de la vie.

J'ai écrit ce livre pour ne pas oublier...

TABLE DES MATIÈRES

Une douce jeunesse

Voici l'histoire d'une des filles de
Léon Dubreuil et d' Éva Bousquet

Germaine Dubreuil

Son histoire est belle, tragique, parfois douloureuse aussi, mais elle est belle et douce à la fois, poétique à souhait, passionnée, surtout passionnée. Germaine est une femme de coeur, de passion et de réflexion. Elle a appris de la vie et elle apprend encore. Rien n'est jamais fini. Il faut souvent recommencer pour continuer, pour poursuivre sa route. Avec le temps, elle s'est construit une maison solide. Jeune enfant, elle a pu exploiter son imaginaire. Elle a été heureuse. Adolescente, la vie lui a sauté dessus comme un chat enragé, toutes griffes sorties. Puis il y a eu les enfants, la pauvreté, la misère, mais elle aimait toujours avec passion.

Sa passion c'était d'aimer. Aimer son mari, ses enfants, les papillons, les arbres, les animaux, le soleil, la pluie, toute la vie. Avec ce don bien spécial, elle a pu faire un sacré bon bout de chemin. C'était sa force, c'était son espérance. Elle est tombée quelques fois, mais elle s'est relevée avec courage et détermination. Elle est tombée pour mieux se relever, pour mieux respirer l'odeur de la vie. La vie est belle, triste, souriante ou grimaçante mais c'est la vie. Elle ressemble à une montagne russe. Elle a des hauts et des bas, mais la vie avant tout, c'est l'amour. *La vie est dans le mouvement.*

Une douce jeunesse

"Tant d'années de vie conjugale, de maternité, d'amour
de tendresse, de joies, de peines et voilà que la vie
demande encore des ajustements.
Toutes les étapes de la vie ne sont jamais acquises."
23 janvier, 1985

" Que c'est difficile parfois la vie!
Il me semble que l'on ne mérite jamais
tout ce qui nous arrive.
Mais parfois, on s'aperçoit au bout d'un certain temps
qu'il fallait passer par là pour avancer
pour acquérir plus de sagesse et de compréhension."

21 mars, 1989

" Vous serez libres en vérité non pas lorsque vos jours
seront sans soucis et vos nuits sans désirs
et sans peines mais plutôt lorsque ces choses
enserreront votre vie et que vous vous élèverez
au-dessus d'elles nus et sans entrave."

K. Gibran Le Prophète

Germaine Dubreuil

Je suis née le 6 novembre, 1923 à Saint-Pie de Bagot un peu avant la crise. J'étais la cinquième de la famille et l'avant-dernière. J'étais prise entre un frère, le seul garçon et la p'tite dernière, le bébé. J'ai dû me battre plus que les autres membres de la famille afin de me faire remarquer, surtout qu'on me disait souvent que j'étais laide et je le croyais. Je me sentais tout de même aimée de mon père et de ma soeur, Jeanne, la dernière. Pourtant, je la faisais souvent passer par où je voulais.

Je me rappelle beaucoup de choses de mon enfance. On était dans une période difficile. Ma mère m'a souvent raconté cette période. Il n'y avait plus d'ouvrage nulle part. Quand ma mère a rencontré mon père, elle revenait des États-Unis où elle était allée travailler avec toute sa famille dans une usine. Beaucoup de ses frères et soeurs sont restés là-bas, quelques-uns sont revenus. À l'époque, des familles entières partaient parce qu'elles ne pouvaient plus vivre ici.

Beaucoup de cultivateurs ont perdu leurs terres. Les *vautours* rôdaient au-dessus de leurs têtes. Quand un fermier voulait emprunter de l'argent, fallait qu'il passe par le notaire. Ce dernier connaissait des gens qui pouvaient *passer de l'argent* et quand le fermier ne pouvait plus payer, ce qui arrivait assez souvent, le créancier *vautour,* saisissait la terre. Alors beaucoup sont partis aux États-Unis. Il n'y avait pas d'autres choses à faire. Ils partaient avec pas grand-chose. Ce n'est que plus tard, quand Duplessis est arrivé au pouvoir, que ça a commencé à changer. Il a installé le *régime du prêt agricole* qui a permis aux cultivateurs de survivre.

Mon père était de Saint-Dominique et ma mère de Saint-Pie. Quand ils se sont mariés, ils sont allés rester à Montréal et ils se sont ramassé mille dollars. C'était beaucoup d'argent à l'époque. Puis, ils ont déménagé à

Une douce jeunesse

Saint-Pie, en logis, pour ensuite s'acheter une terre. En se mariant, ma mère a eu droit à une dot de son père: une vache et un cheval. Mon père avait déjà son cheval et sa voiture. Pas si mal, non?

En achetant la terre, ma mère a dit: " *On ne perdra pas notre terre, nous autres!* " C'est ce qui est arrivé, même si elle a trimé dur, très dur. Elle s'est fait un énorme jardin et elle allait vendre ses fruits et ses légumes le samedi au marché à Saint-Hyacinthe. Elle y vendait des prunes, des tomates, des melons, etc. Elle se faisait quatre ou cinq dollars pour la journée, pas plus. Une fois, une seule fois, elle avait fait dix dollars. Ça avait été exceptionnel. Ma mère en avait parlé longtemps.

Mes parents ont tout fait par eux-mêmes. Ils n'avaient pas d'argent mais ils avaient la tête dure. Ils étaient surtout fiers. Quand on pense qu'ils devaient rembourser cent dollars par année pour payer la terre et qu'ils avaient de la misère à s'acquitter de leur dette. Il fallait en vendre des fruits et des légumes. Des fois, ils revenaient de Saint-Hyacinthe et la voiture était aussi pleine qu'au matin à leur départ. Ils n'avaient fait qu'une ou deux piastres. Ça les décourageait, mais jamais ils ne s'arrêtaient. J'ai toujours vu ma mère, jour après jour, dans la soirée et parfois dans l'après-midi, tricoter des tuques, des mitaines etc. Elle allait vite. Elle tissait aussi des couvertures de laine. Quand mon père allait au village, il allait au moulin faire moudre son grain pour en faire de la moulée et, au besoin, s'arrêtait au magasin général pour prendre de la farine ou du sucre. Ça marchait plus souvent qu'autrement par *troc*, c'est-à-dire, qu'ils échangeaient, par exemple, dix douzaines d'oeufs pour quelque chose d'autres. Dix douzaines d'oeufs valaient un dollar. Alors ils obtenaient pour un dollar de marchandise.

Sur la terre, il y avait une belle petite maison et
j'aimais rester là. On était collé tous ensemble avec les
parents et je me sentais bien. C'était une petite maison
remplie de chaleur. Quand mes parents ont parlé de
déménager, je ne comprenais pas. *"Pourquoi, me suis-je
alors dit, pourquoi? On est bien ici."* Ça me faisait de la
peine. Je me rappelle juste quand maman a tout défait. En-
dessous de l'escalier, derrière une porte, il y avait une
tablette où elle mettait tous ses remèdes qu'elle avait elle-
même fabriqués. Quand j'ai vu qu'elle déménageait toutes
ses bouteilles, je me suis dit que, vraiment, on allait partir,
parce que maman déplaçait rarement ses bouteilles, si ce
n'est pour s'en servir, à l'occasion. Je me souviens du jus
d'ail qu'elle conservait dans une petite fiole. Il servait à
soigner le mal d'oreille. Quand elle ouvrait la bouteille, ça
puait. C'était épouvantable. C'était du très vieux jus d'ail.

Je ne voulais pas m'en aller dans cette grande
maison, la maison du frère de maman qui était resté aux
États-Unis. Par exemple, c'était beau cette grosse maison
carrée. Il y avait quatre chambres en haut, un grand passage,
une grande chambre en bas, pour la visite où on ne devait
jamais aller, un grand salon et une grande cuisine. Je
pourrais même décrire parfaitement comment était cette
cuisine. Je me rappelle du prélart. Je vois ma mère en train
de travailler, de faire ses tartes ou son gâteau à la farine de
maïs. On le mangeait avec du beurre parce que ce n'était
pas très sucré. Ma mère faisait beaucoup à manger. Elle
filait la laine de ses propres moutons, la faisait carder, la tissait et la tricotait. Elle faisait tout.

Quand on a déménagé dans la grande maison, la
terre comptait au moins douze vaches. On envoyait de
l'argent à mon oncle aux États-Unis, la moitié des profits
réalisés (il ne devait pas y en avoir beaucoup) en plus du
loyer qu'on lui devait. On s'occupait donc de deux terres

Une douce jeunesse

une que mon père avait achetée au début de son mariage et l'autre qu'il avait louée un peu plus tard de son beau-frère. Quand mon oncle a décidé de vendre la grande terre, mes parents sont retournés sur la petite. J'avais environ quinze ans. Ca, c'est une autre histoire.

Mes grands-parents étaient venus demeurer dans notre petite maison. Maman m'envoyait souvent (*tous les jours, je crois*) voir s'ils ne manquaient de rien. En entrant dans la maison, il y avait une odeur de vieux, très spéciale. J'ai toujours eu l'odorat fin. Grand-mère voulait me garder à souper. Parfois je restais, surtout si je voyais sur la table des biscuits achetés en magasin. Maman n'en achetait jamais, mais elle en faisait. Ils étaient délicieux mais les biscuits du magasin étaient différents. Grand-mère me donnait parfois de la soupe sûre. Quand elle voyait que j'avais de la difficulté à l'avaler, elle me l'enlevait et me disait: *"J'pense que t'aimes pas la soupe, ma p'tite Germaine."* Quand nous nous arrêtions après l'école, elle nous donnait des *peppermints blanches*.

Ma grand-mère maternelle était une petite femme maigre. Autant que je m'en souvienne, elle était toujours malade, mais elle était bonne et douce. Elle est morte jeune. Simone m'a raconté que lorsque grand-mère s'est mariée, son mari s'était acheté une terre mais il n'y avait pas de maison dessus. Il y avait seulement une petite cabane en bois rond d'une seule pièce qui avait déjà abrité des vaches et un cheval. Ma grand-mère avait râclé les murs avec une sorte de grattoir rudimentaire pour enlever le fumier et ensuite, elle les avaient teints à la chaux. Elle a eu son premier enfant là-dedans. Puis, tranquillement, au fil des ans, ils se sont bâti une maison. *C'était la misère.*

Mon grand-père, lui, était grand et gros. Il avait une grosse moustache toujours pleine de bave et chiquait du tabac à pipe. C'était un sacrifice énorme d'avoir à l'embrasser au jour de l'An. Je crois que mes grands-parents ne sont pas restés plus d'un an dans notre petite maison. Ils s'ennuyaient trop. Partis s'installer au village, le dimanche après la messe, nous y allions toujours. Après la mort de ma grand-mère, grand-papa est allé rester chez son fils, Norbert, sur la terre paternelle et il est mort à l'âge de 96 ans.

Je ne me rappelle pas d'avoir eu de la peine quand grand-maman est morte. Pourquoi? Je me souviens seulement d'avoir eu beaucoup de plaisir avec mes cousines. Quand mon grand-père est décédé, j'étais mariée et j'avais déjà un enfant.

On a eu des moments bien difficiles durant la crise. Il n'y avait vraiment pas d'argent. Jamais je n'ai pensé que je pouvais être malheureuse. J'avais beaucoup d'amour de mon père et de ma soeur, Jeanne. Il me semble que j'avais tout. On n'avait pas d'amis. On allait pas chez les voisins. Tout se passait en famille. On ne visitait pas les voisins.

Jeanne me suivait tout le temps. Elle n'avait pas le choix car je décidais de ne plus jouer avec elle si elle ne faisait pas ce que je voulais. On a découpé beaucoup du papier toutes les deux. Notre jeu, c'était ça. On se faisait des scénarios. On découpait des monsieurs, des madames. Je ne sais pas pourquoi mais je découpais toujours de belles robes. Ma vie n'avait pas été ça, pourtant. Je découpais ce qu'il y avait de plus beau dans le catalogue *Eaton*. Je faisais une maison à un étage avec une boîte de carton. Je découpais des meubles. Un père, une mère, des enfants. Pas plus que deux enfants. J'entrais vraiment dans le jeu. Je le vivais. Jeanne aussi. Elle s'installait dans une autre maison, à côté. On se visitait. Nous nous sommes tellement amusées. Il n'y avait pas d'autres jeux, pas d'autres jouets

Une douce jeunesse

que ça.

Aux Fêtes, on avait une orange et des bonbons, mais ma mère insistait pour nous donner un petit cadeau acheté. *(un petit set de vaisselle, par exemple)*. Mon père n'était pas toujours d'accord car il trouvait que ça coutait cher. Une fois, maman lui a demandé de nous fabriquer, durant l'hiver, une petite couchette en bois, ce qu'il a fait. Elle était belle. Maman nous faisait des petites couvertures pour aller dedans. On s'amusait et nous étions heureuses.

Au sujet de Jeanne, j'ai une petite anecdote que Lucienne m'a racontée et que je vous raconte à mon tour. Lorsque Jeanne est venue au monde, papa était supposé aller quelque part, mais maman n'avait pas voulu. Elle lui avait dit: *"si je reste seule, je ne pourrai pas aller t'appeler"* (à ce moment là, il n'y avait qu'un seul téléphone dans le rang). *"Je ne pourrai peut-être pas me rendre jusque là si mes contractions arrivent."* C'est justement cette journée- là que les douleurs ont commencé. Nos parents nous ont envoyés chez le voisin et plus tard, quand papa est venu nous chercher, il avait été surpris que le voisin en question ait dit à Lucienne et à Simone que leur mère était couchée, que le docteur était venu et qu'il l'avait battu avec un bâton, qu'elle était blessée et qu'il fallait qu'elle reste couchée. Mais Lucienne avait dit: *"monsieur, on croit pas ça. On sait, on voit faire les animaux, pis on est pas folles."* Est-ce possible, toutes ces menteries pour une chose aussi naturelle. Et c'est dans cette atmosphère que ma petite Jeanne est née.

Ma sœur Simone est la plus vieille de la famille et elle se souvient bien des choses. Quand je la vois, elle me raconte des tas de faits intéressants sur maman et grand-maman. Elle m'a déjà raconté que ma grand-mère Bousquet lui avait dit: *'c'est pas drôle ma p'tite fille, ton grand-père voulait faire l'amour alors que j'étais prête à accoucher."*

16

Germaine Dubreuil

C'est pas pour rien que grand-maman a eu dix-sept enfants (trois sont morts de tuberculose). Simone se souvient aussi de la naissance de Thérèse, d'Armand et de moi. Elle a une mémoire phénoménale. Quand elle s'est mariée, grand-maman lui a dit: *"n'accepte pas tout ce que ton mari te demandera. Des fois, il nous demande des choses effrayantes, même que ton grand-père m'a déjà demandé de mettre sa verge dans ma bouche."* Simone m'a dit que, dans le temps, elle avait trouvé ça bien effrayant quand sa grand-mère lui avait dit ça. Aujourd'hui, Simone sait bien que ça se fait. Quand je me suis mariée, maman m'avait dit: *"Ne refuse jamais ton mari car il va aller ailleurs."* À ce moment-là, elle parlait par expérience, car j'ai su que papa avait eu une petite aventure avec la soeur de maman qui était veuve. Maman les aurait surpris plus d'une fois à se caresser.

Une caresse, maman?

Ma mère avait son petit caractère, elle ne disait pas deux fois la même chose. Il fallait écouter ce qu'elle nous disait.

Ma mère aimait les enfants mais elle n'aimait pas les voir trop longtemps dans les parages. Elle n'était pas trop patiente. Elle était toujours bien occupée et n'avait pas beaucoup de temps pour nous dorloter. Je me souviens qu'une fois, j'ai voulu en savoir plus long sur ses capacités à donner des caresses. J'étais une toute petite fille de trois ans. Assise par terre, tout près d'elle, je jouais. Soudain levant la tête, j'aperçus maman dans toute sa splendeur. C'était une véritable révélation. Elle était tellement belle! Les yeux grands ouverts je la contemplais. Elle était blonde avec de beaux yeux bleus qui s'arrondissaient davantage lorsqu'elle jetait un regard sur nous. J'avais le goût d'aller vers elle. J'avais le goût de me coller dessus comme une

Une douce jeunesse

sangsue. Je ressentais tout à coup pour elle un amour sans bornes. Elle était en train de filer la laine de ses moutons. Tout son corps semblait bouger; ses pieds, ses mains et sa tête qui était légèrement penchée vers l'avant. Je la trouvais belle dans cette posture. Je l'admirais.

Je m'étais glissée jusqu'à elle et j'avais déposé ma tête sur sa jambe. C'était doux et confortable. Je me sentais tellement bien. Je voulais lui dire que je l'aimais. Je voulais aussi qu'elle me flatte et me caresse. J'ai senti qu'elle allait me dire quelque chose, mais déjà elle s'énervait et sa jambe se mit à trembler. Elle allait sûrement réagir à mon contact, à mon amour pour elle. Elle allait dire avec son sourire du dimanche: *"ma p'tite Germaine veut un p'tit bec?"* Je voulais m'étirer le cou pour qu'elle puisse m'embrasser sur le front. Elle le ferait avec douceur, un peu comme une chatte qui lèche son chaton, mais ça ne s'est pas passé comme je me l'imaginais. Elle avait plutôt agi comme une chatte qui ne veut plus donner à boire à son petit et qui le repousse de sa patte. Elle m'avait dit: *"va donc jouer ailleurs, Germaine."* Elle avait prononcé ces mots sur un ton de méfiance, comme si j'allais l'attaquer ou la mordre. Je m'étais éloignée d'elle pour retourner à mes petites affaires. Évidemment, j'avais beaucoup de peine...trop de peine pour une petite fille aussi sensible.

Le soir, j'allais rejoindre mon papa qui se berçait. Je grimpais dessus comme si j'escaladais une montagne. C'est qu'il était grand et fort mon bon papa. Il ne me renvoyait pas. Bien au contraire, il me prenait dans ses longs bras et me serrait très fort. Il m'étouffait presque mais j'aimais ça. C'est lui qui me donnait de l'affection et je lui en donnais aussi. Des fois, Jeanne et moi lui sautions dessus pour le caresser. Il nous le rendait bien. Nous aimions tellement notre père qu'on aurait pu rester sur ses genoux des jours entiers sans bouger, sans jouer ni même manger. On était bien dans ses bras et jamais il ne refusait de nous prendre pour nous cajoler. On trouvait qu'il sentait bon. Il sentait le *Pôpa*, c'est-à-dire un mélange d'étable, de sueurs et de toutes sortes de choses. Il avait un parfum de campagne, de trèfles, de moulée, de vaches. Il sentait aussi le soleil et l'air frais du dehors, il sentait le vent dans les feuilles, la pluie de l'été, la neige de l'hiver. Quand on se blottissait dans le creux de ses bras, on se retrouvait partout et nulle part à la fois mais on était bien comme si on était étendues dans l'herbe douce, on devenait alors les p'tites filles les plus heureuses du monde. C'était bon de se faire aimer, tellement bon!

Il est vrai qu'elle ne nous a pas trop caressés notre mère, ni trop bécottés. Plus vieille, elle était devenue un peu plus affectueuse. Je me rappelle, j'avais cinq ans et je voulais absolument aller à l'école. Maman a demandé au professeur pour que j'aille à l'école préparatoire. La maîtresse n'était pas obligée de me prendre mais elle m'a tout de même acceptée. J'étais tellement contente! J'avais le petit sac d'école qui avait servi à tous les autres, fait en denim fort, bleu comme des jeans, une petite robe en coton fleurie que Lucienne m'avait faite. J'étais heureuse! Il fallait se rendre à pieds jusqu'à l'école et le parcours était bien long pour une petite fille comme moi. Pour aller, le matin, ça allait assez bien mais pour revenir, le soir, je trouvais ça très long et fatiguant. Alors dès le lendemain, je ne voulais plus y aller. Mais ça ne se passait pas comme cela avec ma mère. Elle m'a dit *"Tu voulais y aller? Maintenant tu vas y aller."* Elle était stricte et ferme. Je me souviens que je trouvais les journées bien longues. Je devais amener mon dîner qui consistait le plus souvent en deux beurrées de mélasse, parfois un morceau de gâteau. Je me souviens comme si c'était hier d'un petit garçon qui était assis près de moi au dîner et qui mangeait de bons vieux biscuits au chocolat devant ma face. Ça me choquait!

Une douce jeunesse

Il me semble que je n'avais rien à faire à l'école, excepté à la récréation où je pouvais jouer dehors. À la fin de l'année, la maîtresse m'avait choisie pour réciter un poème. Je devais l'apprendre par coeur et le réciter devant tout l'auditoire de parents, le curé et les commissaires d'école. Je le savais par coeur ce fameux poème, mais comme j'étais timide, lorsque vint le temps de le réciter, je me suis trompée. Tout l'auditoire s'était mis à rire. Devenue rouge de colère, je pensais que tout ce monde riait de moi.

Je me rappelle aussi de l'hiver quand nous allions à l'école. Mon père ou un voisin venaient nous y conduire en grande "sleigh" avec deux chevaux et nous amenions alors tous les enfants du rang avec nous. Parfois, nous avions de la difficulté à passer, les chevaux se prenaient dans la neige, mais on était habillé chaudement, car à l'époque, c'était des hivers très froids. Nous portions les bas longs que maman avait tricotés en vraie laine de moutons, les tuques, les foulards, les vestes, les mitaines. Avec cela, nous n'avions pas froid et papa nous couvrait avec des couvertures de fourrure.

À l'école, je n'endurais pas d'être deuxième. Dans le temps, il y avait une première et une queue. En classe, la maîtresse nous posait des questions et si on n'avait pas les bonnes réponses, on passait à la queue. J'avais bien de la difficulté à accepter ça. Je voulais toujours être la première, la deuxième, à la limite. Par contre je n'ai pas été souvent à la queue. Pas vraiment studieuse, j'étais souvent dans la lune. J'ai toujours été imaginative. Je commençais à regarder quelque chose et je ne voyais plus rien autour de moi. J'avais une bonne mémoire visuelle. En arrivant à l'école, je repassais un peu mes leçons et je les retenais. Je tenais de mon père. Il ne semblait pas toujours être dans la réalité. C'était ma mère qui conduisait la barque. Papa ne pensait pas autant à l'avenir que maman. Il était souvent porté au découragement. *Je l'ai déjà vu pleurer.*

Quand j'étais jeune, j'ai toujours pensé que j'aimais plus mon père que ma mère. Ma mère disait: *"J'le sé qu'vous aimez plus vot' père que moé. J'le sé."* Après qu'elle fût décédée, je me suis aperçue que c'était peut-être ma mère qui faisait mon père. Elle voulait qu'on aime notre père. Elle voulait que ce soit lui qu'on aime le plus. Mon père n'était pas du tout sévère. Quand maman nous chicanait, papa disait: *"Pauv'p'tites, c'é pas d'leurs fautes."* C'était elle qui avait le mauvais rôle. Elle nous punissait de temps en temps. On a mangé quelques claques, pas des grosses mais des tapes *d'impatience.* Mon père, lui, disait alors en grognant: *"Voyons donc, elles sont jeunes. Elles n'ont pas fait exprès. Pauv'p'tites, laisse-lé donc tranquilles."* Maman ne nous punissait pas quand papa était là.

Je me souviens qu'une fois, j'avais échappé la grosse paire de ciseaux qui s'était brisée. Je voulais m'en servir pour découper dans le catalogue *"Eaton."* Ça découpait mieux qu'avec mes doigts. Fallait dire à maman que les ciseaux étaient brisés. J'étais mal. J'ai donc dit à Jeanne (pauvre Jeanne, je lui en faisais faire des affaires), *"À table, quand on va dîner, tu diras à papa que t'as échappé les ciseaux et qu'ils sont brisés, tu diras ça devant maman quand papa sera là."* Jeanne a dit: *"C'est pas moi qui les ai cassés."* *"Même si c'est pas toi, c'est pas grave car moi je vais être punie mais toi tu ne le seras pas,"* lui avais-je lancé. Je ne sais pas pourquoi mais Jeanne n'était jamais punie. Peut-être parce qu'elle était plus jeune. *"Ça me fait rien, mais tu vas jouer toute seule,"* lui ai-je dit. Je la faisais chanter. J'allais pas encore à l'école. Je n'étais pas bien vieille. Jeanne a dit: *"O.K."* Et elle l'a dit à papa, comme prévu. Elle était toujours assise à côté de mon père et moi à côté d'elle. Maman a dit: *"T'as pas cassé mes ciseaux?"* Elle avait dit ça comme s'il était arrivé une catastrophe. Tout de suite papa a dit: *"A pas fait exprès. Elle les a échapp.é"* Jeanne a répété, en pleurnichant: *"J'n'ai pas fait exprès, j'l'ai échappé à terre."* *"Oui mais, j't'avais défendu de prendre les ciseaux,"* a dit maman d'un ton fâché. Papa a continué de défendre Jeanne: *"Elle ne les prendra plus les ciseaux, hein Jeanne?"* *"Oui, oui,* dit Jeanne en sautant sur l'occasion que son père lui présentait. Je crois que si Jeanne ne m'avait pas écoutée, j'aurais quand même joué avec elle. Je ne pouvais absolument pas me passer d'elle.

Jeanne se blesse

Une fois, par exemple, j'ai vraiment été punie. On avait des cerisiers, beaucoup de cerisiers sur la terre de mon oncle, Narcisse. Des cerises rouges et des cerises blanches. Jeanne et moi montions dans une échelle et on allait manger les cerises dans le jardin au bord du chemin. Je m'en souviens comme si c'était hier. J'avais sept ans et Jeanne en avait cinq. On était face au cerisier et nous essayions d'attraper ces beaux petits fruits rouges. Nous sautillions sur place comme deux gazelles. On était trop petites et les fruits hors de notre portée. Alors on avait pris l'échelle près de la maison, de l'autre côté du jardin. Réussissant tant bien que mal à la traîner jusqu'à l'arbre en faisant attention de ne pas tout écraser sur notre passage, nous l'avions installée sur une branche et Jeanne était montée. C'est à ce moment que je constatai que l'échelle était à l'envers, mais il était déjà trop tard. Jeanne, qui n'avait pas de souliers *(l'été, on se promenait presque toujours pieds nus)* en mettant son pied sur le bord coupant de l'échelle, se mit aussitôt à hurler de douleur et le sang s'échappait de son petit pied. Je la regardais d'en-bas mais je ne la voyais pas vraiment. Je ne voyais que son pied rouge et n'entendais que sa douleur. La panique s'était emparée de moi. Je traversai le jardin en courant et j'avertis maman. Cette dernière était sortie de la

Germaine Dubreuil

maison toute énervée. Je la vis disparaître dans le jardin. Jeanne hurlait encore. J'avais tellement peur.

Cachée dans le hangar, je me retrouvai toute seule et je pleurais. Je croyais que Jeanne allait mourir. Jeanne, ma grande amie, allait s'éteindre par ma faute. Puis, les cris de ma petite soeur firent soudainement place à un insupportable silence. Je n'entendais plus que mes sanglots. Je tremblais de tous mes membres. Jeanne était dans la maison, sûrement en train de mourir. *"C'est pour ça que je ne l'entends plus"* avais-je pensée. Je restai quelques heures dans le hangar et je ne sais pas ce qui se passa. Personne ne vint me chercher. Quelqu'un savait-il seulement où j'étais? Y avait-il quelqu'un qui s'inquiétait de moi? J'aurais voulu que ma mère me réconforte mais elle ne venait pas. J'aurais voulu qu'elle soit là, près de moi, à me serrer dans ses bras, mais elle n'était pas là. Elle était dans la maison en train de soigner Jeanne, *(si jamais elle était encore vivante.)* J'aurais voulu sortir de là, être près de ma petite soeur. Elle devait avoir besoin de moi. Elle devait certainement me demander à son chevet.

J'entendis soudain la voix de maman qui me criait: *"Germaine, viens souper!"* Elle dit cela sur un ton neutre et sans reproches, me sembla-t-il. Je vins pour sortir de ma cachette mais me ravisai aussitôt. Non, je n'irais pas souper. J'aurais mieux aimé qu'on vienne me chercher, qu'on me console, que papa me flatte gentiment la tête, comme il le faisait si souvent. J'aurais aimé qu'on me dise que je n'étais pas coupable de ce qui était arrivé, même si je pensais le contraire. J'entendis la voix de maman qui me chuchotait au creux de l'oreille: *"Y a rien d'grave, ma p'tite Germaine. Jeanne va pas mourir. On va ben la soigner, t'en fais pas."* Je réussis à me convaincre qu'il fallait que je sorte. Maman répéta encore: *"Germaine, viens souper!"* Alors avec courage et détermination, je courus rejoindre ma famille.

Une douce jeunesse

J'étais soulagée que Jeanne ne soit pas morte, mais elle avait un méchant trou dans le pied. Maman lui avait fait des pansements avec des *couennes de lard salé*. Elle avait fait tremper le pied malade dans l'eau puis elle avait mis les *couennes* autour du pied pour finalement l'envelopper avec un linge. Jeanne se tordait de plaisir car maman ne s'occupait que d'elle. Elle se laissait gâter.

Au bout d'une semaine ou deux, je suis certaine que Jeanne pouvait marcher à nouveau mais elle ne le fit pas. Je soupçonne qu'elle préfèrait les petites douceurs de maman. Mais plus le temps avançait, plus je me sentais seule et malheureuse. Je n'avait plus ma petite soeur près de moi. Elle ne jouait plus avec moi ou si peu. Je m'ennuyais terriblement. Je trouvais curieux que personne ne se soit fâché après moi. J'avais pourtant mis l'échelle à l'envers. Personne ne m'avait chicanée ou accusée. Tout le monde tenait sa langue. Quoiqu'il en soit, j'étais bien contente pour Jeanne. Elle méritait de se faire gâter un peu, après tout ce qui lui était arrivé. Puis, elle était revenue à mes côtés et nous avions recommencé à jouer ensemble, comme avant. On ne pouvait se passer l'une de l'autre. On était deux têtes posées sur le même corps, *les meilleures amies du monde...*

Que de souvenirs de cette belle et douce enfance! Qu'il faisait bon vivre! Mon coeur passait d'un émerveillement à un autre. J'étais heureuse, tellement heureuse.

Je me souviens d'un Noël particulier, un Noël bien spécial. Simone nous avait dit: *"C'est ct'année que ça va s'passer. Vous allez avoir un gros cadeau, un cadeau spécial."* Jeanne et moi, ça nous avait bien intriguées.

Germaine Dubreuil

Le Noël de Simone

Simone travaillait à Saint-Hyacinthe comme bonne, chez des gens riches. Elle avait rapporté des choses dont ces gens ne se servaient plus, des garnitures pour l'arbre de Noël. Au matin du 24 décembre, Simone nous avait dit, à Jeanne et à moi: *"les p'tites, vous allez avoir un gros cadeau cette année. Ce sera le plus beau Noël de votre vie."* Jeanne et moi on se regardait en souriant et on se disait que Simone devait être tombée sur la tête. D'habitude, on n'avait rien à Noël. C'était au jour de l'An que ça se passait. La veille, maman sortait les gros bas de laine tricotés et les remplissait d'oranges, de pommes et quelques fois de patates. Souvent elle y déposait des petites boîtes en carton qui contenaient deux ou trois petits chocolats. Des fois, on avait la chance d'avoir un surplus: un petit set de vaisselle ou une petite poupée, mais c'était plutôt rare. Papa disait toujours qu'il n'avait pas d'argent pour des surplus et que c'était la crise. En tout cas, crise ou pas, Simone nous avait tout de même promis un grand Noël. Moi, je la croyais et Jeanne aussi. On se demandait ce que ça pouvait bien être ce gros cadeau que Simone nous avait promis. Elle nous avait dit qu'il était aussi gros que nous deux réunies ensemble. Je pensais qu'elle exagérait un peu, mais avec elle, on ne savait jamais. Elle avait parfois des idées de grandeur.

Dans l'après-midi, mon frère Armand, était arrivé avec un sapin, un beau à part ça! Il l'avait installé dans le salon. Il devait bien faire dans les six pieds de haut et peut-être même plus. Il était **énorme**. Jeanne et moi nous disions que ça allait en prendre des décorations pour tout le recouvrir. Simone nous montra ce qu'elle avait ramené: des banderolles de papier, beaucoup de glaçons et plusieurs belles boules. Avec ce que maman possédait déjà, le sapin allait être joliment habillé!

Une douce jeunesse

En début de soirée, Jeanne et moi étions vraiment excitées. Simone avait sorti une belle nappe qu'elle dépliait sur la table. Elle y déposa ensuite une carafe de vin, des petits verres, des beignes et des biscuits. Simone avait passé une partie de son après-midi à nettoyer la carafe. Elle l'avait prise en haut de l'armoire, comme oubliée là depuis des années et l'avait fait tremper dans le lavabo. Puis elle l'avait frottée comme si elle était une lampe magique. Devenue tellement propre et transparente, on ne la voyait presque plus sur la table. Pendant que Simone était occupée à faire briller la carafe, Jeanne et moi en avions profité pour aller faire une petite visite dans sa chambre. On avait fouillé dans le garde-robe, sous le lit, partout mais on n'avait rien trouvé. Pas de traces du gros cadeau qu'elle nous avait promis. Existait-il vraiment? Certainement puisque Simone n'était pas une menteuse.

Mais où avait-elle bien pu le cacher?

À huit heures, dans le lit, on se posait encore la question et on n'avait toujours pas la réponse. C'était pas grave, pourvu qu'à minuit, lorsque Simone viendrait nous réveiller, le fameux cadeau soit bel et bien sous l'arbre de Noël. À part ça, tout était beau. Jeanne et moi discutions dans le noir, tout bas, pour ne pas attirer l'attention de maman. On essayait surtout de deviner ce que pouvait bien contenir notre fameux gros cadeau. On était tellement énervées qu'on parlait sans arrêt: *"Qu'est-ce que ça peut bien être? Une énorme poupée? Il n'y en a pas de cette grosseur là dans le catalogue Eaton. Alors, c'est quoi au juste? Des oranges géantes? Un énorme chocolat? Ça serait ben l'fun de manger du chocolat tous les jours, pendant un an ou deux. Mais ce n'était sûrement pas ça."* On alimentait notre conversation. Dans le noir, on faisait des gestes comme si on était en plein jour. On parlait, on gesticulait et on ne se rendait pas compte que la nuit nous

Germaine Dubreuil

enveloppait. *On était comme dans un rêve...*

D'habitude, lorsqu'on se couchait le soir, on jasait un petit peu, puis on s'endormait assez rapidement parce qu'on avait hâte au lendemain, pour retourner jouer, tandis que maintenant, il n'était pas question de dormir. Dans quelques heures, on allait descendre et on allait développer notre gros cadeau. Il nous fallait attendre et on ne se voyait pas attendre en silence. Même qu'on pensait devenir complètement folles si jamais on se taisait. Alors nous parlions parce que nous étions excitées et que nous ne pouvions plus attendre. À un moment donné, Jeanne se mit à douter de la franchise de Simone: *"Et si c'est pas vrai tout ça?"* me dit-elle soudainement, en insistant sur chaque mot. *"Notre grande soeur exagérait-elle un peu? Tu la connais, hein? Des fois elle en met un peu, pas mal. Si notre cadeau était à la place, tout petit? Une toute petite poupée ou quelque chose comme ça?"* En disant ça, Jeanne me coupa carrément le sifflet. Le silence revint s'installer pour un court temps dans la chambre, puisque du grillage entourant le tuyau qui montait dans notre chambre, s'élèvaient les voix de Simone et de maman: *"Ça sert à rien, tout ça, Simone,"* dit maman. *"Ton père et moi on est ben trop fatigués pour attendre jusqu'à minuit. Ça pas d'bon sens! Qu'est-ce que ça donne de t'casser la tête de même?"* *"Ça donne que je veux faire plaisir aux filles,"* répondit Simone, en élevant un peu la voix. *"Je leur ai promis que ça s'rait le plus beau Noël de leur vie. Une promesse, c'est une promesse pis j'y tiens."*

Jeanne et moi écoutions en silence en se demandant comment tout ça allait finir. On espèrait très fort qu'on allait l'avoir notre fameux cadeau à minuit. Après quelques temps, la discussion s'envenima un brin puis maman proposa un arrangement: *" Ton père va sortir bientôt pour savoir si tout est correct à l'étable pis quand il va revenir,*

27

Une douce jeunesse

tu réveilleras les p'tites et tu leur donneras leur cadeau.
C'est correct comme ça? Entre dix heures, dix heures cinq".
"O.K?" Simone avait accepté finalement la proposition de
maman. Déçues que ce ne soit plus à minuit, comme prévu,
nous ne serions plus obligées d'attendre aussi longtemps.
Quand papa arriverait de l'étable, ce serait l'heure. Est-ce
que Simone nous avait monté un beau bateau? Était-ce vrai
que le cadeau était deux fois plus gros que nous? On ne le
savait pas. Nos voix se perdirent bientôt dans le silence de
la nuit.

À peu près vers dix heures, on entendit la porte de la
maison s'ouvrir puis se refermer. *"Je vais aller chercher
les p'tites"*, dit Simone, toute énervée. *"Attends un peu"*, dit
papa avec un peu d'agressivité dans la voix, *"laisse-moé
l'temps d'me déshabiller pis d'me changer. Après ça, t'iras
les réveiller."* Bien sûr, nous on ne dormait pas encore.
Comment pouvait-on dormir dans un tel état d'excitation?
Les yeux grands ouverts, nous ne pensions qu'au gros
cadeau. Nous avions tellement hâte de l'avoir!

Enfin, Simone grimpa l'escalier. On se taisait et on
faisait semblant de dormir. Entrant dans la chambre sur le
bout des pieds, elle était venue s'asseoir près de nous sur le
lit. *"On s'réveille, les filles,"* dit-elle joyeusement. *(Elle
semblait encore plus excitée que nous deux)* On s'était vite
levées pour des enfants qui étaient en train de dormir.
Simone nous dit qu'il n'était pas minuit mais bien dix
heures, que maman ne voulait pas veiller aussi tard et que
papa était trop fatigué. *"Oui, oui,* qu'on lui dit, *on
comprend. On peut-tu descendre maintenant?"* *"Ben oui,"*
dit Simone sans hésitation. *"Ben oui, allez-y!"*

En descendant l'escalier, nous voyions la table bien
mise, la belle carafe remplie de vin au centre. Papa était
assis près de la table, un verre à la main et nous souriait.

Germaine Dubreuil

Nous avions l'air de deux anges descendus du ciel en visite sur ce coin de terre inconnue, là où tout est beau, là où le bonheur ne s'éteint jamais. Je regardais Jeanne avec de grands yeux ébahis et elle me renvoyait un large sourire. Arrivées au salon, nous étions presque tombées sans connaissance en voyant l'arbre de Noël magnifiquement décoré. Sous le sapin, il y a un énorme bas de Noël qui devait faire dans les six ou sept pieds de long, tout rempli de jouets. *"C'est pas possible. Quelqu'un va-t-il me pincer et me ramener à la réalité? Est-ce que je rêve?"* *"Oui, je rêvais, un beau rêve en plein milieu de la vie."* Jeanne et moi nous étions approchées encore plus du gros cadeau. Assises par terre, nous le touchions comme pour le flatter, fascinées.

"Vous pouvez l'ouvrir. C'est à vous autres," dit Simone en riant. *"Oui, oui, qu'on répond. Oui, oui."* Puis, sortant de notre torpeur, on s'était écrié presqu'en même temps: *" Ben voyons donc, c'est ben trop."* Simone s'était mise à rire encore plus: *"C'est trop, vous êtes sûres?"* *"Oui, oui, c'est trop, que je dis. Hein Jeanne, c'est vrai que c'est trop? On va en donner."* Et tout le monde avait ri.

Jeanne et moi avions sauté sur le gros cadeau comme deux chiens sur le même os. Nous avions décidé de ne pas le couper en deux. On allait plutôt se le partager. Tous les jouets qui étaient dans ce bas étaient à nous deux. Le bas ouvert on avait admiré les jouets un par un: un beau p'tit set de vaisselle, une belle poupée, un jeu, un autre jeu et toutes sortes de belles choses. Simone se penchait vers nous et nous demandait si on était contentes. *"Très contentes! Merci mille fois."* En disant cela, Jeanne et moi nous nous étions regardées et sans même parler, nous étions arrivées à un accord historique: On va pas en donner. On va garder tout ça pour nous, rien que pour nous.

Une douce jeunesse

Soit dit en passant, maman n'oubliait jamais de souligner mon anniversaire *(et celui de tous les autres membres de la famille).* Elle faisait un gâteau et il me semblait qu'il m'appartenait complètement, à moi, la gourmande. Je coupais le gâteau en petites portions et je les offrais à toute la famille, mais je m'arrangeais toujours pour qu'il m'en reste beaucoup.

À ma fête je n'avais jamais de cadeau de mes parents mais je trouvais cela bien normal. Il ne me venait même pas à l'esprit que j'aurais pu en avoir. C'était ma fête! Il n'y avait plus que moi qui existait. C'était ça mon cadeau. Tout le monde avait les yeux tournés vers moi et on aurait dit qu'ils m'aimaient plus que d'habitude. Pendant une journée, j'étais une princesse. *Une belle petite princesse.*

Dans la vie de tous les jours, on était habillé bien simplement. Ma mère n'était pas bonne couturière, elle n'aimait pas ça. Sa soeur faisait nos vêtements. Elle était une grande couturière. On allait passer une journée chez elle et elle nous faisait des vêtements, dans du vieux linge qui venait des États-Unis. On portait une robe toute simple avec un tablier fleuri que maman nous faisait. Fallait pas se salir. L'hiver on avait toujours un gilet avec la robe, gilet de laine tricoté avec la laine des moutons. On avait des bas de laine, longs et chauds, avec des élastiques noirs *(jarretières)* qui les tenaient. On les mettait pour aller à l'école.

Quand j'ai commencé ma première année, je me suis fait une robe moi-même pour aller à l'école. Ma mère m'avait acheté du coton, c'est une façon de parler puisqu'on achetait des poches de sucre et on s'en servait pour faire des vêtements. La poche de coton était fleurie. Ça ne nous coûtait rien, dans le fond. Alors je m'étais dit: *" je vais me faire une robe. "* Ma mère m'a laissé faire. Avant, je m'étais aussi fait un tablier. Je ne me souviens plus de quoi avait l'air la robe une fois terminée. J'avais regardé le catalogue et je m'étais choisi un modèle. J'étais toute fière d'avoir ma robe neuve pour aller à ma première journée d'école. En fait, je regardais un peu autour de moi pour savoir si on ne riait pas de moi.

Aller à l'école avec une poche de coton sur le dos, fallait le faire. Je n'ai pas osé dire à personne que c'était moi qui avait fait la robe. Il me semble que ça n'avait pas d'allure de faire une robe à cet âge là. Maman ne savait pas coudre et quand on voulait essayer elle nous en donnait l'autorisation. Lucienne et Simone ont commencé très tôt à coudre. Maman nous laissait le moulin. On commençait par faire des tabliers puis on s'essayait sur d'autres choses plus compliquées. Quand c'était le temps des manteaux d'hiver ou d'automne, alors là, on allait chez ma tante. Elle travaillait fort pour ça. Elle défaisait de vieux manteaux pour les refaire. Elle ajoutait même de la fourrure. Comme je vous l'ai déjà dit, elle était une fameuse couturière.

À part la couture, j'ai aussi appris très jeune à faire les repas car j'aimais les bonnes choses et j'avais bon appétit. J'étais quand même un peu difficile. Je ne mangeais pas n'importe quoi. Une fois maman a voulu me faire manger du foie de porc. J'ai essayé d'y goûter mais le mal de coeur m'a pris. Alors mon père est intervenu (comme d'habitude, il prenait toujours ma défense.) Il a dit à maman:*"si elle n'aime pas ça, donne-lui en pas!"* Et il a mangé ce qui restait dans mon assiette. Je n'aimais pas non plus le boudin, ni le gras sous toutes ses formes. Par contre, j'aimais beaucoup les desserts. J'ai donc très tôt appris à les faire.

Une fois, pour faire plaisir à mon père, je lui avais fait des fèves au lard. Je m'étais dit: *"Il va être content, il aime tellement ça."* Et pour les rendre meilleures, j'avais

Une douce jeunesse

ajouté une cuillère à thé de cannelle. Ce n'était pas mangeable; même moi, je n'arrivais pas à en manger. Mais mon père m'avait tout de même dit: *"Elles sont ben bonnes ma p'tite Germaine, tes beans. T'as juste mis trop de cannelle."* Et il en mangeait comme s'il les trouvait vraiment bonnes. Sacré papa! Quel diplomate il faisait!

Une fois, il m'avait acheté une paire de bottes au magasin général du village. Il les avait payées vingt-cinq cents. Maman lui avait fait la commission lorsqu'il était allé au moulin, comme cela lui arrivait de temps en temps: *"Tu vas ach'ter une paire de bottes à la p'tite Germaine,"* qu'elle lui a dit. *"C'est pour mettre avec ses souliers du dimanche."* Mon père était revenu avec de longues bottes à talons hauts. Il n'y avait que ça au magasin général et c'est ce qu'il avait pris. Ça ne faisait pas! Mes souliers du dimanche étaient à talons plats. Ma mère les a alors bourrés de papier journal. C'était pas beau à voir! Lorsque je marchais et que j'allais à la messe, j'avais un peu honte. Dans la semaine et pour aller à l'école, nous portions des bottines lacées en caoutchouc, ces genres de claques avec des lacets qui montaient jusqu'au mollet. Très chic! (Ah! Ah!) On mettait des bas de laine avec ça et on transpirait toute la journée, mais on ne se plaignait pas. Bien au contraire, on était bien, on était heureux. On vivait comme ça et on ne se posait pas de questions.

Ma première communion

Je m'en souviens très bien car cet épisode de ma jeunesse m'a beaucoup marquée. Il faut que je vous dise tout de suite que j'ai toujours eu peur de la croix, de ce Jésus ensanglanté. Je n'aimais pas ça. Ça m'impressionnait et à l'église, il fallait que je passe à côté de la croix pour communier. J'aurais aimé que ma première communion soit aussi parfaite que ce merveilleux poème d'Émile Nelligan.

Germaine Dubreuil

Mais ça ne s'est pas passé tout à fait comme cela...

Les communiantes
Calmes, elles s'en vont, défilant aux allées
De la chapelle en fleurs, et je les suis des yeux,
Religieusement joignant mes doigts pieux,
Plein de l'ardent regret des ferveurs en allées

Voici qu'elles se sont toutes agenouillées
Au mystique repas qui leur descend des cieux,
Devant l'autel piqué de flamboiements joyeux
Et d'une floraison de fleurs immaculées.

Leur séraphique ardeur fut si lente à finir
Que tout à l'heure encore, à les voir revenir
De l'agape céleste au divin réfectoire,
Je crus qu'elles allaient vraiment prendre l'essor,
Comme si, se glissant sous leurs voiles de gloire
Un ange leur avait posé des ailes d'or.

Émile Nelligan

J'avais dit à maman que je voulais une belle robe blanche avec de beaux souliers blancs vernis. Elle me donna plutôt une robe jaunie qui appartenait à une de mes soeurs plus vieilles. Je n'en voulais pas mais maman insistait pour que je la porte. *"J'tai ach'té de beaux bas blancs,"* qu'elle me dit. J'ai fait la moue! J'avais l'impression que je n'avais pas vraiment le choix. Il a bien fallu que j'accepte ça. *"Et mes souliers, y sont neufs?"* avais-je demandé. *"Ah oui, ils sont neufs,"* me répondit maman. Elle monta dans sa chambre et revint avec une paire de souliers dans les mains. Elle me les montra: *"Regarde comme y sont beaux."* avec son sourire du dimanche. *"Y sont beaux, très beaux."* que je lui ai répondu. Mais j'avais juste le goût de pleurer. *"Ils sont ben beaux mes souliers, maman, que je dis presque en sanglotant, mais ils sont, ils sont NOIRS. Ils sont neufs mais ils sont NOIRS comme le poêle."*

Une douce jeunesse

Comment ma mère pouvait-elle me faire ça? Elle voulait me faire porter des bas blancs, une robe et un voile jaunis et des souliers noirs. Ça n'avait pas d'allure! De quoi aurais-je l'air accoutrée ainsi? La p'tite Germaine n'avait pas droit à du neuf, comme ses cousines, par exemple? Je n'obtenais que les restants? Je n'avais rien fait pour mériter ça. J'étais très fâchée et très déçue.

Comme prévu, le jour de ma première communion arriva. Je me sentais bien différente des autres, debout dans la sacristie, en rang avec mes compagnons et mes compagnes de classe. À l'école, on avait beaucoup pratiqué ce qu'on devait faire. J'étais tout de même impressionnée par cette grande mise en scène. Le curé était à l'avant et distribuait le *corps du Christ*. Ce serait bientôt mon tour. Je regardais attentivement l'énorme crucifix qui était juste devant mes yeux. Jésus avait l'air de souffrir énormément. Il avait sa couronne d'épines sur la tête, un gros trou près du coeur, ses pieds et ses mains cloués tandis que le sang coulait de partout. Ses yeux fixaient les miens et semblaient me dire: *"N'aie pas peur ma p'tite Germaine. J'suis juste en train de mourir."* Je savais qu'il me fallait passer devant lui et me rendre jusqu'au curé qui devait déjà m'attendre avec une hostie toute prête pour moi. Je restai là, figée devant ce Jésus en sang et je me demandais comment il pouvait bien tenir sur une croix avec juste quelques clous pour le retenir. Ça devait donc faire mal! Pauvre Jésus, c'était dur ce qui lui arrivait.

Fascinée par cette croix, par ce Jésus qui n'arrêtait pas de souffrir depuis si longtemps et par ce regard scrutateur qui me paralysait, on aurait dit qu'il était vivant. On aurait dit que tout ce sang était du vrai sang.. J'avais l'impression que Jésus ne voulait pas que je passe devant lui sans que je ne remarque les trous dans sa peau et son énorme souffrance. *"Laisse-moi passer, mon bon Jésus.*

Germaine Dubreuil

C'est impressionnant tout ça, pour une petite fille sensible comme moi. J'ai peur, tu sais, vraiment peur."

Ça me faisait penser au grand catéchisme qu'il y avait sur le bureau de la maîtresse, à l'école. Des fois, elle l'ouvrait et nous faisait regarder les images. Au début du livre, il y avait de belles choses, comme par exemple le ciel avec ses anges où Dieu avec sa longue barbe blanche, mais ça finissait par se gâter. Quand apparaissait Jésus sur la croix avec tout ce sang qui lui dégoulinait de partout, je commençais déjà à frissonner. Quand apparaissait l'enfer, pour moi, c'était horrible. Je n'aimais pas voir cette image où l'on voyait Satan au-dessus d'un grand feu en compagnie de ses petits diables fourchus qui regardaient malicieusement les damnés qui tendaient les bras vers eux et qui les imploraient d'abréger leurs immenses souffrances. Non, je n'aimais pas ça. Je préfèrais fermer les yeux ou m'enfuir en courant, tellement j'avais peur. Quand j'étais tannante ou que je faisais un mauvais coup, ma mère me faisait peur en me disant: *"si tu continues comme ça, tu vas aller en enfer."* Si ma mère me disait cela, c'était sûrement parce qu'elle avait raison. Elle savait que l'enfer existait et moi j'y croyais aveuglément.

Je me trouvai enfin de l'autre côté de ce grand Jésus ensanglanté, courageuse et fière. Je me présentai devant le curé la tête haute, les yeux brillants et bien ronds. Je lui tirai la langue et il me refila l'hostie, le *corps du Christ*. En rejoignant mon banc, je pensais à ce drôle de corps mou que j'avais dans la bouche, déjà bien collé à mon palais. C'était celui de Jésus, qu'on m'avait dit, ou du moins une partie de lui-même et je lui trouvais assez bon goût. Arrivée à mon banc, je m'agenouillai et le dégustai à mon aise. J'étais contente qu'il soit en moi mais en même temps ça me faisait un peu peur car il ne fallait absolument pas que je le croque avec mes dents pointues d'animal féroce et sanguinaire.

Une douce jeunesse

J'essayais de décoller Jésus de mon palais en fouinant avec ma langue. C'était loin d'être facile, mais je réussis tout de même à l'envoyer tête première dans ma gorge avide et sans pitié. Ça me faisait tout drôle d'avaler le *corps du Christ.*

Eh oui, j'ai fait une première communion avec une robe et un voile jaunis et des souliers noirs. Je ne suis pas tombée raide morte mais mon orgueuil en avait pris pour son rhume. Petite fille sensible, ce qui me faisait le plus souvent mal, c'était lorsqu'on m'empêchait d'une façon ou d'une autre de *rêver.* J'avais imaginé ma première communion comme un bal de princesse. Ce n'était pas tout à fait ce qui était arrivé. Une vraie princesse ne porte pas une robe jaunie avec des souliers noirs?

Je croyais en Jésus et à Saint-Joseph parce que maman les priaient toujours. Elle n'avait qu'à demander une faveur en faisant une neuvaine à Saint-Joseph ou au frère André et elle était toujours exaucée. Nous n'étions jamais inquiets car on savait que maman n'avait qu'à faire une neuvaine pour que tout se mette à bien aller. Quand il y avait de gros orages, je me mettais à genoux et je disais à Jeanne, *"mets-toi à genoux, toi aussi,"* et on priait jusqu'à ce que la tempête finisse. Je priais aussi pour demander un manteau, des gros cadeaux à Noël ou beaucoup d'argent pour mes parents. Il me semble que je n'ai jamais été exaucée. Il faut croire que je n'avais jamais appris à bien prier.

Je me rappelle une fois, en me touchant sur tout le corps, que cela me fit du bien. Je ressentais un bien-être, surtout si je continuais plus longtemps. Évidemment j'en pris l'habitude et j'aimais cela de plus en plus. Je savais que je commettais un gros péché mortel. Les attouchements, c'était défendu et il ne fallait pas en parler. De toute façon, j'étais bien trop gênée pour en parler. Dans ma tête qui raisonnait comme une enfant, je me disais: *"si c'est défendu d'en parler, je ne vois pas pourquoi j'en parlerais à la confesse,"* d'autant plus que monsieur le curé me gênait. Il me glaçait tellement! Jamais dans ma jeunesse, je n'ai pu me confesser de mes problèmes sexuels. À chaque fois que je sortais du confessionnal, je me sentais entrer dans le plus profond des enfers.

Alerte au curé!

Quand le curé passait pour faire sa visite de la paroisse, cela nous énervait beaucoup. Maman était très impatiente avec nous. Elle faisait du ménage, beaucoup de ménage et attendait qu'il arrive. Tout le monde était sur le qui-vive. On aurait dit que c'était le pape ou le bon Dieu lui-même qui arrivait. C'est peu dire! Je vous raconte comment ça se passait quand monsieur le curé, ce Dieu réincarné passait nous voir. Ma mère s'agenouillait et nous, les plus jeunes, *on s'ennuyait à mort.*

Donc, maman était en train de faire du ménage avec mes soeurs car le bon Dieu était à la veille de nous visiter. Elles avaient déjà bien nettoyé le perron et ma mère s'apprêtait à sortir ses trois tapis nattés neufs qu'elle déposerait bientôt sur le plancher de la cuisine d'été. Mon frère, Armand, ne prenait pas de chance et montait se cacher dans sa chambre. Jeanne et moi nous assayions par terre parmi tout ce vacarme et on jouait avec nos poupées de papier. Maman nous disait tout à coup d'aller nous changer. *"Pourquoi? Ce n'est pas dimanche."* On le savait bien que le bon Dieu s'en venait mais on faisait les innocentes parce qu'on ne voulait pas lâcher nos poupées et encore moins aller se changer. Étant donné que notre mère nous répétait rarement deux fois la même chose, nous montions dans notre chambre pour nous faire belles. Quand on redescendait, on remarquait que maman avait mis la belle nappe en chenille de velours tissée, frangée tout autour, achetée toute faite, qu'elle ne sortait que pour des occasions très spéciales.

Elle y avait déposé un pichet rempli d'eau ainsi qu'un verre au cas où monsieur le bon Dieu aurait une soif subite.

Jeanne et moi tournions en rond dans la maison parce que nous ne savions pas quoi faire. On ne pouvait pas jouer avec nos poupées car on risquait de se salir les mains, les genoux ou la robe, si on décidait de s'installer par terre. Alors, on niaisait et on trouvait le temps bien long. Des fois maman m'envoyait jusqu'au chemin pour savoir si ce monsieur très spécial s'en venait. Comme de raison, il n'arrivait pas. Mon bon papa était assis sur sa chaise et ne bougeait pas. Il avait mis sa belle salopette toute propre. Jeanne et moi nous nous perdions dans ses bras comme on avait souvent coutume de le faire quand il était avec nous dans la maison. Maman s'activait encore à nettoyer ici et là mais elle finit elle aussi par s'asseoir. Elle attendait. Nous attendions. Il se faisait attendre. Personne ne savait exactement quand ce bon Dieu allait enfin se matérialiser. Puis quelque part dans l'après-midi, on entendait une clochette qui annonçait son arrivée. *"Il arrive, il arrive. Mettez-vous à genoux, vite."* nous avait crié maman tout excitée. Maman avait ouvert la porte et on vit enfin apparaître le bon Dieu en chair et en os dans toute sa splendeur. Il était à peine entré dans la maison qu'il nous bénit. Au moins, on ne restait pas trop longtemps les genoux collés par terre. Tandis qu'on se relevait, il se rendait à la table pour se verser un bon verre d'eau. Maman et papa l'accompagnaient. Nous, on se dispersait un peu dans la maison mais on restait tranquille. On était gêné. Ce n'était pas tous les jours que le bon Dieu venait nous visiter.

Le Seigneur était assis devant la belle nappe en chenille brodée et il disait: *"Elle est bien belle vot' nappe, madame Dubreuil.*" Puis il parlait de bassinette et je voyais que maman semblait un peu mal à l'aise mais pas impressionnée du tout. Elle regardait le bon Dieu en pleine face avec ses deux yeux bien ronds qui semblaient lui dire: *"C'est pas d'vos affaires, ça."* Peu après, sa majesté changeait carrément de conversation. Il parlait de nous et demandait à ma mère si tout allait bien. *"Oui, oui, toute va ben,"* répondait-elle. *" Et la p'tite Germaine, va bien?"* poursuivait-il tout en se tournant vers moi. Je fondais sur place. Je ne répondais même pas, tellement j'étais figée par la gêne. Je ne savais pas pourquoi mais il semblait me trouver drôle. Il riait tout en me disant quelque chose que je ne compris pas. J'avais envie de lui demander s'il allait bientôt partir mais ce n'était pas poli. Alors je ne dis rien. J'avais juste le goût d'aller retrouver Jeanne et mes poupées de papier, le goût de me jeter par terre et de me rouler dans la poussière, le goût de jouer jusqu'au lendemain matin. Le bon Dieu, c'était bien beau mais des fois il empêchait les enfants de jouer. Quand il fut enfin parti, je laissai tomber un grand soupir de soulagement. Jeanne et moi étions montées nous changer et quand nous étions redescendues, maman avait déjà rangé sa belle nappe et ses tapis nattés.

Tout revint très rapidement à la normale. Mon frère sortit de sa cachette, mon papa retourna dehors à son ouvrage, mes soeurs et maman redonnèrent de la vie à toute la maison, tandis que Jeanne et moi nous nous roulâmes par terre en riant de bon coeur. On reprit nos poupées de papier et elles se mirent à parler sans arrêt, comme si elles voulaient reprendre le temps perdu. Entre nos mains, on ne les contrôlait plus. Elles s'agitaient toutes seules. Elles dansaient, elles chantaient, elles discutaient et surtout, comme nous, *elles profitaient de la vie.*

Le véritable ménage, on ne le faisait pas juste quand le curé passait. On le faisait au printemps, à la fin d'avril,

Une douce jeunesse

quand nous arrêtions de chauffer le poêle à bois. C'était le lavage des couvertures de laine et il y en avait beaucoup, pour Jeanne et moi. On avait aussi une paillasse faite avec des épluchures de blé d'inde. Maman vidait la paillasse, la lavait et la remplissait à nouveau. Après toutes ces années, j'ai encore souvenance de cette odeur bien particulière. Ça sentait bon et frais. Notre lit était gros et c'était bon de s'enfoncer profondément dedans. Les autres lits avaient des matelas. Maman, avec l'aide de papa et de Lucienne, les descendaient et les mettaient dehors toute la journée. Avec un balai, ils les battaient pour en faire ressortir toute la poussière qui s'était accumulée au cours de l'hiver.

Après, c'était le lavage des plafonds et des planchers à la brosse, de gros lavages de draps blancs, des draps faits avec des poches de sucre blanchies. Maman les faisaient bouillir dans une bouilloire, sur le poêle, mais elle les frottaient avant, avec du savon de pays. À cette époque, on ne lavait pas souvent mais ça paraissait quand on le faisait. Rien n'était négligé lors de ce grand ménage. Les microbes pouvaient difficilement survivre à tous ces blanchissements.

Les murs étaient presque tous tapissés et maman était habile à les laver. Nous avions une grande maison. Je parle du temps où on demeurait chez l'oncle Narcisse, le frère de maman. C'est là que je suis restée le plus longtemps.

Dans ma jeunesse, j'ai toujours vécu avec les animaux et je les ai toujours aimés. Ils m'ont souvent apporté de la consolation. J'ai eu un chien jaune et blanc, très intelligent. Nous l'avions eu tout petit. Il allait chercher les vaches mais ne ramenait jamais le boeuf. Il y avait toutefois un problème: il ne fallait jamais prononcer le mot *vache* devant lui, car aussitôt, il allait les chercher, peu importe l'heure. Rien ne pouvait l'arrêter. Il aimait faire ce travail. Mon frère, Armand, était son maître. Il lui montrait toutes sortes de choses incroyables. Il lui disait: *"Va te coucher sur le sofa."* Le chien l'écoutait tout de suite, ou: *"Monte l'escalier et va sur la deuxième marche."* Il y allait sans tarder. *"Non, sur la troisième, que j't'ai dit,"* et le chien montait sur la troisième marche, pas la deuxième ni la quatrième mais bien la troisième. On aurait dit qu'il savait compter.

J'aimais m'asseoir sur une grosse roche et admirer la nature ou aller à la recherche d'herbes, comme *le p'tit thé* dont je mangeais les feuilles et qui avaient bon goût. *Poppy* me suivait avec grand plaisir et passait son temps à dénicher des petites bêtes ou à creuser des trous. C'était le bon temps, croyez-moi! Armand est parti quatre ans et demi dans l'armée et quand il est revenu, *Poppy* l'a tout de suite reconnu. Il a sauté sur son maître. Il était fou de joie. Mon frère s'était beaucoup ennuyé de lui. *Poppy* est mort vieux mais tragiquement. Avec l'âge, il était devenu aveugle et il n'a pas vu mon père qui reculait avec son auto. Il est mort écrasé. Mon père et ma mère ont beaucoup pleuré. *Poppy* était considéré comme un membre de la famille. À l'époque, j'étais mariée et je me souviens que ma mère m'avait écrit pour m'annoncer la triste nouvelle. C'était comme si j'avais perdu un p'tit frère qui allait rester dans mon coeur pour toujours.

Des chats faisaient également partie de mes jouets. Je les habillais, leur mettais un bonnet, une robe et je les couchais dans un petit berceau. Ils dormaient là. De toute façon, ils n'avaient pas tellement le choix. C'était moi la mère. Je me souviens aussi d'un petit mouton que maman avait élevé à la bouteille car sa mère était morte lorsqu'il était né. Il nous suivait partout et entrait même dans la cuisine. Quand on allait au champ, à l'autre bout de la terre, nous l'attachions car papa avait peur de l'écraser avec la voiture à foin. Une fois, il avait réussi à se détacher mais sa corde était restée prise dans la clôture et il s'était pendu. Nous l'avions cherché longtemps. Mon père l'avait trouvé et ne nous l'avait pas dit tout de suite. Il ne voulait pas qu'on voit ça. Il ne voulait pas nous faire trop de peine. Ce triste événement a quand même été un drame pour nous. Nous nous étions attachés à cet animal.

Il y a eu aussi ce petit veau qui jouait avec nous. Il nous donnait des coups de tête. Il avait l'air d'aimer ça. C'était son jeu à lui. Quand il est devenu une vache son manège a continué, c'était devenu moins drôle. Une fois, Jeanne et moi étions en train de pomper de l'eau lorsque la vache s'était approchée de nous et avait voulu *jouer*, comme avant. Elle m'avait foncé dessus et m'avait roulée avec sa tête par terre. Par chance, elle n'avait pas de cornes car elle aurait pu me faire très mal. À partir de ce moment je m'arrangeais toujours pour l'éviter. Elle était tout de même restée mon amie.

Quand j'avais de la peine et que papa n'était pas là pour me consoler, je me réfugiais avec mes chats et mon chien qui souvent couchaient tous ensemble. J'aimais bien me mettre le nez sur leur douce fourrure. Je les sentais. Ils m'acceptaient et cela me faisait du bien.

Plus tard, quand j'eus fini d'élever toute ma famille, Marjo, ma fille, m'a donné un chat siamois qui m'a procuré les mêmes émotions et le même attachement. Quand j'ai eu des problèmes de coeur c'était souvent la nuit que cela arrivait, *Kiam* s'en apercevait et venait se frôler sur moi et m'apportait un certain baume. Ce fut un drame pour moi d'être obligée de l'euthanasier quand il est devenu trop vieux et trop malade. Je m'étais bien promis que plus jamais je n'aurais de chat. Plus je vieillis, plus je change d'idée. J'ai besoin d'un animal à mes côtés. C'est bon pour la santé. *C'est surtout bon pour le coeur.*

Petite, je n'étais pas tannante ni bruyante. J'aimais jouer tranquille. Je n'aimais pas m'obstiner, encore moins me chicaner. Je ne pouvais endurer cela. Je devenais mal lorsqu'on me chicanait. Simone a toujours voulu essayer de nous comprendre. Lucienne aimait que toutes les choses soient bien placées, tout en ordre. Elle était plus casanière que nous. Pourtant, il y avait toujours beaucoup d'ouvrage à l'extérieur. On avait un grand champ de fraises et il fallait bien l'entretenir. Lucienne aimait mieux faire le ménage dans la maison. Pour moi, il me semblait que le ménage n'était pas nécessaire. Elle travaillait fort. Elle faisait le dîner, lavait les rideaux et les repassait avec le fer sur le poêle. C'était bien fait. Peut-être que Lucienne avait raison de rester dans la maison. C'était tellement beau chez nous.

Une brûlure

On avait un magnifique poêle à bois. Jeanne et moi nous nous assoyions souvent tout près. Quand il faisait froid, on se mettait les pieds sur la palette du poêle. On se berçait et on chantait des chansons que ma mère nous avait apprises. C'était bien beau de se mettre les pieds sur la palette du poêle, mais un jour, Thérèse y a goûté. Elle était assise, comme nous, près du poêle, Armand à ses côtés. *Je m'en rappelle comme si c'était hier.*

C'était l'automne tard et il faisait froid dans la maison. Jeanne et moi, nous nous réchauffions comme nous pouvions. On humait l'odeur de la bonne nourriture que maman était en train de nous préparer pour le souper. Sur le poêle, il y avait un gros pot de *beans* qui achèvait de cuire et une bouilloire qui fumait à gros bouillons. Je regardais le pot de *beans* avec avidité. J'avais hâte de manger. Je me sentais bien, comme ça, au chaud, parmi les miens. Je regardais les fenêtres s'embuer et j'avais de la difficulté à voir à l'extérieur. Je ne savais pas trop quel temps il faisait dehors. Ça n'avait pas d'importance, j'étais bien en dedans et je n'avais pas les yeux embués. Bien au contraire, je voyais le bonheur suinter sur les murs. Je le voyais dans les yeux bleus de maman, sur la peau chaude de Jeanne. Je le voyais partout. Il était aussi sur le poêle en train de cuire et de bouillir. Il était en nous, dans les veines de nos corps glacés. Il était dans l'air que nous respirions.

Papa allait bientôt arriver de l'étable car je voyais que maman commençait à s'énerver. Avec hâte elle avait pris une cuillère et se mit à brasser les *beans* avec vigueur. La porte s'ouvrit et papa entra. Un vent froid se glissa dans la maison en même temps que lui. Maman cessa tout à coup de brasser. Elle le regarda et parut surprise de le voir déjà là. Le froid se faufila jusqu'à nous, entre Jeanne et moi. On se colla davantage mais cela ne suffit pas à nous réchauffer. Thérèse et Armand semblaient s'être rapprochés du poêle. Maman devint tout à coup impatiente et tout se transforma dans cette maison calme et tranquille. En voulant se dépêcher de mettre le pot de *beans* sur la table, elle accrocha la bouilloire qui fumait comme une locomotive. La bouilloire se renversa complètement sur Thérèse ne laissant que quelques gouttes pour Armand.

Papa, poussa un grand cri, en levant les bras tandis que maman ne se rendait pas encore compte du dégât qu'elle venait de causer. Thérèse hurlait à fendre l'air. La bouilloire tomba au pied de ma pauvre soeur et se fracassa sur le plancher. Maman se précipita pour la saisir au vol mais il était déjà trop tard. Thérèse était ébouillantée, elle hurlait de douleur. Ses cris perçants envahissaient tout. Ils étaient dans les yeux bleus de maman, sur la peau chaude de Jeanne et sur tout le bas du corps de Thérèse.

Jeanne et moi, ne bougions plus. On était comme saisi. On ne pensait même plus au froid ni au bonheur qui flottait peut-être encore dans l'air humide. Il n'y avait plus que Thérèse, ses cris et sa douleur. Encore près de la porte, papa s'était mis à crier: *"Ôte-lui son linge, vite!"* Thérèse repoussa sa chaise en se tortillant comme du bacon dans une poêle. Ses vêtements lui collaient à la peau et la douleur s'immisçait sournoisement en elle, lui faisant danser un bien sinistre rigodon. Ses mains allaient et venaient sur son pantalon détrempé ne sachant exactement pas ce qu'elles pouvaient faire ni ce qu'elles voulaient faire. Thérèse, éperdue dans sa douleur, voyait tout le monde devenir des ombres imprécises et floues. Elle se mit tout à coup à tamponner ses jambes comme si elle voulait éteindre un feu. En mouvements vifs et désespérés, on aurait dit qu'elle se battait avec un animal sauvage qui lui avait sauté dessus sans qu'elle ne s'y attende.

Maman lui avait pris la main et l'avait entraînée vers la chambre. Papa lui répéta: *"Enlève-lui son linge."* Maman hurlait: *"J'peux pas, Armand est là."* Elle était entrée dans la chambre et referma brusquement la porte derrière elle. Jeanne et moi, collées comme deux gommes ballounes sur notre chaise berçante, étions paralysées par la peur. On entendait toujours Thérèse se lamenter comme si quelqu'un lui frappait les jambes à coups de bâton. On avait mal pour elle. On souffrait avec elle. Papa, venu ramasser la bouilloire qui traînait par terre, la déposa brusquement dans l'évier. Je croisai son regard et je vis qu'il avait l'air inquiet. Armand quitta sa chaise et monta rapidement dans sa chambre en prenant soin de bien marteler les marches de ses gros pieds. Je regardais le gros pot de *beans* qui trônait au beau milieu de la table. Je n'avais plus faim. L'odeur de la bonne nourriture était disparu et le bonheur s'était volatilisé comme un fantôme dans la nuit.

Longtemps Thérèse se lamenta. En début de nuit, je l'entendais encore. Elle se plaignait toujours. C'était effrayant. J'étais dans mon lit et je pensais à elle. J'essayais d'imaginer ce qu'elle pouvait ressentir et quel pouvait bien être le degré de sa souffrance. J'aurais voulu me mettre un peu à sa place. Ça me brûlait le coeur. J'ai senti que je partageais un peu de sa brûlure.

Cet événement m'a beaucoup marquée. À l'époque, Thérèse avait douze ans et j'en avais sept. Elle a manqué l'école de novembre à mars. Quand le médecin venait lui changer ses pansements, je l'entendais crier. Elle a bien souffert et sa souffrance m'a permis de saisir toute l'importance et la nécessité d'une relation plus profonde avec nos semblables. C'est la brûlure que ma grande soeur m'a laissée et elle est inscrite au fer rouge dans mon coeur.

Maman chantait tout le temps: en trayant les vaches, en faisant un gâteau. Elle était joyeuse. Par contre, je n'avais jamais entendu chanter mon père. J'avais aussi pris l'habitude de chanter souvent. Il n'y avait pas de radio dans le temps. On n'avait pas encore l'électricité. Les chansons françaises sont arrivées plus tard. Peut-être qu'à Montréal, c'était différent alors on chantait des chansons que maman avait apprises lorsqu'elle était jeune. On l'écoutait et on les apprenait. Elle ne nous forçait jamais à les apprendre. Armand savait toutes les chansons de maman par coeur.

Aux Fêtes, maman chantait deux ou trois chansons. Il fallait que mon père chante aussi. Tout le monde chantait. Noël n'était pas fêté à l'époque. C'était plutôt au Jour de l'An qu'on festoyait. À Noël, on allait à la messe et on revenait. Une fois seulement on a fêté Noël grâce à Simone.

Au Jour de l'An, maman nous donnait nos cadeaux puis, tempête pas tempête, on s'en allait chez notre grand-père qui demeurait en haut de la rivière à Saint-Pie. On restait coucher là. Il y avait du vin sur la table et on avait beaucoup de plaisir. On chantait, on se racontait des histoires. Ma grand-mère vidait toute une chambre et on dansait. Je me rappelle, j'étais jeune et j'avais été impressionnée quand quelqu'un m'avait demandé pour danser. Les adultes fêtaient toute la nuit. Nous, quand on était fatigué, on allait se coucher dans la chambre de nos grands-parents, sur le lit, en plein milieu des manteaux et on dormait. Au matin, on nous réveillait et on repartait. Je me souviens de la table. Elle était très grande avec plein de bonnes choses dessus. Je me souviens également de l'un de mes oncles. Les Bousquet aimaient rire et faire des farces. Cet oncle s'était mis à lancer du *"jello."* Ça ne devait pas être drôle dans la maison après, quand j'y pense aujourd'hui.

Mes oncles n'étaient jamais déplacés. Aux Fêtes, ils buvaient pour se faire du plaisir, mais pas plus. Dans la famille, c'était mal vu de trop boire. Ma mère haïssait la boisson à mort. Mon grand-père aussi. Par contre, du côté des *Bernier*, ça buvait souvent. Le grand-père *Bernier* était mort d'avoir trop bu. Ses frères et soeurs étaient pareils.

À Pâques, papa était debout avant que le soleil ne se lève et allait chercher de *l'eau de Pâques,* une eau qui se conservait toute l'année et qui était supposée guérir les maladies. On pouvait, soit en boire, soit s'en frotter là où on avait mal. Ensuite, nous allions tous à la cabane à sucre. Maman faisait cuire du jambon que papa avait fumé au bois d'érable. On mangeait des patates cuites dans de l'eau d'érable, des grillades de lard salé, des omelettes et pour dessert, des *grands-pères* au sirop d'érable. Je vois encore maman avec son gros gilet et son béret à côté du vieux poêle, à la cabane, toute rouge à force d'être près du feu. Papa faisait la tire dans l'après-midi et s'il en restait, il faisait du sucre d'érable. Je crois qu'il était le meilleur pour faire un sucre doux et blanc qu'il mettait en moule en forme

Une douce jeunesse

de coeur ou de castor. Parfois on ramassait l'eau d'érable mais c'était bien fatiguant. Le soir, on s'endormait comme des bûches, épuisés. Pour moi, Pâques, c'était la cabane à sucre. C'était papa...maman. *C'était la magie...*

Tous les dimanches, on allait à la messe. On partait l'hiver, en *sleigh*. Les chemins n'étaient pas ouverts c'était lent, au petit pas tout le long du chemin. Ma mère faisait chauffer des briques dans le fourneau du poêle avant de partir. On n'aimait pas ça et on disait: *"On va avoir trop chaud."* On se lamentait, pour la forme. Il ne faisait pas trop chaud. Elle le savait bien ma mère qu'il faisait froid. Elle voulait prévenir aussi, au cas où on resterait pris dans la neige. On avait un long chemin à faire et il n'y avait pas de maisons avant le village. En s'en allant, ma mère parlait beaucoup avec mon père, comme pour passer le temps. Je me souviens que la messe durait une heure et que le sermon était très long. Ma tante, la soeur de maman avait le même banc que nous et elles se parlaient presque tout le temps. Jeanne et moi on essayait de parler aussi, mais maman nous faisait taire. Alors, on riait des autres pour passer le temps. Mon père, lui, ronflait tout le long du sermon. Au retour en voiture vers la maison, il y avait souvent des discussions. Maman reprochait à son mari de dormir au sermon. Papa lui répondait: *"Non, j'nai pas dormi. Mais toé, t'as parlé tout l'temps avec ta soeur."* Et maman rouspétait: *"Tu m'défends d'parler à ma soeur maintenant."* En sortant de la messe, on allait rendre visite aux grands-parents qui demeuraient au village. En arrivant, il fallait toujours demander la bénédiction à mon grand-père. Je n'aimais pas ça. La bénédiction, ça pouvait faire, mais l'embrasser, non. J'essayais de me faufiler, mais maman disait: *"Germaine, viens icitte."* Je ne pouvais y échapper.

Mon grand-père avait une grosse barbe et il bavait. C'était toujours mouillé cette barbe là. *"YARK"* Il nous embrassait: *"SMACK"* sur les joues et il nous mouillait avec sa barbe. Je disais à Jeanne: *"On va essayer de se sauver aussitôt après la bénédiction."* Jeanne était d'accord avec moi. On a souvent essayé mais maman était toujours dans les parages. Mon grand-père chiquait, en plus. Ce n'était pas ragoûtant. Ça puait et sa bouche était toute jaune. C'était une vraie punition. On y pensait, même avant de partir de la maison, qu'il faudrait embrasser notre grand-père. C'était épouvantable! Chez mes grands-parents, je rencontrais mes cousines car tout le monde se ramassait là après la messe et j'avais beaucoup de plaisir. Parfois on allait aussi chez le frère à maman.

Quand grand-papa venait se promener chez nous, il amenait toujours son crachoir avec lui. C'était pas drôle de nettoyer ça après. Souvent ses crachats atterrissaient à côté du crachoir. Il crachait brun. C'était écoeurant!

Mon père, quant à lui, a commencé à fumer la cigarette seulement vers l'âge de cinquante ans. Avant il fumait la pipe. Il avait son propre tabac qu'il faisait sécher. Ça lui durait toute l'année et il en donnait même aux autres. Il avait une *blague* en cuir de porc qu'il avait confectionnée lui-même. Le tabac s'y conservait bien. Il s'était aussi fait son propre hachoir. Me semble de le voir hacher son tabac. Les hommes du village se passaient le tabac: *"As-tu goûté à mon tabac? Ah, il est bon ton tabac. Quelle sorte que c'est?"* se disaient-ils. Presque tous les hommes fumaient la pipe. Ils sortaient leurs blagues et demandaient: *"Tiens, vous voulez essayer mon tabac?"* Paraît que mon père avait du très bon tabac, un peu fort parait-il. Je pense qu'il ne fallait pas trop le faire vieillir. Je me rappelle des plants de tabac que papa faisait sécher et qui pendaient dans la "shed." Par chance, mon père ne chiquait pas. Il ne sentait que le pôpa.

Une douce jeunesse

Je me souviens aussi d'un soir d'hiver où papa nous avait vraiment inquiétés. Il possédait un lot à la campagne. C'était situé à environ huit milles de la maison. Tous les automnes, il allait lui-même bûcher son bois, un an à l'avance afin d'avoir toujours du bon bois sec pour l'hiver. Il s'y rendait lorsqu'il faisait froid et qu'il y avait assez de neige car les *sleighs* glissaient plus facilement et c'était aussi plus facile pour les chevaux d'avancer.

Un jour, il était parti comme d'habitude de très bonne heure. Ma mère lui avait préparé un bon lunch, du pain avec du lard salé et du gâteau au maïs. Elle savait qu'il allait revenir à la noirceur, pour le souper mais elle s'inquiétait toujours. *"S'il fallait qu'il ait un accident seul dans l'bois."* nous disait-elle. Une fois, il a dépassé l'heure. Un morceau de sa *sleigh* s'était brisé et il a fallu qu'il revienne très lentement. Pendant ce temps, tout le monde était inquiet. Moi, j'imaginais le pire. Je me posais des questions: *"Qu'est-ce que je ferais s'il fallait que mon papa meurt? Est-ce que je survivrais à sa mort? Est-ce que j'allais mourir de chagrin?"* Puis nous étions tous sur le qui-vive. On était silencieux et on tendait l'oreille. On était tous stressé. On cherchait dans la nuit le bruit des chevaux ou d'une clochette de sa *sleigh*. Il était tard lorsque nous l'avons entendu arriver. Je me rappelle la joie que nous avons ressentie. Papa n'était pas sitôt rentré que nous nous étions réfugiés dans ses bras. Je me rappellerai toujours l'odeur de sapinage et de bois qu'il dégageait. C'était bon de le retrouver. *On l'aimait tellement notre père.*

Dans le temps, on faisait tout. On achetait une poche de farine de cent livres, une poche de sucre du même poids, une grosse chaudière de miel de cinquante livres, une grosse chaudière de beurre de peanuts, du vinaigre en gallon (*notre propre gallon qu'on allait remplir*) et de la mélasse (*un gallon en vitre, aussi*). C'est ce dont avait besoin, en gros.

Tout le reste, on le faisait. Au magasin général, le propriétaire achetait la mélasse en gros baril qu'il distribuait ensuite. Nous, on arrivait avec notre gallon et on le remplissait à même le baril. C'est ça qu'on a perdu, je pense. Aujourd'hui, il faut payer pour chaque petite chose: le carton, l'emballage, le service, etc.

Même maman faisait ses propres remèdes. Pour le mal d'oreille, elle écrasait de l'ail pour en extraire le jus qu'elle mettait dans une petite bouteille qu'elle gardait précieusement dans sa pharmacie, en-dessous de l'escalier. Pour les vers, elle mélangeait du souffre avec de la mélasse et nous faisait prendre ça au printemps. Saveur affreuse!

Pour la grippe ou l'inflammation des poumons, elle préparait de la moutarde en poudre mélangée avec de l'eau qu'elle appliquait sur un linge fin. Elle nous mettait ce mélange sur la poitrine et dans le dos, au besoin. Mais il ne fallait pas l'oublier car ça brûlait. Il ne fallait pas le laisser sur nous plus de deux minutes. Elle faisait du sirop pour le rhume avec des fleurs de sirop blanc, de l'alcool et du sirop d'érable. C'était bon. Pour la diarrhée, elle versait de l'eau chaude dans un verre et elle y mettait du gingembre ou de l'eau de riz. Maman avait aussi le pouvoir d'arrêter un mal de dent: *un esprit de clou* très fort et le mal de dent partait mais on avait la bouche en feu. Pour la purgation, elle nous donnait du sel *d'Epson ou du sel de médecine*. Pour une infection à un pied ou ailleurs, évidemment elle prenait de la couenne de lard salé qu'elle appliquait sur la plaie toute une nuit. Pour les piqûres d'abeilles ou d'insectes, elle frottait une feuille de plantain ou de chiendent sur la blessure. Elle nous disait que manger de la salade de pissenlit était bon pour soigner les pierres au foie et que manger de la salade tous les jours avec de la crème avait l'avantage de dissoudre le gras dans le sang car le pissenlit avait le pouvoir de rincer le filtre rénal. Si par malheur, on avait un bobo sur le corps, la galle, la picotte ou la gratelle, maman nous faisait mousser son fameux *savon de pays* (*savon qu'elle faisait elle-même*) sur tout le corps. Je vous jure que rien ne pouvait résister à ça.

Pour les poux, elle nous peignait avec un peigne très fin, en même temps qu'elle nous mettait de l'huile à lampe dans les cheveux. Puis elle nous déposait une serviette sur la tête qu'il fallait laisser reposer pour un certain temps. On avait l'air fou. Maman qui avait toujours mal à un genou, se frottait avec de l'huile d'arachide chaude et s'enveloppait le genou avec un morceau de laine (*laine de ses moutons, évidemment*). Si quelqu'un faisait une grosse bouffée de température, elle appliquait des tranches d'oignons ou de patates crus sur tout le corps. Ce n'est pas tout, maman était une véritable sorcière. Pour une gorge irritée, elle nous donnait du miel chaud avec du beurre. C'était bon aussi pour l'extinction de voix. Elle nous disait aussi que le miel était un bon tonique pour le coeur et qu'il assurait l'irrigation du système coronarien.

Pour empêcher d'attraper les épidémies de grippe ou d'influenza, maman nous mettait un petit carré de camphre dans un petit sac de coton qu'elle attachait à notre camisole. On sentait bon! Elle utilisait aussi de l'onguent de camphre pour désinfecter le moindre bobo qu'on se faisait, y compris les petits ulcères de la bouche. Pour l'acné, elle faisait bouillir des feuilles de *monarde fistuleuse* qu'elle écrasait jusqu'à en faire une bouillie. Elle y ajoutait ensuite de l'alcool à 90%. Fallait frictionner matin et soir. Enfin, pour les hémorroïdes, elle appliquait de l'huile de bête puante à la bonne place. Par chance, je ne me souviens pas d'avoir eu les hémorroïdes. FIOU !

On avait la viande, les fruits, les légumes. Sur la petite terre, il y avait un vieux pommier très gros avec des pommes qui n'étaient pas mangeables. Elles étaient trop dures. C'était des petites pommes grises qu'on mettait dans la cave et qu'on mangeait au mois de janvier. Elles étaient alors plus molles. On avait aussi des pommes *Duchesses*, je ne sais pas si cela existe encore. On en faisait de la bonne compote. On avait toute une rangée de pruniers que ma mère avait plantés. Il y en avait effrayant. Elle les vendait au marché un dollar le gros panier. Le samedi, on partait à trois heures du matin pour Saint-Hyacinthe. On chargeait la veille. Le cheval s'en allait au pas tout le long tellement la voiture était pesante. J'y suis allée une fois, même si papa ne voulait absolument pas m'amener. Il me disait: *"Tu vas trouver ça trop long,"* mais j'ai tellement insisté pour y aller qu'il a décidé de m'amener. Je savais qu'en face du marché, il y avait un *Woolworth* et qu'on y vendait des suçons. Je voulais aller voir ça. J'ai quand même trouvé le trajet ben ben long.

L'été arrivé, c'était le temps des légumes. Comme je vous l'ai déjà dit, maman avait un grand jardin. C'était son univers. D'ailleurs, c'était clôturé et nous n'avions pas le droit d'y aller. Elle allait vendre ses légumes au marché à Saint-Hyacinthe. Jeanne et moi avions déjà obtenu l'assentiment de maman. *(On était surtout passé par notre père pour faire le voyage avec eux).* Un beau samedi nous étions montées dans la voiture chargée de légumes. Il était trois heures du matin. J'ai trouvé difficile de me lever de si bonne heure.(*Il fallait partir de bonne heure si on voulait avoir une bonne place.*) Je me revois avec ma soeur, dans la voiture, en arrière, avec tous ces légumes qui étaient bien lavés et frottés afin qu'ils soient de belle apparence. Mes parents travaillaient fort, la veille, pour tout préparer. Il me semble, qu'aujourd'hui encore, je sens toutes les odeurs qui s'en dégageaient.

Une douce jeunesse

Enfin arrivés, nos parents plaçaient tous leurs légumes sur les tables. Il y avait aussi des oeufs et du sirop d'érable. Arrivés vers cinq heures, nous avions trouvé une belle place. Jeanne et moi assises dans la voiture, attendions que le *Woolworth* d'en face, ouvre ses portes. On était allé chercher notre gros suçon ou cinq petits pour le même prix. Pendant la journée, on regardait à notre aise les chocolats et autres bonbons qui nous faisaient saliver. Revenus à la maison à la noirceur, le cheval allait plus vite à cause de la voiture plus légère. Je pense que nous avions dormi en revenant. La maladie que nous avions, Jeanne et moi pour aller au marché, s'était vite dissipée. Nous aimions mieux donner la commission à maman de nous rapporter un suçon chacune. C'était moins compliqué. Pas folles, les filles.

À dix ans, je commençais déjà à prendre certaines rondeurs au niveau de ma poitrine, mais je ne remarquais pas vraiment ces changements hormonaux. Mon corps se transformait sans m'en rendre compte. Personne ne me disait rien. Personne ne m'expliquait quoi que ce soit. Il a fallu que je découvre bien des choses par moi-même. Et je ne comprenais pas toujours très vite.

À partir de cet âge, j'ai cessé d'embrasser mon père parce que ça m'était défendu. Je ne comprenais pas pourquoi. Ceux qui m'entouraient me riaient au nez en me disant: *"T'es un bébé. Tu t'fais encore prendre par ton père. "T'es ben trop grande pour t'faire prendre." "T'as pas honte, Germaine?"* Et maman me disputait à chaque fois que je voulais me faire cajoler par mon papa, alors qu'elle semblait si contente que je le fasse avant. J'ai trouvé ça bien dur de ne plus pouvoir donner de l'amour et de ne plus en recevoir. J'avais une telle soif! J'ai dû chercher tout autour de moi pour en trouver.

Merci papa pour ta grande bonté. Je réalise

aujourd'hui que ce fut mon meilleur temps lorsque j'étais enfouie dans tes bras. Je vois également la très grande importance d'être aimé quand on est jeune. Ce n'est pas tous les enfants qui ont la chance de vivre cela. À dix ans, on ne me considérait plus comme une petite fille. Fallait que je vieillisse et vite. Il me semble que je n'étais pas prête à embarquer dans ce monde inconnu de l'adolescence. Si seulement on m'avait expliqué certaines choses. Peut-être que ça m'aurait facilité la vie.

Je vous raconte deux petites histoires qui ont marqué mon adolescence: le transfert de l'enfance vers l'adolescence s'est fait d'une façon *bizarre et mystérieuse*.

Une douce jeunesse

Une adolescence mystérieuse

Luisant meneur de bal profilé, l'oiseau
Demain s'abreuve au cadran d'eau
Silouhettes heureuses les psaumes du désert
Lui minent l'hommage du feu
Sur le marbre accablé de la danse
Dans les urnes chavirées du jour
Le silence pensif de ses ailes
S'ouvre..

Wilfrid Lemoyne

L'onguent moutarde

Jeanne et moi étions dans le hangar à grain et jouions avec nos poupées de papier. On avait escaladé, je ne sais pas trop comment, l'une des trois boîtes carrées qui servaient à entreposer le grain et dont les murs faisaient six pieds de haut. Il n'y avait pas de porte. Ayant grimpé comme des petites souris, nous nous étions retrouvées de l'autre côté, en plein sur le plancher que notre grand frère, Armand, venait tout juste de nettoyer. Le plancher était propre, même pas un petit grain de blé par terre. Armand avait fait du bon travail et nous, ça nous plaisait. C'était propre et on pouvait s'amuser comme on voulait.

Avec nos mains on avait découpé dans le catalogue *Eaton* de beaux vêtements et toutes sortes de meubles qu'on avait placés dans nos maisons de carton. Nos poupées placotaient ainsi:
- *J'ai changé mes meubles, tu viens voir?*

Une adolescence mystérieuse

- Non, j'peux pas. J'ai pas l'temps. J'attends quelqu'un.
- Ah oui, qui?
- J'peux pas te l'dire tout de suite. Peut-être plus tard.
- C'est pour ça que tu t'es mise aussi belle?
- Ouais! J'me suis acheté une nouvelle robe et de nouveaux souliers
- T'es allée magasiner chez Eaton? Pourquoi tu me l'as pas dit?
- Tu s'rais venue avec moi?
- Ben oui!
- Où t'as acheté tes nouveaux meubles?
- Chez Eaton! Pourquoi?
- T'es donc ben niaiseuse! C'est pas ça qu'il faut que tu dises. Réveille!

    La poupée de Jeanne cessa tout à coup de parler. Il se passait quelque chose: *"J'ai entendu quelqu'un monter les escaliers,"* me dit soudainement Jeanne. *"T'as dû rêver, que je lui réponds.On continue de jouer. Arrête de m'faire peur!"* et nous continuons de jouer. *"J'veux pas t'faire peur. Regarde."*

    Je n'avais même pas eu le temps de me retourner pour voir ce qui se passait que deux grosses mains poilues m'agrippèrent fortement et me hissèrent de l'autre côté du mur. Je tombai raide par terre pour voir arriver Jeanne qui atterrissait près de moi comme un oiseau blessé. Armand gesticulait et gueulait: *"Allez jouer ailleurs, les p'tites. J'viens d'nettoyer les carrés."*

    Nous nous étions levées pour décamper assez vite. Nos boîtes de carton et nos poupées déboulèrent les escaliers du hangar en même temps que nous. Les ramassant nous nous enfûmes à toute vitesse, en courant jusqu'à la maison sans nous retourner. *"T'as rien Jeanne?"* que je lui avais demandé, toute essoufflée.

Germaine Dubreuil

"J'pense pas et toi?" qu'elle me répondit. *"Il m'semble que je suis bossée tout partout. Viens on va aller dire à maman qu'Armand nous a fait mal."*

Dans la maison, nous ne trouvions maman nulle part. Elle devait être au champ, en train de piocher, sur l'autre ferme. Parties au petit trot comme deux petites biches apeurées, en cours de route, je montrai à Jeanne la blessure qu'Armand m'a faite: *"Regarde, c'est déjà pas mal enflé."* *"T'as mal,"* me demanda Jeanne toute inquiète? *"Oui, ça m'fait très mal. Très très mal,"* que je lui répondis, les larmes aux yeux. En accélérant le pas, je disais à Jeanne: *"Quand maman va voir ce qu'Armand m'a fait, elle va chiâler après et le punir. Tant pis pour lui! Le petit chouchou à sa maman va en manger toute une, pour une fois."* *"Oui, il va en manger toute une.* Il était le seul gars de la famille et je l'trouvais ben gâté. Il faisait toujours ce qu'il voulait et maman ne le chicanait jamais. C'était pas juste ça! Armand devait être puni sévèrement, il l'avait bien mérité. J'avais une bosse sur la poitrine et elle grossissait de plus en plus. Je ne savais même pas si j'allais réussir à me rendre jusqu'à maman. J'allais peut-être tomber avant dans les grandes herbes et mourir comme une vulgaire bibitte écrasée. Jeanne me dit tout à coup: *"T'as vu Germaine? T'as une autre bosse sur l'autre côté."* Je panique: *"Où ça? Ah oui, là! C'est ben trop vrai. C'est épouvantable! C'est pire que pire! J'ai maintenant deux grosses bosses sur la poitrine."* Nous avons couru comme des vraies folles. L'affaire était grave. Maman allait sûrement fusiller Armand ou le battre à coups de pioche. J'espérais tout de même qu'elle ne lui ferait pas trop mal. Quand maman se fâchait, on ne savait jamais jusqu'où elle pouvait aller.

Arrivée près de maman, Jeanne avait tout de suite lancé: *"C'est Armand qui lui a fait ça."* *"Il a fait quoi Armand?"* me demande maman, impatiente. *"Il m'a pris par le collet et m'a lancée de l'autre côté du mur, en haut du hangar à grain. J'suis tombée et j'me suis fait très mal,"* que je lui avais répondu en pleurant. *"Où il t'a fait mal, ma p'tite Germaine?"* me demanda-t-elle, anxieuse. Je levai ma robe jusqu'à la poitrine et lui montrai les deux bosses: *"c'est là, maman, pis j'ai mal."* Et je me remis à pleurer. Jeanne en fit tout autant. C'était la catastrophe. Maman, d'habitude si soignante lorsqu'on était malade, me dit tout simplement *(avec un petit sourire en coin)*: *"C'est rien ça. J'vais t'frotter ce soir avec d'longuent moutarde."* Je n'étais pas trop contente. Armand m'avait blessée et maman semblait trouver que ce n'était pas si grave, même qu'elle avait souri. Elle et son Armand, son gâté pourri. *"Vous allez le punir, Armand, hein maman?"* que je lui demandai bien tristement. *"On verra ça, on verra."* m'avait-elle répondu.

Retournée à la maison, la mine basse, Armand ne serait probablement pas puni pour son crime odieux et moi je dépérirais de plus en plus. Je me sentais un peu comme un saint martyr canadien, incomprise. Par chance que Jeanne était là pour me remonter le moral. Le soir arrivé, je rappelle à maman ce qu'elle m'avait promis. Pour une raison que j'ignore, Armand et mes soeurs s'étaient mis à rire. Je ne savais plus où donner de la tête. Je me sentais gênée, mal à l'aise. Tout le monde riait de mes deux *bosses*. Armand dit: *"ça pousse, ça pousse."* Tout le monde se remit à rire, y compris maman. C'était à n'y rien comprendre. Je montai m'enfermer dans ma chambre. Au moins là, j'étais tranquille.

Dans la soirée, maman était arrivée avec son onguent moutarde qu'elle m'appliqua sur la poitrine mais elle me frotta sans pression, comme si elle avait peur de me faire mal. Puis elle me dit, un peu gênée: *"demain matin, quand tu vas t'lever, tu vas mieux filer. Tu n'sentiras pu rien. Dors ben, asteur."* Ces paroles réconfortantes de maman me firent du bien et je finis par m'endormir rapidement en prenant bien soin de ne pas bouger et de rester couchée sur le dos. Avant de fermer l'oeil, je priai le Seigneur pour que ces deux inconfortables *bosses* sur la poitrine disparaissent à jamais. Je savais que maman pouvait faire des miracles avec ses médicaments.

L'onguent moutarde n'a pas empêché mes seins de pousser. Bien au contraire, je pense plutôt que ça avait eu l'effet contraire. Depuis l'âge de dix ans, ça n'a pas arrêté de prendre de l'expension. C'est sûrement la faute de ce maudit Armand. *Et en plus, il n'a jamais été puni.*

Une grande fille

Jeanne et moi jouions avec nos poupées de papier. On les avait mises dans le dernier tiroir du bas d'un chiffonnier. On les déshabillait, on les rhabillait, on les faisait parler. Concentrées sur notre jeu, quand on partait dans notre imaginaire, c'était pour longtemps. On décrochait et on se sentait bien hors de la réalité du monde alentour.

Jeanne et moi étions très proche l'une de l'autre, un peu comme deux soeurs siamoises, même si nous n'avions pas le même âge. J'avais onze ans et elle en avait neuf. Le matin on se levait *ensemble*, toute la journée on jouait *ensemble*, le soir on montait se coucher *ensemble* et nos yeux se fermaient en même temps. J'imagine aussi qu'on devait faire à peu près les mêmes rêves. Je regardais Jeanne d'un oeil admiratif. C'était une belle petite blonde aux cheveux courts bouclés avec des yeux d'un bleu vif comme le ciel quand il faisait beau. Papa l'aimait à en mourir. Il l'appellait: *"Ma p'tite chatte"* et la protégeait souvent des grandes griffes de maman. Quand cette dernière chicanait Jeanne devant papa, il lui répliquait tout de suite: *"A pas fait exprès, ma p'tite chatte. Chicane-la pas trop."* Il disait cela sur un ton plaintif qui appellait la clémence, ce qui se produisait la plupart du temps.

En regardant Jeanne, je me disais qu'on pouvait rester jeune encore bien longtemps, si seulement on pouvait jouer, comme ça, avec nos poupées de papier jusqu'à la fin de nos jours, juste elle et moi, assises par terre, au beau milieu de la cuisine ou au bas du chiffonnier, nos poupées fragiles entre nos mains, en train de s'imaginer un monde où le soleil serait toujours au rendez-vous. Vieillir ensemble, dans la même maison, la même cuisine, le même chiffonnier et toujours les mêmes petites poupées entre nos mains, avec ce même plaisir d'être ensemble, dans le rêve et dans le jeu.

Le temps nous court après et nous rattrape. Je grandissais, Jeanne grandissait, papa et maman vieillissaient. Tout le monde changeait. En vieillissant ou en grandissant, on dirait que les gens ne sont plus capables de rêver ni de jouer. *Et ça me faisait bien peur.*

Je profitais au maximum de chaque petite seconde passée avec Jeanne. Je pouvais me mettre à vieillir tout d'un coup ou grandir tellement vite que je ne pourrais plus être capable de me pencher pour jouer. N'importe quoi d'autre pouvait m'arriver, à n'importe quel moment.

Je détournai mon regard de Jeanne pour me concentrer sur une tache rouge que je venais de remarquer dans ma culotte. La peur me saisit aussitôt à la gorge et je me demandais où j'avais bien pu me blesser. J'avais beau chercher, je n'arrivais pas à me rappeler. Dans ma panique, je décidai de tout laisser tomber et de monter me coucher. Jeanne me questionna de sa petite voix douce: *"Pourquoi tu vas te coucher?"* Je ne lui dis rien car je ne voulais pas lui faire peur. Une en état de panique, c'était assez! Quand je montai à ma chambre, je remarquai que Jeanne me regardait avec les yeux d'une petite fille qui s'inquiétait.

Le lendemain, m'apercevant que le sang ne s'était pas arrêté de couler, je ne voulais pas le dire à maman car je croyais qu'elle allait me chicaner. Dans le coin où ça saignait, j'avais comme l'impression qu'il ne fallait pas trop en parler. Il y avait quelque chose qui me disait que c'était mal. Peut-être que maman me dirait: *"J'te l'avais ben dit d'pas toucher à ça. C'est pour ça que ça saigne" "À force de toucher à ça, l'bon Dieu t'a punie. Tant pis pour toé!"* J'avais peur des réactions de maman. C'est pour ça que je décidai d'en parler plutôt à Lucienne. Elle me dit: *"C'est rien ça. Faut pas t'en faire. Ça va couler de même tous les mois. T'es une grande fille maintenant."* "Une grande fille?" que je me dis. Comment peut-on grandir comme ça, du jour au lendemain? Je trouvais bien bizarre l'idée qu'il faille saigner pour grandir. Ça ne tenait pas debout.

Le jour suivant, le dimanche, il y avait beaucoup de visite à la maison. Mes cousins et mes cousines voulaient jouer avec moi et se demandaient bien pourquoi je restais assise sur la galerie et que je refusais de me lever. Collée à la chaise, je ne bougeais presque pas. J'avais bien trop peur que quelqu'un s'aperçoive de mon état. Mon oncle et papa, assis près de moi, discutaient ensemble. Ils n'avaient pas l'air de savoir ce qui se passait. Pendant ce temps, je saignais de plus en plus et je ne savais pas quand ça allait arrêter. J'aurais bien aimé me confier à Lucienne ou même à maman mais je ne les voyais pas dans les parages. Elles étaient probablement dans la maison en train de jaser avec ma tante. Je passai donc tout l'après-midi assise sur une chaise trop dure, seule avec ma peur.

Je voulais bien me lever, mais quand je tentais de le

faire, le sang se remettait à couler de plus belle. Quand tout ce monde fut parti et que papa quitta enfin la galerie, comme une *grande fille,* je me levai et rejoignis ma chambre en courant. Maman vint me rejoindre et me dit de rester couchée. Elle me dit également qu'étant donné que j'étais devenue une grande fille, je devais maintenant faire attention aux garçons. *"Tu n'dois pas te laisser approcher par eux"* me suggère-t-elle. Je me demandais pourquoi elle avait dit ça. C'était quoi le rapport entre le sang qui s'échappait de moi et un garçon qui tentait de s'approcher de moi? Je n'en voyais aucun, mais maman ne s'arrêta pas aux explications et quitta ma chambre sans m'en dire plus.

Toute seule dans mon lit, je pensais à tout ce qui m'arrivait et je finis par comprendre que ce fameux saignement ne devait pas être aussi grave que je le pensais en réalité. Maman n'avait même pas paniqué. Elle ne m'avait pas suggéré non plus d'appliquer de l'onguent moutarde sur le bobo ou quelque autre remède dont elle seule connaissait la recette. Elle ne s'était pas énervée, Lucienne non plus, d'ailleurs. Toutes les deux m'avaient simplement dit que j'étais maintenant devenue une grande fille, mais je trouvais ça bien compliqué. Je ne comprenais pas très bien; d'ailleurs, les adultes, étaient plutôt difficiles à comprendre.

Au cours de la soirée, Jeanne vint me rejoindre dans le lit. Elle devait être bien fatiguée car j'eus l'impression qu'elle s'endormit très vite. Elle se mit à respirer comme un petit vent du printemps qui siffle entre les feuilles naissantes. Je l'écoutai et je sentis que ça me faisait du bien. Elle n'était pas compliquée, ma petite Jeanne. Je ne croyais pas que j'avais grandi tout d'un coup. J'étais une enfant comme Jeanne et demain nous allions reprendre nos poupées de papier et nous installer à nouveau au bas du chiffonnier ou au beau milieu de la cuisine pour nous remettre à jouer et à rêver. Papa m'appellerait *"sa p'tite Germaine"* et je grimperais dessus pour me faire bercer et cajoler. Je n'étais pas encore une grande fille. *De toute façon, je ne saignais même plus.*

Dans l'entrée de la cave, Jeanne et moi avions aménagé notre maison de poupée. Nous avions un petit berceau que papa nous avait fait et une chaise haute. Oncle René *(le vieux garçon)* nous avait fait un petit bureau à quatre tiroirs, un vaisselier avec un miroir et une table avec deux chaises qui étaient semblables à ceux vendus à mon fils, Jules, lorsque j'ai déménagé d'Iberville. *(sauf que les nôtres étaient des modèles réduits)*

On avait de la vaisselle et du linge de bébé dans le bureau. On mettait ces bonnets de bébé à notre chat. On l'avait dompté pour qu'il reste couché dans le berceau. Maman nous avait fait des petites couvertures. On passait, des journées entières à jouer dans notre petite maison. Parfois maman amenait sa visite pour leur montrer comment on était bien installé. Toutes nos cousines doivent bien se rappeler. C'était extraordinaire et jamais je ne l'oublierai. On avait atteint le maximum de ce jeu avec les poupées de papier, ce jeu qui nous avait si bien servi durant toute notre enfance. *Cette enfance si belle et si douce.*

Hélas, on ne reste pas une enfant toute sa vie. On vieillit et on prend de plus en plus de place dans la maison. Alors nos parents nous donnèrent de plus en plus de responsabilités. À la longue, on s'y fit. Tranquillement on quitta ce petit monde calme de l'enfance pour embarquer dans le monde plus perturbé de l'adulte. La vie est ainsi faite! Je me voyais mal, en vieillissant, jouer encore avec mes petites poupées de papier.

Un jour, un monsieur qui habitait le même rang que

nous, était venu demander à ma mère si je pouvais venir chez lui travailler comme bonne durant un mois car sa femme était malade. Par chance, ce n'était pas loin. À cet âge, j'avais bon appétit et lorsque je prenais une autre assiette, je me faisais dire: *"Une, c'est bien assez!"* Quand j'arrivais chez moi, le soir, je me faisais parfois des bonnes beurrées de mélasse avec le bon pain de ma mère. C'était la première fois que je partais de la maison et je trouvais ça bien difficile.

J'ai aussi travaillé un mois dans une autre famille à faire le grand ménage. La dame était paralysée et me demandait souvent de jouer aux cartes avec elle dans l'après-midi. C'était une dame douce et bonne. Elle souffrait beaucoup. Elle avait une sorte de maladie de la peau qui la faisait hurler quand on la touchait. Une fois, sans faire exprès, je lui avais touché la jambe avec mon pied. Elle avait crié tellement fort que j'en étais resté bouleversée durant un bon moment. Sa fille m'avait aussi avertie de ne pas m'en faire si le matin, j'entendais sa mère crier. Elle ne faisait que son *devoir conjugal* et elle hurlait de douleur. Cela m'avait bien impressionnée. Je n'avais jamais entendu ma mère crier de cette façon en faisant son devoir d'épouse.

Je gagnais quatre dollars par semaine que je remettais entièrement à mes parents. À quatorze ans, je partis travailler un mois à Roxton Pond chez ma cousine. Je ne chargeais rien car elle était de la famille. Ma cousine avait eu un bébé et je devais aller traire les vaches à sa place, ce que je détestais. Quand mes soeurs avaient un bébé, ma mère m'envoyait les aider pour quelques semaines, toujours gratuitement. À seize ans, j'ai décidé de partir de la maison. Je me trouvai un emploi comme servante chez un couple sans enfants de Saint-Hyacinthe. Le monsieur était dentiste et il avait son bureau à la maison. J'avais un costume blanc et bleu pour la semaine, blanc et vert pour la fin de semaine. Dans la salle à dîner, la table était immence (*la nappe aussi car c'était moi qui la repassait*). La femme mangeait au bout de la table et son mari à l'autre bout. Je trouvais ça ridicule. Je les servais et je devais attendre qu'ils aient fini leur repas pour enfin manger à mon tour. Je ne mangeais jamais la même chose qu'eux. J'avais toujours la nourriture de la veille. C'est dans cette maison que mon orgueil en a pris un coup. Je me sentais bien inférieure et ils me le faisaient sentir. J'étais malheureuse. Je n'avais pas souvent vu ce monsieur mais cette femme, je la haïssais et je lui en veux encore de m'avoir abaissée à ce point. J'ai travaillé là un mois à cinq dollars par semaine.

J'ai ensuite changé de place pour travailler chez un homme qui demeurait seul. Sa femme venait juste les fins de semaine. Sa maison était sale et j'ai beaucoup travaillé pour l'améliorer. Un vendredi soir, alors que je dormais, je me suis fait réveiller par cet homme qui était ivre. Il voulait coucher avec moi. Je lui avais répondu sur un ton fâché: *"Non"* Il n'avait pas insisté, mais je réalise que je l'avais échappé belle. S'il avait voulu me forcer, j'aurais sans doute eu beaucoup de difficulté à me défendre. Retournée chez moi, j'étais presque devenue une femme et je n'avais pas encore connu l'amour. Ça n'a pas tardé, car on n'échappe pas comme on veut à son destin.

C'était l'été, dans le temps des foins. Mon père avait décidé d'engager quelqu'un pour l'aider. Ça prenait un bonhomme fort. Souvent il y avait des hommes qui passaient chez nous pour gagner leur nourriture mais mon père disait qu'ils ne travaillaient pas assez bien. Il avait donc engagé Auray Bousquet, mon cousin. On piochait ensemble, on allait cueillir les fraises ensemble. Ma mère disait: *"Ne te mets pas trop proche d'Auray."* Dans ce temps-là, je ne pensais pas vraiment à mon cousin, encore moins de tomber en amour avec lui. Ce qui devait arriver, arriva. À un moment donné, j'étais assise près de lui. On se berçait. Il m'avait pris la main et là j'avais senti l'amour m'envahir. Je l'aimais, c'est sûr.

Quand l'amour vous fait signe, suivez-le,
Bien que ses voies soient dures et escarpées.
Et lorsque ses ailes vous enveloppent, cédez-lui,
Bien que l'épée cachée dans son pennage
puisse vous blesser.
Et lorsqu'il vous parle, croyez en lui,
Malgré que sa voix puisse briser vos rêves
Comme le vent du nord saccage vos jardins.

Khalil Gibran, Le Prophète.

Le monde de l'adulte
Bonheur et misères

La famille, quelles images elle éveille en moi!
Quels souvenirs! Quels rêves!
Solidité, foyer, roc, sécurité
Joies, peines, amour.
Ce lieu où chacun commence.

C'est comme ça que je voyais la famille
quand je me suis mariée.
Mais ça ne s'est pas tout à fait passé tel
que je me l'étais imaginé.

La rencontre

Dans la grande cuisine, il y avait deux chaises berçantes l'une près de l'autre. Elles se côtoyaient dans un endroit sombre et mystérieux comme pour se cacher des regards indiscrets. Il y en avait une qui berçait doucement. Je l'entendais à peine mais son bruit me cognait au coeur et le faisait chavirer. Je traversai la cuisine avec une lueur de soleil dans les yeux et me suis assise sur la chaise qui m'était destinée. À côté de moi, je sentais un coeur qui battait vite et des yeux qui me regardaient. J'avais l'impression que tout mon être était balayé par une étrange lumière. Cette lumière allumait des feux un peu partout dans mon corps chaud. Sa main emprunta des sentiers inconnus et se posa délicatement sur la mienne telle une abeille sur le miel. Elle se colla à ma peau et je la sentis douce et chaude. Elle me flattait. Elle s'insinuait en moi et s'emparait de tous mes sens. J'étais une jeune femme qui s'éveillait après une longue nuit de sommeil. J'étais un soleil qui émerge à l'horizon.

Nous étions seuls. Dans la pièce, il n'y avait que lui et moi, que ses yeux dans les miens, que sa main qui glissait dans la mienne. J'avais l'impression d'être dans un autre monde, loin de la terre, quelque part dans un rêve. Je ne voulais pas me réveiller, ni me refroidir. Je voulais rester chaude comme l'été, chaude comme ses yeux brûlants sur ma peau, rester ainsi, assise près de lui, longtemps, longtemps, pour toujours, peut-être. Je souhaitais que le temps s'arrêta, que le jour resta, que nos deux corps se figèrent à jamais dans ce court moment d'éternité.

Où était maman? Elle arrivait! Je l'entendais qui parlait près de la porte. Elle devait être au jardin et là, elle rentrait en même temps que le soleil qui se couchait. *"Ne rentre pas maman. Va plutôt rejoindre papa. Va l'embrasser, le cajoler, l'aimer. Va le regarder dans les yeux. Mais je t'en supplie, ne viens pas ici. Fais attention car le temps s'est arrêté et l'air s'est raréfié. Il n'y en a plus qu'entre nos deux regards. Et puis, à part nous qui sommes chauds comme du thé qui bouille, tout autour de nous est tellement froid et invivable."*

Maman entra dans la cuisine et la grosse horloge du temps se remit en marche. Elle nous vit assis l'un près de l'autre comme deux amoureux, mais nos mains s'étaient lâchées et nos yeux s'étaient baissés tels des rideaux devant un soleil trop fort. Je me levai sur du vide, car tout était désormais inutile sans lui. Je montai me coucher en prenant bien soin de ne pas trop disperser les nuages qui m'entouraient. Dans mon lit, je gigottai sur un bord puis sur l'autre. Je n'arrivais pas à dormir. J'étais amoureuse. Je pensais être tombée dans la marmite de l'amour qui bout. *Mais je savais que c'était la plus belle chose au monde qui puisse m'arriver.*

Le lendemain, complètement dans la lune, maman dut me répéter deux fois ce qu'elle me disait. Je ne l'écoutais pas. J'étais absente. Je n'habitais plus là. Mon pays c'était maintenant la chaleur de l'été, le ciel bleu de l'azur, la mer des Caraïbes. Tout pouvait s'écrouler autour de moi, plus rien ne comptait que son regard infini, ses yeux nuageux, ses mains flatteuses. *J'étais amoureuse pour la première fois.*

Le premier jour de l'amour

Le ciel était bleu pâle,
Une couronne d'eau douce,
Une clôture courait dans les champs.
Après tout, pourquoi pas? Je l'embrassai sur le champ.
Visage pâle qui sourit, lèvres fendues,
Nez aquilin, broussailles de cheveux au vent tiède,
Ma poitrine est une bombe, mes jambes chavirent,
Mes oreilles rougissent.
Alors, je trébuchai sur une roche de paille!
Maladresse, combat éreintant,
Ses yeux couleur d'ardoise, son corps beige,
Les dieux courent partout poussés par le vent!
Un lapin saute dans l'air humide, une luciole s'éteint.
Le jour sort de son cocon,
Une abeille butine la fleur,
L'extase s'en va tel un papillon sans ailes!
Couché sur l'herbe rose ses yeux dorment.
Il n'entend pas mon silence.
Il n'y a que le vent dans les feuilles qui se meurent!
C'est le premier jour de l'amour!
Luc Bousquet

Le monde de l'adulte

Plus tard dans la journée, j'allai travailler aux champs. Je devais piocher et sarcler tout autour des framboisiers. Je trouvais cette besogne normalement bien difficile mais j'étais près d'Auray et sa présence me suffisait. Un ouragan pouvait passer que je n'aurais même pas bougé de là. Sous la pluie, j'aurais vu ses yeux comme des éclairs et rien d'autre n'aurait compté plus que sa lumière effleurant mes sens. Je pris une rangée et Auray prit l'autre juste à côté. Je me jettai à genoux pour enlever l'herbe des framboisiers et il en fit autant. Quand je terminai le premier framboisier, il était déjà rendu au troisième. Il s'éloignait de plus en plus. De temps en temps je le voyais qui se levait pour changer de framboisier. Il me regardait et me souriait puis il disparaissait à nouveau pour réapparaître un peu plus loin, toujours avec ce même sourire dévastateur.

Au bout de la rangée, il se retourna, entreprit une autre rangée en sens inverse. Il revenait vers moi. Bientôt, on allait se croiser. Je me dépêchais. J'arrachais les mauvaises herbes à une vitesse inouïe. J'avançais à quatre pattes, je ressemblais à une petite chatte blanche qui se roulait dans la terre noire. Il arrivait. Il était tout près maintenant. Je sentais déjà la chaleur de ses yeux. J'arrêtai tout et ne bougeai plus. J'attendais. Tout mon corps s'était mis à trembler. J'avais chaud, tellement chaud. Devant moi, les framboisiers se mirent à bouger. Il apparut. Ses deux mains d'abord, puis sa tête et son cou étiré comme un paon. Son sourire semblait éternel. Ses yeux ressemblaient au ciel bleu. Tout son corps se contorsionnait au rythme doux de l'amour. Il s'approcha de moi, à tâtons, comme un aveugle et m'embrassa, doucement, très doucement.

Mon coeur cognait dans ma poitrine comme s'il voulait sortir à l'air libre pour mieux reprendre son souffle. Je respirai la belle odeur de sa sueur et la senteur du tabac à cigarettes qu'il fumait. Quand il reprit sa route, je sentais encore sa présence sur ma peau. Il ne me quitta plus, même quand il s'éloigna. Il était l'eau de mon corps, le sang dans mes jeunes veines, le vent dans mes cheveux.

Un peu plus tard, on se croisa de nouveau et on s'embrassa comme si c'était la dernière fois. Nos deux corps noircis se frôlaient et se caressaient sous la chaleur avide de l'été qui s'achèvait. L'après-midi fut miraculeusement long. On aurait dit que le temps s'arrêtait et figeait nos corps extasiés d'amoureux. Dans ma tête, des images s'éternisaient et se figeaient à jamais. Mon coeur se gonflait et se mettait à respirer un autre air, celui qu'il y avait entre deux êtres qui se rencontrent et qui s'aiment. C'était nouveau pour moi. C'était beau et excitant, mais en même temps, je sentais que quelque chose d'important m'échappait et glissait entre mes doigts.

J'avais seize ans et la petite fille se transformait en papillon, prêt à s'envoler. Le monde de mon enfance s'atténuait. Mes poupées de papier ne parlaient plus et Jeanne jouait maintenant toute seule. Elle semblait triste et me regardait comme si elle ne m'avait jamais vue. À la fin de ce bel après-midi, je quittai les framboisiers et entrai à la maison. Le fond de l'air était plus frais, je le sentais. Bientôt ce serait l'automne puis l'hiver. Auray ferait ses bagages et s'en irait, car l'hiver ne réclame pas d'homme engagé. Qu'allais-je devenir sans lui? Je me retournai et le regardai. Il comprenait mes pensées. Il me répondit par un beau sourire franc. Entrant dans la maison, je me dis, que nous deux, c'était pour longtemps, pour toujours, peut-être! Je l'espérais de tout mon coeur, même si la peur me mettait tout à l'envers.

Auray était pas mal bon pour me toucher, m'embrasser. Il était chaleureux, moi aussi. Ce qui devait arriver, arriva. Je tombai enceinte. Je ne savais plus quoi faire. Je n'avais pas encore dix-sept ans. Quand je m'aperçus que je n'avais pas mes règles, je fus complètement découragée. Je trouvais que j'étais trop jeune pour avoir un enfant. J'ai dit à maman: *"J'm'en vais travailler à Saint-Hyacinthe."* C'était une défaite, bien sûr. Je l'avais dit à Auray. J'étais bien décidée à me faire avorter. Il fallait emprunter de l'argent. Auray n'en avait pas. Il emprunta deux cent dollars à sa pauvre mère qui n'avait pas plus d'argent. Elle en emprunta au notaire.

Je ne sais pas comment Auray a fait pour trouver cette adresse mais on a pris un rendez-vous. Partis par autobus de Saint-Hyacinthe, nous sommes arrivés à cette grande maison. Il y avait beaucoup de monde à l'air bizarre. Je n'avais pas trop confiance en eux. Je ne parlais pas beaucoup. J'étais traumatisée. J'avais peur.

On s'est assis, Auray et moi. Il m'a pris la main et m'a dit: *"T'sais, on peut s'marier, aussi. On s'aime."* Moi aussi, je l'aimais. Une dame nous a dit: *"Pensez-y, faut que je vous garde une semaine."*

J'étais enceinte de trois mois. On s'était pris la main, nous nous étions embrassés et j'ai réalisé que je ne pouvais pas faire ça. C'était mon enfant, c'était le sien. On s'aimait. Si je me faisais avorter, peut-être allait-on m'empêcher de revoir mon cousin. J'étais prise entre l'amour que j'éprouvais pour Auray et le déshonneur que je ferais rejaillir sur ma famille.

J'ai pourtant choisi le déshonneur. Nous avons décidé ensemble qu'on garderait le bébé. Fallait vraiment que je sois en amour pour choisir le *déshonneur*. Revenue à Saint-Hyacinthe, j'étais retournée chez moi. Ma mère s'apercevait bien que mes seins étaient plus gros. Dans la nuit, je me réveillais souvent et je pleurais. À un moment donné, ma mère qui voyait presque tout, m'a dit: *"J'sai. T'es enceinte."* Je pense que ça été la pire chose qui soit arrivée dans ma vie. (*je pleure aujourd'hui en racontant ça*) J'ai vu mon père et ma mère se serrer l'un contre l'autre et se demander ce qu'ils avaient bien pu faire! Pourquoi tout ce *déshonneur* arrivait dans la famille? J'ai vécu la honte! J'étais malheureuse! Je ne comprenais pas pourquoi toutes ces choses m'arrivaient. Mes parents m'ont dit: *"On va en parler à monsieur le curé."*

On en avait parlé à monsieur le curé et il avait dit: *"On peut l'envoyer à la crèche de la miséricorde. Elle peut avoir son enfant et le laisser là."* Ça coûtait un certain montant d'argent mais pas beaucoup. Ils m'ont fait choisir. Comme de raison, je m'étais dit, que si j'allais à la Miséricorde, je ne verrais plus Auray. Il ne viendrait pas. Je l'aimais. Je l'aimais d'un amour profond. Ce n'était pas une petite aventure. J'ai donc décidé de me marier.

J'étais jeune mais je savais déjà que l'amour était plus fort que la honte et le déshonneur. Nous nous sommes mariés l'automne suivant, le *19 novembre 1940,* je venais d'avoir dix-sept ans. Je me suis toujours demandé si j'avais bien fait de garder mon enfant quand je me suis aperçu que la vie était tellement difficile pour tout le monde. Longtemps je me suis demandé: *"Est-ce que j'ai bien fait?"* Réal a eu ses misères. Je me dis: *"Est-il content que je lui ai laissé la vie?"* Maintenant je n'ai plus de doute, lorsque je vois son fils, Alexandre, qui est tellement beau et intelligent, je suis sûre que j'ai pris la bonne décision.

Ma soeur, Lucienne, et son mari avaient décidé de nous faire un petit repas juste après la cérémonie du mariage. Nous avons été bien reçus. Lucienne m'avait fait une belle table. Je ne parlais pas beaucoup et je n'étais pas joyeuse, pas heureuse du tout d'avoir *déshonoré* ma famille.

Le monde de l'adulte

Je me l'étais fait dire plusieurs fois. J'avais reçu en cadeau de l'argent. Mon beau-frère nous a donné deux dollars chacun. Mes parents m'en avait donné un peu. Avant le mariage, on avait loué une chambre à Cowansville parce qu'on avait entendu parler qu'on engageait à la *Bruck Sills*. Auray n'avait pas de travail. Il travaillait sur une ferme, c'était tout. Mariés on ne pouvait pas rester à Saint-Pie. Fallait pas trop se montrer, du moins jusqu'à ce que le bébé vienne au monde!

Le soir, ma belle-mère avait fait un gros souper. Ma famille était venue. Après souper, nous étions partis pour Cowansville. On avait engagé quelqu'un qui avait une auto, un ami d'Auray pour nous y conduire. Arrivés à notre petite chambre, dans le haut d'une grande maison, un lit, un bureau, une p'tite garde-robe, une petite table avec deux chaises, représentaient tout notre ameublement. On y mangeait, mais je descendais faire à manger. J'avais une place pour mettre mes choses dans la glacière et je faisais cuire ma nourriture sur le poêle à bois avant de remonter le repas. Ma mère m'avait donné beaucoup de légumes; des choux, des carottes qu'on avait mis dans le sous-sol de la maison. De ma chambre, j'avais une vue sur la rue et j'aimais voir les gens sortir de l'usine.

Les propriétaires étaient bien gentils. Il y avait la grand-mère et trois vieilles filles dans les cinquante ou soixante ans et un garçon marié avec sa femme et leurs deux enfants. Je descendais souvent jaser avec eux et j'étais bien curieuse de pouvoir parler grossesse et accouchement, vu que j'étais enceinte de mon premier et que je n'étais aucunement renseignée. Les fins de semaine on descendait et on jouait aux cartes. Les femmes de la maison, surtout les vieilles filles, me disaient que j'avais un mari en or et que j'étais bien chanceuse. J'étais de leur avis, bien entendu.

Germaine Dubreuil

Je trouvais ces vieilles filles laides. Je n'avais jamais rencontré des filles aussi laides, une en particulier qui était bossue et semblait jalouser sa soeur qui avait un ami. Le samedi, ils veillaient au salon. Dans notre chambre, juste au-dessus, il y avait un trou pour laisser passer la chaleur. Auray et moi, on se couchait par terre et on regardait par le trou. On écoutait ce qu'ils disaient et on trouvait ça bien drôle, surtout quand il voulait l'embrasser ou lui toucher les genoux.

J'ai été heureuse. Nous allions prendre des marches. On était toujours ensemble. On s'aimait. Mon mari ne travaillait pas encore mais ça faisait déja trois semaines qu'il se rendait à la *Bruck Sills* pour donner son nom. On n'avait presque plus d'argent. Ma mère m'avait donné deux couvertures de laine qu'elle avait faites elle-même. Mon mari a décidé d'aller les vendre pour faire un peu d'argent. Ma mère m'avait pourtant averti de ne jamais laisser Auray vendre ses couvertures. Je ne sais pas pourquoi elle m'avait dit ça. Auray était parti et les avait vendues cinq dollars chacune. Ça nous faisait un peu plus d'argent. À un moment donné, on a reçu un coup de téléphone: Il commençait à travailler à la *Bruck Sills*. On était contents tous les deux.

Il gagnait vingt-cinq cents de l'heure, pour treize heures de travail de nuit. Le jour, je me tenais souvent en bas avec la propriétaire et je posais beaucoup de questions. J'avais peur d'avoir un bébé. Je lui demandais: *"Comment ça se passe quand on accouche?"* Je ne savais rien. Quand je suis partie de la maison, ma mère ne m'avait rien expliqué. À un moment donné, un matin, mes *eaux* ont crevé. J'ai su que c'était le temps. J'étais nerveuse. On a fait venir un médecin, le *docteur Roy* et j'ai appris plus tard qu'il effectuait son premier accouchement. L'infirmière que j'avais engagée arriva. Elle m'avait déjà fait faire des *piqués* avec plusieurs épaisseurs de journaux, parce que je devais accoucher dans mon lit. Elle m'avait montré comment faire et j'avais fait ce *piqué* avec un coton par dessus et une toile. C'est là-dessus que j'ai accouché vers trois heures de l'après-midi.

Pendant l'accouchement, Auray m'embrassait tout le temps. Ça me fatiguait: *"laisse-moi tranquille"* que je lui disais. Il avait peur. Je lui disais: *"je vais mourir, je vais mourir"* J'avais mal et le docteur était énervé. Il disait: *"Poussez, poussez."* L'infirmière disait: *"Non, si ça ne vous tente pas, poussez pas tout de suite, vous allez vous déchirer."* Je ne savais pas quoi faire. En fin de compte, j'ai accouché. Auray était content. Je me rappelle qu'il a pris le petit pas encore nettoyé, tout gluant dans ses bras et il l'avait embrassé partout. Il voulait que je l'embrasse aussi mais je ne pouvais pas. J'avais eu trop de mal. Je ne me sentais pas maman. Je ne me sentais pas maternelle. C'est juste le lendemain, quand je l'ai nourri au sein que je me suis aperçue que j'avais un bébé et qu'il était beau. C'était un petit Auray en miniature. Il était pareil et je me suis mise à l'aimer.

Qui songerait à tirer sur les fleurs pour les faire pousser?

On avait un panier à linge et on couchait notre petit Réal dedans. La plupart du temps, on le couchait avec nous autres. Auray travaillait de nuit. Le jour il dormait souvent avec le bébé. À un moment donné, on a passé proche de le perdre. Vers l'âge de huit mois, il a eu une méningite. Le médecin était venu. Il ne savait pas s'il allait survivre. En bas, les dames, aimaient déjà beaucoup cet enfant. Elles venaient le voir et le frottaient avec de l'huile de Saint-Joseph. Elles disaient: *"On a confiance, il va guérir."* On pleurait ensemble. Je pense qu'une fois, on a même cru qu'il allait mourir. Il a perdu le souffle. On le tenait par la main et on pleurait. Tout à coup, il a eu comme un deuxième souffle et il est revenu et a très vite récupéré.

Un miracle !

Même le médecin m'avait dit un peu plus tard: *"Comment ça se fait que vous n'êtes pas venue chercher l'acte de décès de votre enfant?"* Je lui avais répondu: *"Mais il n'est pas décédé."* Il était tout surpris d'apprendre ça. On l'avait réchappé par l'amour, la confiance et les soins. Oui, on avait réchappé notre garçon.

Après cet événement, nous allions à Saint-Pie. À la messe, on allait s'asseoir dans le banc réservé aux parents d'Auray. Il y avait des gens qu'on connaissait, des cousins et des cousines qui ne nous regardaient pas. On était encore *déshonorés.* J'ai vécu cette culpabilité très longtemps et souvent je me disais qu'il fallait que je sois la meilleure possible pour tâcher de reprendre le dessus. Ça m'a pris des années et je pense que ça été le drame de ma vie. C'était dur de faire de la peine à des parents qu'on aime beaucoup. Je me suis fait dire à plusieurs reprises: *"T'as déshonoré notre famille. Tout le monde nous connaît, ici dans le village. Tout le monde sait ça."*

Quand je pense à ça aujourd'hui, je me dis que ça n'a pas de bon sens. L'amour est partout dans la nature. Ça n'a pas de sens que ce soit mal. Je regrette beaucoup d'avoir vécu ces durs moments. J'ai vécu, ensuite, des jours heureux avec mon mari. Même ma voisine me disait: *"Vous êtes chanceuse, vous, avec un mari qui s'occupe de vous et qui a l'air de vous aimer."* Peu de temps après, Ghislaine naissait, le 28 août, 1942.

Une chambre, c'était trop petit. Nous avons déménagé dans deux appartements, un salon double. Ghislaine était une petite fille très belle avec des beaux cheveux frisés et une figure toute ronde. Elle était tranquille et je la câlinais. Je ne suis pas sûre d'avoir eu l'instinct maternel tout de suite. C'est venu un peu plus tard. J'étais trop jeune, peut-être. Je n'avais que dix huit ans et je me demande si j'ai su tout lui donner comme une mère plus âgée. Elle avait de la difficulté avec sa digestion, elle vomissait souvent. À l'âge d'un an, il a fallu que le docteur lui donne un tonique car elle était trop maigre. Malgré cela, elle ne pleurait pas souvent et n'était pas tannante. En vieillissant, elle s'entendait bien avec son frère et ses soeurs car elle les laissaient toujours gagner.

Auray continuait à travailler de nuit et il faisait de meilleurs salaires. On acheta une auto. On s'était ramassé deux cent dollars. Il aimait beaucoup ses enfants et il s'en occupait beaucoup. Il jouait avec eux, faisait le cheval, le petit train, se déguisait mais surtout il les berçait souvent et aimait bien leur chanter des chansons. Ensuite Nicole est née. Onze mois de différence seulement. Je n'avais même pas eu de douleurs lors de l'accouchement. Elle était née d'un coup. Une chatte qui a un p'tit chat. Auray était parti chercher le médecin mais quand il était revenu, il était déjà trop tard. Nicole était déjà née, une belle petite fille rose, grasse. Elle était tellement belle! De beaux cheveux couleur auburn. J'ai tout de suite senti mon instinct maternel. Je l'ai embrassée et j'ai senti un grand amour. Je n'avais pas eu de douleurs, peut-être que cela a aidé. Elle est venue au monde le 22 juillet, 1943.

Auray aimait bien faire des farces. Quand Nicole est née, il a téléphoné à sa mère et à la marraine pour leur annoncer la nouvelle. Quand il est revenu, il a dit: *"J'leur ai fait accroire qu'on avait eu des jumelles. Y avaient l'air ben découragées pour nous."* J'étais sidérée: *"Tu n'aurais pas dû faire ça,"* que je lui avais dit. Le lendemain, le parrain et la marraine étaient arrivés avec un autre parrain et une autre marraine, au cas où on n'y aurait pas pensé. Ils avaient cherché le deuxième bébé partout dans la maison car ils avaient cru Auray. Tout le monde avait bien ri. Et la farce avait vite fait le tour de la famille.

Le trouble a commencé peu de temps après la naissance de mon troisième bébé. Nous avions de plus en plus de misère à arriver. Je dois avouer que j'y étais un peu pour quelque chose. Je ne faisais jamais de budget car je n'avais jamais eu d'argent. C'était nouveau pour moi et je n'y connaissais rien. Mon mari était plus vieux mais il dépensait sans compter. Alors, il a commencé à jouer aux cartes et à prendre de la boisson. J'en ai passé des nuits à l'attendre jusqu'aux petites heures du matin. Il me promettait toujours de ne plus recommencer mais il retombait facilement dans ses habitudes.

J'avais beaucoup d'amies qui me visitaient. Je ne m'ennuyais pas et j'aimais la ville de Cowansville. J'ai travaillé un certain temps à l'usine de textile, de six heures à onze heures le soir. C'était pour aider à mieux arriver. C'était long et fatigant et ça ne payait pas beaucoup.

Auray ne voulait pas que je travaille. Il disait: *"C'est trop dur, tu n'pourras pas endurer ça."* Mais je l'ai défié et je lui ai dit: *"Si t'es capable, j'suis capable."* Alors à six heures je suis entrée. Je trouvais qu'il y avait un bruit d'enfer et ma *boss*, une Anglaise était bien exigeante. Elle se fâchait souvent après moi et les *racks* de bobines étaient pesants. Au bout d'une heure, j'ai eu l'idée de revenir à la maison mais l'orgueil m'en a empêchée. Je suis restée environ trois mois. J'avais vingt cents de l'heure, un dollar par soir. J'ai arrêté quand je me suis retrouvée enceinte de nouveau.

J'étais toujours découragée d'être enceinte et je

n'avais pas hâte d'annoncer la nouvelle à maman car je savais qu'elle ne serait pas contente. Pourtant c'était bien elle qui m'avait dit: *"Ne refuse jamais ton mari car il ira ailleurs."*

Peu de temps après la naissance de Nicole, nous avons déménagé dans une petite maison de trois appartements: une chambre pour nous et le bébé et une autre pour Réal et Ghislaine. Nous avons acheté un grand lit pour les deux plus vieux. Nicole avait une couchette qu'Auray avait fabriquée et peinturée en rose. Nous avions un poêle à bois et une glacière. Cette maison se trouvait dans le fond d'une cour. J'aimais ça, car je ne me sentais pas inquiète pour les enfants. Ils étaient loin de la rue.

C'est un peu plus tard que j'eus la jaunisse. Je devins très faible. J'avais trois enfants à soigner et ça n'était pas facile. J'ai été malade trois semaines. Par chance, ma petite Nicole ne me donnait pas de trouble. Auray travaillait de nuit et cela m'énervait. Je ne voulais pas que les enfants fassent de bruit. Mon mari disait que c'était surtout moi qu'il entendait. J'ai acheté une machine à coudre de seconde main que j'ai payé cinq dollars. C'était une antiquité mais elle était faite solide et ne brisait jamais (*aujourd'hui, elle vaudrait bien une petite fortune).* J'ai vite appris à faire des ensembles pour Réal et des robes pour mes filles. J'ai toujours aimé la couture. J'ai toujours aimé *catiner.* Je n'aimais pas suivre les patrons. J'aimais faire des petites robes. J'étais orgueilleuse pour mes enfants. Je les ai toujours bien vêtus.

Mes enfants n'étaient jamais sales. Je crois que je les avais habitués à être propres. J'avais toujours en réserve une serviette mouillée et savonnée. Les enfants n'enduraient pas d'être sales et ils en étaient même bien fatigants. Peut-on vraiment se plaindre d'avoir des enfants qui recherchent toujours la propreté?

Il y avait *l'épicerie Daigneault* derrière la maison. Je m'y rendais par un petit sentier que je suivais à travers le champ. J'y allais souvent. La famille avait grossi et je ne me privais de rien. J'achetais beaucoup de fruits, très chers à l'époque, et un jour j'ai manqué d'argent. Je ne calculais rien. Auray me laissait faire et jamais il ne m'adressait le moindre reproche.

J'ai alors commencé à faire marquer ce que j'achetais et je payais aux quinze jours. Le temps vint où on ne pouvait pas tout payer. J'en payais une partie seulement, surtout quand c'était le temps de payer le loyer qui coûtait quinze dollars par mois. C'est probablement à partir de ce moment qu'Auray s'est vraiment découragé. Il a commencé à jouer aux cartes. Un samedi soir il m'a dit qu'il partait pour quelques instants seulement. Il n'était revenu que le lendemain. Je n'avais pas dormi de la nuit car j'étais très inquiète. Arrivé à six heures du matin, il avait gagné de l'argent. Assis au bord du lit, près de moi, il avait étendu son argent en me disant: *"Tu paieras l'épicerie pis l'électricité avec ça."* Il était content de son coup. Malheureusement, il avait gagné et cela l'avait encouragé à continuer.

Il est souvent retourné jouer et a commencé à perdre. Il voulait à tout prix gagner encore, mais il perdait parfois sa paie. Il voulait que ça aille mieux à la maison mais il ne prenait sûrement pas les bons moyens pour y arriver.

Le 12 septembre, 1944, une autre fille est venue au monde. Elle était bien petite, ne pesant que six livres. Je croyais que l'accouchement se passerait comme le dernier (presque sans douleur) mais ça été une délivrance sèche. Ce fut très dur. C'était une petite noire aux cheveux longs frisés. On l'a appelée Louise. Elle avait un genre spécial, observatrice très jeune, je dirais même quand elle n'était qu'un bébé. Elle s'occupait toujours de ce que son frère et ses soeurs faisaient et me disait ce qui se passait. Elle était délicate et *"cute"* comme disait ma mère. Son père l'appelait: *"La p'tite affaire."* Ce surnom lui est resté pendant des années. Elle était aussi très intelligente et voulait toujours surpasser ses soeurs.

À un certain moment, le propriétaire a décidé d'agrandir la petite maison et de faire un logis en haut. *"Ça va vous faire deux grandes chambres de plus,"* nous avait-il dit. On est demeuré trois semaines dans le bruit et Auray avait beaucoup de difficultés à dormir. Le propriétaire voulait qu'on déménage mais on a décidé de rester. On a fini par louer une chambre à deux filles qui venaient travailler à la Bruck Sills. Puis, le haut a été loué à une famille assez spéciale. C'était une famille nombreuse et la mère ne voulait absolument pas que ses enfants jouent avec les miens. Je me demandais pourquoi.

Une fois, un de mes enfants a voulu donner un biscuit à sa petite fille. La mère s'est alors mise à crier: *"J'te dis de rien prendre de ces enfants-là. Ça fait cent fois que j'te l'dis."* Elle était en colère, était allée chercher sa fille et l'avait montée sans ménagement. Je n'en revenais pas. Elle agissait comme si mes enfants avaient la peste. Un soir, après souper, Auray n'a rien dit et est allé s'asseoir sur la galerie d'en avant, a attendu que le père arrive. Quand il est arrivé, mon mari l'a pris par le collet et l'a collé sur le mur de la maison et lui a dit: *"C'est quoi c't histoire de toujours empêcher mes enfants de jouer avec les tiens?"* Le monsieur est devenu rouge écarlate et a dit: *"O.K, lâche moé, j'va essayer d'arranger ça."* Peu de temps après, ses enfants se sont approchés un peu plus des miens mais ils gardaient tout de même une certaine distance.

Germaine Dubreuil

Monsieur Gauthier, c'était comme ça qu'il s'appelait, avait un grand coeur. Il avait reçu chez lui sa cousine enceinte et l'avait hébergée jusqu'à son accouchement. Elle devait avoir passé la trentaine. En fait, le cousin avait une *vue* sur le bébé qui s'en venait. Il voulait l'adopter. Ni vu ni connu. La fille serait repartie le ventre vide et tout le monde aurait été content. Sauf que ça ne s'est pas passé comme prévu car le bébé est mort en naissant. Il est mort de la syphilis qu'il avait contractée de sa propre mère. Lorsque cette dernière est partie, le plus vieux des deux garçons a dû se faire soigner car il couchait dans le même lit que la cousine. Quoiqu'il en soit, j'ai eu ma petite revanche. Quand je voyais les enfants du couple s'approcher des miens, je les envoyais ailleurs. *"Allez jouer plus loin, que je leur disais. Ça fait cent fois que j'vous l'dis."* avec un petit sourire de satisfaction sur mon visage.

Je me souviens d'une journée de l'automne 1940. Mon père était assis sur sa chaise berçante et lisait les grosses lettres inscrites sur la première page du journal: *"La conscription?"* Maman et papa se lançaient des regards anxieux. Je me disais: *"ils pensent à leur fils, c'est sûr."* Ma mère a rompu la première le silence et a dit: *"Il s'ra exempté. Il est fils unique et nous cultivons une terre. Il va rester avec nous autres, icitte."* Armand ne disait rien. Il avait de quoi derrière la tête et avait déjà pris sa décision.

Quand la guerre fut déclarée, il s'est tout de suite enrôlé dans le 24e régiment. Mes parents avaient bien essayé de l'en dissuader mais ce fut peine perdue. Armand avait la tête dure. Il disait: *"J'veux voyager, connaître du pays."* À cette époque, il y avait beaucoup de propagande. S'enrôler était devenu quelque chose à ne pas manquer, au risque de le regretter toute sa vie.

Armand a fait ses valises et est parti. Durant ses

congés, il venait nous rendre visite tant qu'il a été au Canada. Il était très beau dans ses habits de soldat et papa était fier de dire que son fils était de classe "A". Maman, elle, était toujours inquiète. Quand Armand a traversé en Europe et fait la guerre, elle priait pour lui et elle lui envoyait par courrier des médailles. Armand lui répondait: *"Maman, continue à prier. Je garde toujours tes médailles sur moi."* Une fois, il lui a même dit: *"J'crois ben qu'tes médailles m'ont souvent sauvé la vie."* Maman avait du pouvoir et j'y croyais de plus en plus.

Auray, les enfants et moi aimions bien prendre des marches l'hiver, quand il y avait tempête, mais il fallait qu'Auray me tourmente beaucoup pour le suivre. L'été, on allait dans un parc non loin de l'usine. Il y avait des balançoires, des jeux et du sable pour les enfants. J'emportais avec moi mon *ouvrage* ou de la lecture et de l'eau. Tous les jours de l'été, quand il faisait beau, on y allait. On était pas tellement loin de la fin de la guerre. Je priais souvent pour que mon frère revienne sain et sauf. C'était mon voeu le plus sincère! J'avais de la difficulté à m'imaginer toutes les atrocités de cette guerre insensée. Je m'assoyais donc au parc et je tricotais ou lisais. Il fallait attendre. Attendre que tout cela finisse !

Mon frère resta parti quatre ans et demi. Il alla en Italie où il fut blessé par des éclats d'obus. Nous avions reçu un télégramme que le sergent Dubreuil avait été blessé légèrement et qu'il revenait au pays. Des hommes sont venus remettre personnellement le télégramme à mes parents qui travaillaient au champ. Je n'étais pas là mais ils m'ont raconté plus tard qu'ils se sont serrés très fort et qu'ils ont pleuré un mélange de joie et de crainte. Armand arriva en plein milieu de la semaine. Il était revenu complètement transformé.

Toute la famille fêta son retour. C'était

extraordinaire. Je me souviendrai toujours lorsqu'on l'a serré dans nos bras. Ma mère avait tellement prié pour que son fils revienne. C'était la première fois que je voyais mon père prendre de la boisson, assez pour s'enivrer. Il nous a récité une contine et nous avons bien ri.

Ma mère n'a pas tardé à reprendre ses neuvaines afin que son fils arrête de boire. Il buvait de l'alcool tous les jours. Mon pauvre frère avait vécu tellement de choses difficiles qu'on aurait dit que plus rien ne pouvait le toucher. Il n'était plus le même. Il souffrait. Mais il me semble que je l'aimais encore plus.

Nous étions tellement contents de son retour.

La guerre s'est terminée le 7 mai, 1945, à 11h.35 a.m. Je travaillais alors à la Bruck Sills, à Cowansville. Quand la nouvelle est arrivée, tous les employés sont sortis dans la rue et ont crié: *"La guerre est finie! La guerre est finie!"* Nous avons paradé dans les rues. C'était l'euphorie. Je suis allée réveiller mon mari car il travaillait de nuit. J'ai crié: *"Lève-toi et viens avec nous."* En un rien de temps, les rues furent pleines de monde. Il faisait beau. J'avais vingt-et-un ans. J'avais eu une peur bleue que mon mari soit appelé. La guerre était enfin terminée et notre Armand nous revenait. Je ne sais pas trop s'il avait laissé une partie de lui-même là-bas ou s'il avait rapporté quelque chose ici, quelque chose qui ressemblait à de la grosse souffrance. Quoi qu'il en soit, il avait changé. Il n'était plus tout à fait le même. Il n'avait plus d'intérêt pour rien. Il était désabusé, comme toujours en maudit. Il ne parlait presque plus et recherchait la solitude. On n'avait pas connu Armand comme ça.

Avant la guerre, c'était un gars joyeux, sociable et toujours de bonne humeur. Après la guerre, il était devenu le contraire de lui-même. On a retrouvé notre bon vieil Armand quand il est tombé amoureux de sa future femme, Simone. Cela a duré quelques années ou jusqu'à ce qu'elle décède. Il ne l'avait pas pris. Il disait que le destin ne lui faisait pas de cadeau, il devint maussade. Presqu'en même temps que le retour d'Armand, l'usine où travaillait Auray ferma ses portes. Il n'y avait plus d'ouvrage pour personne. Le textile était de plus en plus importé d'Asie et il coûtait beaucoup moins cher.

Armand avait eu droit à un certain montant d'argent étant donné qu'il avait servi dans l'armée. Avec Auray, il décida d'acheter un camion et de partir un commerce de fruits et de légumes. Ils allaient vendre leurs marchandises dans les chalets à *La Baie Missisquoi*. J'ai renvoyé mes deux locataires car il fallait bien mettre les fruits quelque part. On mangeait énormément de fruits et des légumes. Même les enfants furent tannés d'en manger et n'en voulaient plus. Mon frère prenait un coup, Auray aussi. Ils arrêtaient de plus en plus souvent à l'hôtel à la fin de leur journée de travail. A un moment donné, ils n'arrivèrent plus à joindre les deux bouts. Ils n'avaient plus d'argent pour s'acheter des fruits et des légumes pour continuer leur commerce.

Un soir, sans m'en parler, ils sont allés voler des poules avec le camion et sont revenus tard le camion plein de poules. Il ne fallait pas garder les poules dans la boîte du camion. Alors, ils ont décidé de les mettre dans la *shed* près de la maison. Ça faisait tout drôle le lendemain matin de me faire réveiller par le chant de nombreux coqs, mais je n'ai pas eu à les endurer bien longtemps, car très tôt le matin, ils remirent les poules et les coqs dans la boîte du camion et allèrent les vendre à Montréal. Ils avaient ainsi obtenu de l'argent pour poursuivre leur commerce.

Je n'étais pas bien d'accord avec cette méthode mais

je n'y pouvais pas grand-chose. De toute façon, leur commerce finit par tomber à l'eau. Armand demeurait à la maison avec nous et il n'avait pas de patience avec les enfants. Un jour, il s'en alla. De toute façon le commerce ne fonctionnait plus et les enfants lui tapaient sur les nerfs. Auray décida alors d'aller travailler à Saint-Jean. Il se loua une chambre. Il y passait la semaine et ne revenait que le vendredi soir par train, excepté quand il jouait aux cartes et qu'il n'avait plus d'argent pour descendre nous voir.

Le 15 mars, 1947, une autre fille vint au monde. On la surnomma *Marjolaine*. C'était un beau bébé aux joues rouges et à la peau toute rose, de beaux cheveux frisés châtains. J'avais facilement accouché, seule avec le médecin et l'infirmière. Trois heures et c'était terminé. Avant la naissance de Marjolaine, ma soeur, Jeanne, était venue passer trois semaines à la maison. La chimie entre elle et moi était revenue. Nous faisions des travaux à l'aiguille pour mettre dans son trousseau car elle allait bientôt se marier. On a fait ensemble des choses tranquilles, comme du temps de notre jeunesse, des travaux manuels, de la broderie et une belle boîte à mouchoirs toute enrubannée. C'était de toute beauté!

Juste avant que le bébé naisse, Jeanne prit peur et partit avec les enfants chez une amie qui demeurait tout près. Quand elle retourna chez elle, j'ai pleuré. Elle m'a tellement manqué! C'est à peu près à ce temps-là que mon autre soeur, Thérèse, vint enseigner tout près de chez moi, à Cowansville. Elle venait me visiter toutes les fins de semaine et quand elle ne venait pas, j'étais déçue. La communication entre elle et moi était remarquable. Nous étions complices.

À l'automne 1947, mon beau-frère de Saint-Pie vint nous visiter et nous dit qu'il y avait une ferme à louer à

Le monde de l'adulte

Sainte-Cécile De Milton, près du village. Auray alla la voir et la loua. Nous avons déménagé, j'étais enceinte d'Odette. Mes parents étaient contents car on était pas loin de Saint-Pie. Sur la terre, il y avait une dizaine de vaches, quelques cochons et une sucrerie. En arrivant, nous avions fait la récolte des patates que le dernier locataire avait laissé. C'était une belle grande maison victorienne avec quatre grandes chambres en haut, un grand passage et un salon double.

C'était très grand mais c'était vieux et froid.

Le malheur, c'est qu'il y avait un hôtel dans ce petit village et quand mon mari allait au moulin, il s'y arrêtait. Parfois il restait tellement longtemps que le cheval revenait seul à la maison avec sa charge. J'ai détesté cette place et j'y ai beaucoup travaillé. Il n'y avait pas d'électricité et pas de machine à laver. Mais, des souris y en avait! Le premier soir que nous y avions couché, on s'était installé dans le salon car je voulais peinturer la chambre. Durant toute la nuit j'ai entendu courir les souris. Je n'ai pas pu dormir tellement j'avais peur. Le lendemain, en me levant, je m'aperçus qu'on avait mis notre lit juste à côté d'un trou de souris. J'ai couru acheter des trappes et j'en ai mis partout dans la maison.

J'ai fait un jardin et j'ai planté des fraises. Réal me tirait une vache et chialait contre son père. Il gueulait: *"Moi quand j'vas être grand, ça n'sera pas comme ça, j'vais t'aider."* Une fois, son père n'était pas entré ou il était arrivé tard. Réal s'était mis en maudit et il avait dit: *"L'argent que l'père a dépensé pour des niaiseries, y aurait pu m'ach'ter un bicycle à place."* Il n'a jamais eu de bicyclette.

Une autre fille naquit le 22 juin, 1948. J'ai fait venir le médecin de Roxton mais mes contractions ont cessé tout d'un coup. Le médecin a attendu deux heures puis il est reparti. Tout de suite après son départ, les contractions ont repris. J'ai demandé à Auray d'aller faire quelques commissions au village. J'attendais Thérèse pour le lendemain. Il revint beaucoup plus tard, bien soûl. Le train ne fut pas fait, ce soir-là. La voisine était venue m'aider pour l'accouchement et l'autre voisine était venue chercher les enfants. J'étais déjà très fatiguée car il y avait deux jours que je piochais mes fraises, c'est-à-dire, que j'arrachais l'herbe qui était trop haute et qui aurait pu empêcher les fraises de mûrir et je continuais à traire les vaches.

J'avais passé la nuit seule avec mon bébé couché près de moi. Par chance, elle n'a pas pleuré de la nuit, mais j'avais très mal dormi. Au matin, je me mis à pleurer et je ne pouvais plus m'arrêter. La voisine était venue et je pleurais toujours. Thérèse arriva en m'apportant un p'tit brandy. Elle m'en donna un verre et elle me parla fort. *"Si t'arrêtes pas d'pleurer,* m'avait-elle dit, *j'vais m'en aller."* J'avais arrêté de pleurer. Le lendemain, Thérèse parla fort à Auray. Elle trouvait que j'avais trop d'ouvrage. Je lavais le linge avec une cuve et une planche à laver. Thérèse était découragée pour moi. Comme c'était les vacances pour elle, elle avait amené Ghislaine et Nicole chez elle pour quelques semaines.

Ce n'est pas croyable ce que ma soeur Thérèse a fait pour moi. Je lui en suis profondément reconnaissante. Jamais je ne pourrai lui remettre tout ce qu'elle m'a donné. Je suis contente quand mes enfants sont bons pour elle. Elle le mérite tellement! Merci ma soeur Thérèse pour tout ce que tu as fait pour moi. Je t'aime tellement, si tu savais.

Le dimanche, on était allés faire baptiser Odette. Thérèse, et son mari, Réal, étaient présents. Auray a sorti ses petits flasques qu'il avait cachés je ne sais où et il s'est mis à boire et à en passer à Réal. Ils s'étaient ensuite rendus à l'église et ils étaient déjà pas mal réchauffés. J'avais décidé de rester à la maison. Thérèse n'avait pas vraiment aimé ça.

Je ne pense pas que la petite colère de Thérèse avait fait peur à mon mari, puisque peu de temps après, il décidait de faire de la boisson. On a fait des partys parfois plaisants, parfois bien plates et qui viraient mal. Il s'était fait des amis à l'hôtel, le maire, la mairesse, qu'il invitait à la maison. Il aimait ça, Auray les partys. Moi, ça me stressait.

Une fois, nous avons été à la cabane à sucre sur notre terre. Nous avions invité beaucoup de monde. Thérèse et moi sommes revenues bien avant nos maris. Pas mal plus tard, nous les avons vus revenir en titubant de bord en bord du chemin. Ils étaient saouls. En arrivant à la maison, Auray a lancé un défi à Réal: *"Es-tu capable de l'ver ct'e poêle là"* lui a-t-il demandé. Il parlait du poêle à bois qui chauffait dans la cuisine. Réal a tout de suite levé le poêle et les tuyaux se sont défaits laissant échapper de la *boucane*. Thérèse et moi avions eu beaucoup de misère à rassembler les tuyaux et nous avions évidemment eu peur pour le feu. J'avais des tomates sur le bord de la fenêtre et Réal les a écrasées en s'assoyant dessus. Auray, lui, était tombé dans la boîte à bois et il ne pouvait plus se relever. Les enfants pleuraient. La boisson contrefaite n'avait vraiment pas eu de bien bons effets sur eux.

Aujourd'hui, j'ai beaucoup de difficultés à voir quelqu'un prendre trop de boisson. Cette maudite boisson pouvait rendre Auray agressif. Quand il avait bu, je ne m'en mêlais pas. C'était mieux comme ça. Une fois, je m'en suis mêlée et voici ce qui m'est arrivé.

Battue

Germaine Dubreuil

Les fins de semaine, Armand nous laissait le petit camion fermé et prenait l'autobus pour se rendre à Granby voir sa future femme. Alors, Auray pouvait continuer à vendre ses fruits et ses légumes, malgré qu'il soit seul à le faire. Un samedi matin, très tôt, il était parti avec le camion bien chargé pour *La Baie Missisquoi*. Juste avant de partir, il me dit: *"Prépare les enfants et soit prête pour quatre heures quand j'vais r'venir. On va aller à Granby voir ma mère."* *"O.K, c'est correct"* que je lui avais répondu. Je vis disparaître le camion derrière un nuage de poussière. Dans l'après-midi, j'ai donné le *bain* aux enfants. C'est une façon de parler puisque je n'avais pas de bain. Je leur avais lavé la tête dans le lavabo et le reste du corps à la serviette. Je leur avais mis du linge propre et j'attendais son arrivée. Quatre heures: Il n'arrivait pas. Quatre heures et demie, il n'était toujours pas là. Je m'inquiétais, comme d'habitude. Tannée de toujours m'en faire pour lui, j'étais de mauvaise humeur. Vers cinq heures, il était enfin arrivé. Tous embarqués dans le camion, nous étions partis. Il avait pris de la boisson, cela se voyait. Il ne parlait pas. Il avait l'air agressif. À mi-chemin, une mouche venue se coller sur le tableau de bord, juste devant ses yeux, il essayait de l'attraper et de la tuer. J'avais peur car il conduisait le camion tout croche. Avec impatience je lui avais dit: *"Arrête et tue-la ta mouche."* Quelques mots que je n'aurais pas dû dire. D'habitude, je ne disais jamais rien quand il était en boisson, mais là, ce fut plus fort que moi.

Il arrêta brusquement le camion sur le bord du chemin. J'avais bébé Marjolaine dans les bras et je la tenais très fort. Auray voulait que je débarque du camion et il m'avait poussée. J'ai eu peur pour la petite et il me faisait mal. Je transférai le bébé en arrière, avec les autres et descendis du camion pour partir seule, à pieds. Auray était près de moi et me poussait. Des autos s'arrêtaient et des gens me demandaient: *"Avez-vous besoin d'aide, madame?"* *" Non, non, Tout est correct."* Je continuais de marcher tandis que les autos s'éloignaient. Auray s'arrêtait tout à coup et me forçait à rebrousser chemin. Rendus près du camion, il me criait: *"Embarque"* Je ne voulais pas. Je m'obstinais. *"Embarque dans l'camion, que j't'e dis,"* hurla-t-il de nouveau. Il me poussa et je tombai rudement par terre. J'avais mal partout. J'entendais les enfants qui pleuraient. Je m'étais relèvée et vite embarquée dans le camion. Je n'aimais pas entendre mes enfants pleurer. C'est pour eux que je faisais ça, sinon, je lui aurais tenu tête. Ah oui, je l'aurais affronté!

Nous n'étions pas allés à Granby. Nous étions retournés à la maison et c'était bien mieux ainsi. Dans ma tête, je me disais que je devrais partir, prendre mes enfants et m'en aller loin, très loin, mais c'était dur de tout laisser. Je n'avais pas d'argent. Qu'allait-il arriver de mes enfants? Le lendemain, Armand était arrivé et vit les bleus que j'avais sur les bras. L'air fâché, il me dit: *"Qui t'a fait ça?"* Je ne voulais pas le lui dire mais il le savait déjà. Il avait fixé Auray d'un air à faire frémir n'importe quel gorille. En parlant très fort, il lui dit: *"si ça arrive une aut'fois, tu vas avoir affaire à moé. Tu vas voir, t'auras pas rien qu'des bleus."* Auray ne parlait pas. Il avait l'air piteux, comme un chien qu'on vient de battre.

Je crois que mon mari avait compris car il n'a plus jamais recommencé. J'étais contente que mon frère me défende. J'étais importante pour lui. Armand, c'était un homme, un vrai. Et quand il parlait fort, fallait écouter.

J'étais à l'hôpital, bien des années après cet incident, alors qu'il ne restait que peu de temps à vivre à Armand, je m'étais approchée de lui et tout bas, comme si j'avais un secret à lui confier, je lui avais dit: *"Merci*

Armand de m'avoir défendu ce jour- là." Il avait rien dit mais je savais que je lui faisais plaisir. Il avait souri, un beau sourire d'homme fort. Puis il m'avait regardée dans les yeux et m'avait dit: *"J'm'en vais de l'autre bord. Y a là une maudite gang que j'nai pas vue depuis ben longtemps."* Quand j'étais repartie, il m'avait suivie des yeux jusque dans le passage. Je m'étais retournée et il me regardait encore comme si c'était la dernière fois. Je tenais tellement à le remercier avant qu'il ne parte pour l'autre monde.

J'ai raconté ici des moments difficiles mais il ne faut pas penser que c'était toujours comme cela. Il y avait aussi des jours merveilleux, faciles à vivre et surtout joyeux qui effaçaient assez vite les mauvais jours. Il y avait des périodes où mon mari ne prenait aucune boisson, parfois pendant six mois et même jusqu'à un an. Il regrettait toujours quand il me faisait de la peine et me demandait pardon. Beaucoup de gens ne comprennent pas pourquoi les femmes de ces hommes endurent tant car ils ne savent pas que beaucoup de ces hommes n'ont pas d'autres défauts, à part de boire. Quand ils ne boivent pas et si on les aime assez, ils nous font oublier bien vite nos peines. En tout cas, c'est ce qui s'est produit pour moi. Je ne peux décrire ce que je vivais avec lui dans nos bons moments. J'étais heureuse, tout simplement.

Je me rappelle un Jour de l'An où tous les enfants avaient eu la scarlatine. On n'avait pas pu sortir mais on ne s'était pas ennuyé une minute et personne ne s'était plaint de ne pas être allé dans la famille, comme c'était la coutume. Auray avait beaucoup d'imagination et nous avions passé une très belle journée, ensemble.

L'été, on aimait aller aux fraises des champs, aux framboises, aux bleuets, aux pommes ainsi qu'à la pêche. Nous avions beaucoup de plaisir. On allait aussi se baigner

Le monde de l'adulte

ou faire des pique-niques. Il nous fallait toujours faire quelque chose.

L'automne, nous allions aux noix, toujours la famille ensemble. Je traînais aussi le dernier, même s'il était encore tout petit. Nous visitions la parenté et Auray n'était jamais de mauvaise humeur. Il était tout le temps en farces et nous jouait souvent des tours. On ne pouvait s'ennuyer avec lui.

Il avait des amis et sa compagnie était fort recherchée. J'ai beaucoup aimé cet homme et même s'il me rendait par moments très inquiète, j'ai tout de même de bons souvenirs plaisants de lui, comme je n'en ai pas connus par la suite.

Une fois, Auray s'était acheté une belle auto bleue, très propre. Il ne l'avait pas payée cher mais elle en valait le coup d'oeil. Je me souviens même qu'il y avait une tête d'indien sur le *hood*. Ça ne faisait pas longtemps qu'il l'avait quand il a eu un accident sur le pont de Saint-Jean. Comme de raison, il sortait de l'hôtel et il était un peu en boisson. Tout le beau *hood* de l'auto était arraché et le radiateur coulait mais il a tout de même réussi à se rendre jusqu'à la maison. De là, il a appelé un ami mécanicien qui lui a conseillé d'enlever tout simplement le *hood*. Il était fini et il en fallait un neuf, mais on n'avait pas d'argent pour le remplacer. Le mécanicien a tout de même réparé le radiateur qui coulait ou du moins, il a essayé de le réparer. Auray aimait ça choquer, faire parler. Ça le faisait rire. Je crois même que c'était son sport favori. Alors, son ami aussitôt parti, il m'avait dit: *"On s'en va chez ma soeur Georgienne. Embarque les enfants."* Tout le monde nous regardait passer. Auray riait, mais un peu plus loin, le radiateur avait encore lâché. Auray s'était arrêté sur le bord du chemin et avait pris de l'eau dans le fossé, il dut recommencer deux, trois fois, avant d'arriver chez sa soeur. Quand Georgienne nous vit arriver, elle riait comme une folle. Auray était fier de lui. Il avait réussi à faire rire, à faire parler et à choquer. C'était son but. On a eu beaucoup de misère à revenir et c'était moins l'fun. Il arrêtait de plus en plus souvent sur le bord du chemin pour prendre de l'eau dans le fossé. On aurait dit que le radiateur avait été mitraillé tellement il coulait. On a tout de même réussi à se rendre à la maison. Cette fois, je n'avais pas trouvé cela bien drôle. C'était du trouble pour rien. Ça été notre dernière sortie avec cette belle auto bleue car le moteur n'avait sans doute pas pu résister au manque d'eau. Il s'est éteint, brûlé comme la tête de l'indien sur le *hood*.

Tous les premiers de l'an, j'avais pris l'habitude depuis le tout début de notre mariage, d'aller retrouver mon mari et de m'asseoir sur ses genoux. Je lui parlais des meilleurs moments que nous avions vécus ensemble et lui disais d'oublier les moins bons. Ses yeux changeaient! Il devenait tout de suite de bonne humeur et souriait. Je lui parlais des mille baisers, lui me parlait des drôleries des enfants. Je voyais que cela lui faisait plaisir. Je passais une main dans ses cheveux, il m'embrassait et tout cela finissait souvent dans le lit. Nous faisions l'amour et c'était bon. Après, on passait la journée dans la bonne humeur. C'était important pour moi de commencer l'année de cette façon.

J'ai fait ça aussi avec René, mon deuxième mari, à l'exception de la dernière année de notre vie commune où je n'ai pas pu le faire parce qu'il avait passablement perdu la mémoire.

À Sainte-Cécile De Milton, nous sommes restés un an et c'était bien assez. Nous avons ensuite déménagé chez Rolland, le frère d'Auray et sa femme, Margot. Ils s'étaient acheté une ferme à Roxton Falls avec la soeur de Margot, son mari et leurs enfants. C'était une grande maison. Nous arrivions avec nos six enfants. Vous auriez dû voir les repas que l'on faisait. Margot cuisinait de bien bonnes fèves au lard et de bien bonnes tartes. Le lendemain, on recommençait. Fallait nourrir tout ce monde. On n'avait pas le choix. Je me demande si quelqu'un aujourd'hui pourrait en faire autant? Nous sommes restés là trois semaines. Puis nous sommes déménagés à Granby, dans une maison de campagne. Pour l'école, ce n'était pas très loin. Auray travaillait à Saint-Jean et y passait la semaine. Il revenait le vendredi soir avec l'épicerie.

Je m'ennuyais beaucoup. Mon frère et sa femme venaient parfois me chercher pour aller passer une journée avec eux. J'avais insisté pour qu'Auray nous trouve un logement près de Saint-Jean. Il trouva enfin une maison à la campagne, à Iberville, dans le troisième rang. C'était une belle maison. J'étais encore enceinte et ce n'était pas très surprenant.

Nous allions chercher les oeufs et le lait chez le voisin. J'ai aimé habiter là. Il y avait beaucoup de commodités. J'allais souvent rendre visite à ma voisine, madame Mailloux. Elle avait perdu son mari d'une mort subite et son garçon dans un accident. Je la trouvais extraordinaire. Elle avait des enfants aux études, faisait un grand jardin, s'occupait de la ferme et en plus, elle cousait pour une manufacture. Je lui disais que j'aimerais cela me faire un peu d'argent mais je m'en sentais incapable. Elle me disait alors: *"Il faut essayer avant de dire qu'on ne peut pas. Je vous aiderai."* Cette femme a beaucoup marqué ma vie. Une femme forte qui ne s'en laissait pas imposer par personne et qui avait un bon jugement. Je lui avais demandé si elle allait venir à mon accouchement.

J'attendais mon bébé pour le 25 décembre. Elle n'a

pas hésité une seconde à me répondre *oui*. Le bébé est né le 29 décembre, 1950. L'accouchement a été assez facile et pas trop long. Nous étions bien contents que ce soit un garçon, après cinq filles. Il était blond et beau. Il est né dans l'après-midi, vers deux heures, je crois. Nous ne sommes pas sortis ce jour de Noël ni ce Jour de l'An, mais nous n'en avons pas souffert tellement. On était contents de notre fils. Ma belle-mère était déjà à la maison pour prendre soin de moi.

Nous avions une grande salle à dîner et nous y avions installé un lit afin d'avoir plus chaud car il y avait une fournaise à l'huile sur le plancher. La première nuit, j'avais couché le bébé près de moi et il ne s'était pas réveillé de la nuit, comme s'il était encore dans mon ventre. Luc était un bébé facile.

Vers l'âge de deux ans, bien assis sur sa chaise berçante, il chantait des chansons que son père lui avait apprises. Il savait les mots par coeur et ils les chantaient sur *l'air*. C'était un petit garçon tranquille et pas bruyant du tout. À l'âge de trois ans, il se mettait à l'arrière du poêle et jouait avec ses petites autos. Quand son père est mort, il m'a posé tellement de questions. Je n'avais jamais vu ça. Je ne pense pas qu'il y ait déjà eu d'autres parents dans le monde qui aient aimé autant un enfant. À la naissance de Sylvie, Luc n'a fait aucune réaction. Il ne semblait pas avoir peur de perdre sa place. Je crois qu'il a commencé à être malheureux lorsque je me suis remariée.

Un ami d'Auray était venu le voir pour lui demander s'il ne pourrait pas recevoir à la maison sa femme qui avait eu un bébé en même temps que moi. Elle avait un abcès à un sein et elle ne pouvait pas rester toute seule car son mari travaillait. Ma belle-mère n'était pas d'accord et moi, plus ou moins, mais l'ami a tellement insisté. Sa femme est restée chez nous avec son bébé pendant neuf jours. Son mari venait coucher avec elle et il prenait soin du bébé la nuit. Elle avait installé son lit dans la salle à dîner, près du mien. Je ne peux pas dire que cela m'avait beaucoup dérangé car tout s'est bien passé. Mon bébé ne pleurait pas souvent. Je le couchais près de moi au chaud et je lui donnais le sein. C'était tout ce qu'il demandait.

J'avais une belle-mère que j'aimais beaucoup, une sainte femme qui aimait follement ses petits-enfants. Elle demeura deux semaines avec nous et quand elle partit, je m'ennuyai d'elle ainsi que mon mari car il aimait beaucoup sa mère.

À peu près six mois après la naissance de Luc, Auray me prit dans ses bras et me dit: *"J'vais m'construire une maison!"* Je l'avais regardé et lui avais répondu: *"C'est ben toé, ça, tu dis n'importe quoi pour me faire plaisir."* Il avait l'air sérieux. Je lui avait redit: *" Mais t'as pas d'argent?"* *"J'connais un gars à Saint-Grégoire qui va m'vendre un terrain pour une piastre et j'vais acheter le bois à crédit pour la construire,"* avait-il répondu. Le gars en question, s'appelait monsieur Lamarche. Il avait une terre et la divisait en lots afin d'amener des gens près de lui car il avait un dépanneur et voulait plus de clients. Il avait même signé pour nous un emprunt de trois mille dollars. Auray avait sorti un crayon et un papier et nous avions fait le plan ensemble.

Nous en parlions tous les jours aux enfants qui étaient emballés et contents de dire à leurs amis: *"Papa va se bâtir une maison."* Auray allait travailler à la maison le samedi et le dimanche. Aussitôt que la neige commença à fondre, il amena Réal avec lui. Il ne voulait pas que le reste de la famille voit la maison avant qu'elle ne soit assez avancée *"Une surprise"* qu'il disait. Nous avions tous très

Germaine Dubreuil

hâte. Ce fut une belle période. Auray travaillait à Saint-Jean et ne prenait pas de boisson. Il avait l'air bien encouragé et moi aussi. À la fin de juin, après les classes, nous avons déménagé dans notre nouvelle maison. C'était rudimentaire: pas d'armoires mais de l'eau à la pompe. Il y avait encore beaucoup de sable dans l'eau et cela salissait mon linge lorsque je lavais. Il n'y avait qu'une chaudière pour faire nos besoins.

Les plus grands voulaient choisir leur chambre mais ils n'avaient pas eu à choisir car, entre les trois chambres, il n'y avait pas de murs. C'était vaste! Nous avions mis notre lit conjugal dans le milieu, la bassinette près de mon lit et les autres lits des enfants de chaque côté. En fin de compte, nous étions tous ensemble et les enfants étaient contents car ils pouvaient se coller sur moi.

Mes enfants étaient sauvages, difficiles pour la nourriture. Aussitôt que quelqu'un entrait dans la maison, que ce soit de la parenté ou un étranger, ils se collaient sur moi et je ne pouvais même plus bouger. J'avais de la difficulté à marcher. Au matin, notre lit était rempli à sa pleine capacité car les plus jeunes venaient nous rejoindre et on jouait ensemble.

L'été, c'était plaisant. Les enfants avaient de l'espace pour jouer. Il y avait un bois juste derrière la maison et beaucoup de fruits sauvages: des fraises, des framboises, des mûres et des bleuets, tant qu'on en voulait. Les plus grands se prenaient un gros plat et allaient le remplir. C'était notre dessert. Le soir, on jouait ensemble au baseball pendant que le bébé dormait. Auray était un homme de joie et de vie.

Nous avions deux voisins qui avaient de jeunes enfants et Ghislaine comme Nicole allaient garder et se faisaient quelques sous. Notre voisin de droite nous a offert de venir "filer" notre maison. Il travaillait pour la Southern Co., aujourd'hui Hydro-Québec. Il a pris des fils électriques un peu partout dans des maisons abandonnées puis il les a installés dans la nôtre. Nous nous sommes acheté un réfrigérateur. Il n'y avait qu'une prise dans toute la maison. Elle était suspendue juste au dessus du frigidaire.

L'été passa très vite et nous étions heureux. Auray avait aussi un bon emploi à la Bruck Sills, mais ça ne devait pas durer. Il a commencé à faire froid, la maison pas finie et l'usine qui fermait ses portes, pour comble de malheur, les enfants avaient tous attrapé la rougeole. Le petit Luc faisait bien pitié dans sa petite bassinette, le visage tout rouge, bien habillé dans des grosses couvertures pour qu'il ne prenne pas froid. Par chance, il s'en tirait assez bien.

Comme il faisait de plus en plus froid, nous avons fermé tout le côté gauche de la maison afin que ce ne soit pas trop difficile à chauffer. Nous n'avions pas de toilette car nous n'avions plus d'argent et on ne voulait plus nous faire crédit étant donné que mon mari ne travaillait plus. Nous avions une pompe à bras pour l'eau et il fallait la vider au fur et à mesure pour empêcher les "tuyaux" de geler.

J'ai dû faire de la couture à la maison pour une usine de robes afin de pouvoir manger car Auray n'avait pas trouvé d'ouvrage de l'hiver, à part couper du bois pour le compte de Joffre Lamarche. Je faisais assez d'argent pour payer l'épicerie. Je devais tout de même travailler le soir. Auray a acheté du *clapboard* et a commencé à finir la maison à l'extérieur. Il m'a fait un peu d'armoires et m'a posé un évier.

Nous avions un poêle à bois et une fournaise (*une truie*) également à bois pour nous chauffer, au moins pour le premier hiver car ce n'était pas vraiment chaud. Parfois, quand on se levait le matin, l'urine était gelée dans la chaudière. Il y eut une période de froid. Un ami d'Auray était venu nous chercher et nous avait tous amené chez lui. Nous y étions demeurés trois jours. C'était un monsieur Provost, cet ami dont nous avions gardé la femme et le bébé. J'ai apprécié ce geste car nous étions au chaud.

L'été suivant, j'ai *canné* pas moins de deux cents boîtes de toutes sortes de fruits ainsi que du blé d'inde. Auray s'était acheté un camion à crédit et ramassait le fer. C'était assez payant au début mais il a été obligé de s'éloigner. Il commençait à revenir tard et parfois il n'avait pas travaillé du tout. Il amenait Réal avec lui et cela m'inquiétait. D'autres fois il travaillait avec monsieur Lamarche dans le bois. Quelque chose flottait au-dessus de nos têtes. Quoi au juste? Je n'arrivais pas à mettre le doigt dessus, mais l'anxiété montait, montait.

Peur que le destin se retourne contre nous...

Le monde de l'adulte

Double malheur

La solitude

Ne me requérez pas, je serai sur les eaux.
Je serai moins connu qu'un eider des roseaux.
Je serai plus obscur dans ma secrète abscence
Que le poisson qui nage enseveli.
Mon nom s'établira sur la mer du silence
et je serai pour vous comme un prince en oubli.

Gustave Lamarche

Je crois presque que l'épreuve est une chose essentielle dans une vie. C'est dans l'épreuve que nous apprenons à donner le meilleur de nous-mêmes, beaucoup plus peut-être que dans le bonheur, mais le bonheur est utile aussi parce qu'il faut de tout pour faire une vie. Nous avons perdu notre maison par le feu, mais il reste encore de bons souvenirs qui dureront jusqu'à la fin de ma drôle de vie.

Ma vie a été un roman d'amour composé de bonheurs passagers, de peines et de déceptions. J'ai eu, dans ma vie, des moments de bonheur mais des moments brefs, et c'est d'ailleurs préférable, tout bien considéré, parce que si nous étions tout le temps heureux, nous finirions par devenir parfaitement indifférents aux autres.

Mon premier amour en était un de folie, de passion, mais il pouvait être à l'occasion très cruel à cause, entre autres, de mon désir de possession et ma jalousie maladive, mais c'était tellement bon d'aimer et d'être aimée que je n'aurais jamais pu m'en passer.

Un après-midi du mois de décembre, alors que

Double malheur

j'étais en train de coudre, l'électricité a manqué. Je ne savais pas pourquoi. J'ai fait autre chose. Vers trois heures, une des filles, je crois que c'est Louise, qui revenait de l'école m'a dit: *"Maman, il y a de la fumée qui sort de la couverture!"* J'étais sortie et je vis que la fumée sortait de la corniche qui n'était pas bouchée. J'ai eu peur et j'ai tout laissé là. J'étais partie avec les enfants pour avertir Auray qui sciait du bois chez monsieur Lamarche. J'avais de la difficulté à avancer, mes jambes me soutenaient à peine. Ils avaient appelé les pompiers et les voisins venus nous aider à sortir un peu de ménage qu'ils avaient mis de l'autre côté du chemin, le feu les rejoignait tout de même. J'ai tremblé pendant tout le temps que la maison a brûlé. Puis je me suis rendu chez Joffre. Quand Auray arriva, peu de temps après, il s'était assis et avait pleuré. Nous avions pleuré tous les deux comme des enfants.

Nous avions perdu beaucoup de choses, tous mes cannages mais surtout des photos et des souvenirs. Nous avions pu sauver quelques meubles dont mon set de chambre et mon set de cuisine. Le vaisselier et la table étaient intacts mais les chaises étaient en très mauvais état. Le tiroir d'une commode était brûlé mais pas le dessus qui était plaqué. Un peu plus tard, Yves Lamarche en a fait un autre et a recollé le plaqué dessus. Ça ne paraissait plus. Auray n'a vraiment pas eu le temps de s'occuper de ça.

Monsieur et madame Lamarche nous avaient offert l'hospitalité. Mes parents nous avaient bien aidé ainsi que des amis. Ils avaient organisé une quête dans la paroisse et nous avons récolté deux cent dollars. J'avais reçu beaucoup de linge pour mes enfants. Thérèse était venue chercher Louise qui resta chez elle, six mois. Elle avait aussi voulu amener Odette mais cette dernière s'était collée à moi et ne voulut pas partir. *"Non, non, je ne veux pas,"* qu'elle disait. Alors je l'ai gardé avec moi. Jeanne a amené Nicole, ma belle-soeur, Georgienne, a amené Ghislaine, mais la p'tite Ghislaine est tombée malade et n'est pas restée bien longtemps chez sa tante. Elle ne mangeait plus, avait des faiblesses et des étourdissements.

De retour à la maison, elle s'était tout à coup mieux sentie. Marjolaine était allée passer les fêtes chez Gérard Provost. Je me souviens qu'elle a eu une poupée en cadeau. Elle était bien contente. Elle est revenue avec nous le premier ou le deux janvier. Réal est parti chez sa grand-mère, c'était congé d'école car on était en plein temps des Fêtes. Il me restait trois enfants à la maison. J'étais enceinte de trois mois. Auray et moi étions découragés. Nous pleurions souvent ensemble, collés l'un sur l'autre. Il ne pouvait pas nous arriver pire. Pourtant, le pire est arrivé bien vite.

Nous couchions en haut chez les Lamarche et on avait une pièce privée en bas où on pouvait se faire à manger. Je me demande encore comment ils ont fait pour nous garder tous, surtout que Simone (*madame Lamarche),* qui était aussi ma grande amie, avait commencé à être malade. Elle avait des étourdissements et des hémorragies quand elle était menstruée. Elle avait un cancer de l'utérus. Cette famille était très généreuse et a aidé un paquet de gens qui étaient pauvres malgré qu'elle n'était pas bien riche elle-même.

Auray a décidé d'aller vendre des arbres de Noël. Avec son camion, il allait dans les Cantons de l'Est couper des sapins. Il les revendait ensuite au marché à Saint-Jean. Il les avait tous vendu, je crois. En revenant, il s'était arrêté à l'hôtel. Monsieur Lamarche qui revenait de livrer du bois a vu le camion d'Auray et m'a dit: *"Nous serions aussi ben d'aller l'chercher. Les gens de Saint-Grégoire ne donneront pas à quête s'ils savent qu'il est à l'hôtel."* Je ne voulais

Double malheur

pas y aller car je n'avais jamais été le chercher à l'hôtel. Il a insisté ainsi que Simone et son fils Yves. Joffre et Yves m'ont conduite à l'hôtel. J'y entrai seule. Il était assis à une table avec d'autres gens. Je lui ai demandé de s'en venir. J'ai été très surprise lorsqu'il m'a dit tout simplement: *"Oui."*

Nous arrivions presque lorsque j'ai vu Auray avoir comme un malaise, une faiblesse. Il avait lâché la roue et la porte de son côté qui ne fermait pas bien s'est ouverte et il est tombé. Le camion avait glissé dans un petit ravin écrasant en même temps mon mari. C'est sûr qu'il avait pris de la boisson, je m'en étais aperçu, mais je pense toujours que ce n'est pas tout à fait la seule cause de l'accident. J'ai eu beaucoup de difficulté à rester dans le camion. Je me tenais de toutes mes forces. Le camion s'était immobilisé et je pus sortir. Joffre et Yves qui nous suivaient s'étaient arrêtés et nous avions cherché Auray. Il faisait noir. J'étais déjà en état de choc. Quand je l'aperçus, je m'étais mise à l'engueuler. *"Pourquoi? Pourquoi?"* que je lui demandais. J'étais dans tous mes états. Auray s'était levé et nous l'avions aidé à monter dans le camion de Joffre. Il ne se plaignait pas mais il disait: *"Allez plus vite."* Nous l'avions amené à l'hôpital. Il sentait beaucoup la bière. C'était l'avant-veille de Noël.

Je retournai le voir le lendemain. Le médecin m'avertit qu'il ne pouvait plus rien faire pour lui, qu'il avait un poumon perforé. Je ne l'avais pas cru. Auray m'avait demandé d'apporter son rasoir. Il m'avait dit: *"Y a de belles p'tites infirmières icitte."* Je croyais qu'il allait mieux. En revenant de l'hôpital, j'avais dit à mon amie Simone: *"Les médecins se trompent. Il vivra."* Monsieur le curé, Dupuis, me téléphona. Il voulait absolument que j'aille réveillonner à son presbytère avec tous mes enfants, après la messe de minuit, mais j'avais refusé en lui disant: *"Je n'ai vraiment pas le goût de fêter."*

Vers sept heures, je reçus un téléphone de l'hôpital. On me demandait de m'y rendre tout de suite car la fin approchait à grands pas. La veille, Thérèse et Réal avaient fait des farces avec lui. Il avait l'air bien. C'était pourtant la fin, toujours la maudite fin. Quand j'arrivai à l'hôpital, il était déjà dans le coma. Je lui pris la main et je sentis qu'il serrait la mienne, pas aussi fort que sous les *framboisiers* mais il y avait autant d'amour et de chaleur. Je n'arrêtais pas de lui parler. Je ne voulais pas qu'il meure. Je lui disais: *"Ne meurs pas Auray, ne meurs pas, j'ai besoin de toi. Je t'aime trop. Faut qu'tu restes encore avec nous autres."* Je lui défendais de mourir. Je n'acceptais pas ça. Sa main commença à se refroidir et il ne répondit plus à mon appel, à ma douleur.

Et il partit
Sa chaise s'étant tout à coup arrêtée de bercer,
Celle qui était toujours au côté de la mienne.

Il était décédé vers minuit. La messe de minuit était diffusée dans tout l'hôpital. J'entendais des chants de Noël sortir des hauts-parleurs. Il y régnait une atmosphère d'irréalité. Je me souviens très bien d'une chanson qui arrivait comme un souffle froid à mes oreilles.

Adeste fideles.

Pendant des dizaines d'années, ce chant est devenu un véritable cauchemar pour moi. Au temps des Fêtes, je l'entendais constamment. Il me harcelait, me réduisait en esclavage. Je ne pouvais pas l'entendre car il réveillait en moi une souffrance trop grande et trop profonde. Pendant longtemps, la veille de Noël n'a rien représenté pour moi, à

Double malheur

part la peine qui me rongeait le coeur. L'aumônier était venu me chercher et m'avait amenée dans son bureau. L'infirmière m'avait donné des médicaments. Le curé m'avait parlé du Bon Dieu. J'étais révoltée et je criais: *"Comment peut-il être si bon puisqu'il vient tout juste d'amener avec lui un père de famille de sept enfants?"* Sortie de l'hôpital en crise, Simone et Joffre étaient avec moi. J'ai dormi avec l'aide de médicaments mais je me réveillais parfois, durant la nuit, et je criais: *"Auray, Auray!"* Il était parti, mon Auray. Parti pour toujours.

Toujours la maudite fin.

Le lendemain, beaucoup de gens étaient venus me voir. J'étais couchée sur le sofa. J'étais en véritable choc. Je dormais et me réveillais. Je criais. Je hurlais. Je me souviens que mon père était venu me voir pour me parler. Il était très inquiet. Il m'a dit: *"Qu'est-ce t'as ma p'tite Germaine?"* Je lui avais répondu, en criant très fort: *"Auray est mort! Il est mort, vous ne le savez pas?"* Mon pauvre père était reparti en pleurant. Je me suis alors rendue compte que je lui avais fait beaucoup de peine.

Monsieur le curé, Dupuis, était venu et il avait récité des prières. Il m'avait dit: *"Tu iras le voir au salon mortuaire."* Je lui avais répondu que je ne pouvais pas car je me sentais trop faible, mais il avait insisté: *" Tu iras. Je vais te donner la force."* Je m'étais habillée et j'y étais allée. Il était là dans sa tombe.

Tout le monde que j'aimais était là aussi. Tout avait été arrangé sans moi. Je l'avais embrassé, lui avais touché les cheveux comme j'aimais le faire autrefois. Ma famille me surveillait car elle avait peur que je perde mon bébé. J'étais enceinte de trois mois.

" Ses cheveux étaient si doux.

Germaine Dubreuil

Et sa main dans la mienne, comme avant
comme dans un premier contact
Je l'aimais encore plus que le premier jour."

Il y eut le service à l'église de Saint-Grégoire. J'étais heureuse qu'il soit là. Quand la messe fut terminée et qu'ils l'eurent amené, je devins très agressive. Je n'étais pas allée à l'enterrement, à Saint-Pie. Ma famille ne voulait pas. Jeanne et son mari, Lucien, m'avaient amenée chez eux. Dans l'auto, j'ai garroché une sacoche qu'une amie m'avait prêtée car je n'avais pas de sacoche noire (dans ce temps là, il fallait être toute habillée de noir quand on était en deuil). Je l'avais brisée. Jeanne s'était tournée vers moi et m'avait dit: *"Tu ne l'attendras plus"* Je lui avais répondu:*"Je ne le verrai plus."*

J'étais allée passer les Fêtes chez mes parents. Toute ma famille m'a beaucoup aidée, mes amies aussi et les gens de Saint-Grégoire. J'étais enceinte et je recevais beaucoup de linge de bébé mais je devais trier les boîtes car ce n'était pas toujours propre. J'ai même fait brûler deux boîtes remplies de punaises. J'ai été très surprise de constater que ce n'était pas les plus riches qui donnaient le plus.

Des gens étaient venus me demander d'adopter certains de mes enfants. Un couple voulait même adopter l'enfant que j'avais dans mon ventre. Cette demande, en particulier, m'avait beaucoup insultée. Je leur avais dit: *"Je n'ai pas d'enfants à donner. J'y tiens encore plus depuis que leur père est parti."* Le couple n'était plus jamais revenu.

De grands amis, les Dextraze, venaient souvent me chercher afin de me changer les idées. J'étais réticente car je voulais rester seule avec ma douleur. Aujourd'hui, quand j'y pense, je sais que ça m'a fait un bien immense. Une fois,

Double malheur

ils m'ont même apporté un gros quartier de boeuf. Ils étaient tellement généreux!

Un jour, j'ai entendu dire qu'il y avait une maison à vendre à Sainte-Sabine. Je suis allée la voir et je l'ai achetée. C'était une belle maison canadienne que j'ai payé neuf cent cinquante dollars avec l'argent de l'assurance. Ça m'avait coûté deux cents dollars pour la déménager. Ça devait me coûter bien plus cher que ça, mais monsieur Tétreault m'avait fait un spécial étant donné que je venais de perdre mon mari. Un certain employé du nom de René Poisson, m'avait promis de venir refaire l'escalier à l'intérieur de la maison ainsi qu'à l'extérieur, étant donné qu'il n'y avait qu'une planche qui servait de galerie.

J'ai fait installer la maison au même endroit où était la maison qu'Auray avait bâtie de ses mains. *De ses mains si douces.* J'avais acheté cette maison d'un dénommé Bonneau qui s'en était fait construire une neuve. Il n'y avait pas de salle de bain. J'ai fait installer une toilette dans la chambre du bas où Réal couchait. Au moins, il avait sa toilette privée. Il y avait aussi trois chambres fermées en haut, une cuisine d'été, une cuisine d'hiver, du bois franc sur tous les planchers, des moulures en chêne, une belle armoire en coin toute vitrée, deux poêles à bois. L'été, j'ouvrais la porte et les fenêtres et il y avait de l'air. Je pouvais enfin respirer. Je me suis même acheté un réfrigérateur neuf et une laveuse à tordeur chez Simpsons. Il y avait l'électricité. Le grand luxe quoi!

Les Lamarche et d'autres voisins avaient nettoyé le terrain et monsieur Leclerc avait fait le solage à l'aide de grosses briques grises que j'avais achetées. Il venait le soir après son ouvrage. À Saint-Grégoire, tout le monde s'aidait. C'était le village le plus humain et le plus sympathique que j'aie connu. Au mois d'avril suivant, j'étais enfin dans ma maison avec tous mes enfants, à l'exception de Louise que Thérèse avait gardée. Les enfants s'étaient tellement ennuyés! Mes soeurs étaient venues tout nettoyer mais je ne trouvais pas cela nécessaire. J'étais un peu perdue, déboussolée. *J'étais vidée.*

Quelque chose en dedans de moi s'était brisé et je ne savais pas trop quoi. Je ne voulais pas le savoir. J'étais ailleurs et ça ne me tentait pas d'en sortir. Je me souviens un soir de grande pluie où j'étais dans la maison à me morfondre, je tournais en rond. Je m'ennuyais terriblement d'Auray. Je voulais le revoir, ne serait-ce que quelques secondes. Depuis quelque temps, je demandais souvent à mon mari de se manifester, de venir me voir durant la nuit. Je voulais le *sentir*, le savoir près de moi. Je voulais qu'il me frôle.

" Et il en a toujours été ainsi de l'amour,
Il ne connaît sa véritable profondeur
Qu'à l'instant de la séparation. "

Khalil Gibran, Le Prophète.

Un fantôme!

Auray était mort depuis un bout de temps mais il était toujours présent dans ma vie. La nuit, je rêvais à lui. Il était vivant et il me souriait amoureusement. Pendant longtemps, lorsque je rêvais à lui, c'était pour revoir l'accident qui lui avait coûté la vie. C'était un véritable cauchemar. Toutes les nuits, je revivais l'accident dans ses moindres détails. Je me réveillais en sueurs et je pleurais. C'était affreux. Ça été une période extrêmement difficile pour moi. Je vivais dans le cauchemar, dans une brume profonde qui cachait la lumière. Ma vie ressemblait alors à

Double malheur

une balloune dégonflée, à un manque d'air dans un espace vital. J'étais mal. J'étais malheureuse. Je me sentais tellement seule.

À un moment donné, je me suis prise en mains. Fallait que je sois proche de mes enfants. Fallait que je sois là, pour eux, pour leur bonheur. J'ai alors décidé de poursuivre ma vie qui s'était arrêtée par accident. À part ma peine, tout était comme avant. Mes enfants bougeaient, souriaient, dormaient, mangeaient. Ils vivaient, eux. Ils n'avaient jamais arrêté de vivre, bien au contraire, ils semblaient encore plus en mouvement. Ils revendiquaient le droit à la vie tandis que moi je me traînais comme une ombre dans la nuit. J'ai regardé mes enfants comme si je les voyais pour la première fois et j'ai perçu en eux les premières lueurs de l'aube. Cela m'a encouragée à vivre, à vivre parmi eux, sous le soleil qui n'arrête jamais de briller et les cauchemars se sont arrêtés.

La nuit je rêvais à Auray, mais ce n'était plus pareil. Je le voyais, il me souriait et il s'avançait vers moi en me tendant la main. J'espérais secrètement qu'en m'ouvrant les yeux au beau milieu de la nuit, je l'apercevrais. Je voulais le revoir. Son absence me pesait. Je voulais savoir s'il y avait une vie de l'autre côté de ce mur terrestre. Il me semble que la vie aurait été plus facile si j'avais su qu'Auray m'attendait quelque part dans un petit coin intime du ciel bleu.

Une nuit, j'ai bien cru que j'allais enfin le voir. Depuis quelques semaines, j'avais pris l'habitude de me réveiller vers trois heures du matin. Dans le noir, j'ouvrais grands les yeux. J'espérais le voir près de mon lit, son visage éclairé penché vers le mien. Je voulais m'excuser et je voulais tellement qu'il me réponde: *Mais c'est pas d' ta faute. C'é la faute à personne.*" Il m'aurait dit ça doucement, un sourire dessiné sur sa figure. Je lui aurais souri à mon tour et il serait reparti en paix, sachant bien qu'un jour on se retrouverait.

Cette nuit-là, la pluie et le vent se frottaient furieusement aux vitres. Dehors, on aurait dit quelqu'un qui frappait à coups de poings sur la maison. Ça faisait: " Bang! Bang! Bang!" à un rythme étrangement régulier. Je m'étais levée, habillée et j'étais sortie. Je n'avais pas peur, enfin pas tellement. Me retrouvant dehors, sous la pluie battante, le bruit venait de l'arrière de la maison. Ça faisait un vacarme d'enfer. J'avais rasé les murs, pensant éviter la pluie le plus possible mais le vent la ramenait jusqu'à moi et me noyait le visage. J'avais les pieds pleins de terre boueuse mais je marchais d'un pas ferme et déterminé. Je voulais voir ce qui se passait. Je voulais savoir si les anges existaient vraiment.

Je tournai le coin de la maison et je vis ce qui faisait ce bruit. C'était la petite porte de la boîte d'électricité qui battait au vent et qui frappait fort sur la maison. Ce n'était pas mon mari. C'était le vent qui s'était amusé à me faire peur. J'étais un peu déçue mais satisfaite en même temps. J'allais pouvoir enfin dormir en paix. À partir de ce moment, j'ai su que je ne reverrais plus jamais Auray. La dernière fois que je l'avais vu, il était dans sa tombe et j'avais eu la chance et le bonheur de lui avoir flatté les cheveux.

> " Et n'oubliez pas que la terre se réjouit
> de sentir vos pieds nus et que les vents
> joueraient volontiers avec vos cheveux. "
> K. Gibran, Le Prophète

Maman y croyait, elle, aux anges. Elle croyait en Dieu très profondément et les esprits faisaient partie de sa vie. Elle *voyait* des choses que personne d'autres ne pouvaient voir. Elle *parlait* même aux défunts. Je me souviens que parfois elle arrêtait soudainement ses activités dans la maison et disait tout haut: *"Faut que j'y pardonne. Il a ben besoin d'mes prières."* Peu de temps après, elle se lançait dans une neuvaine. Elle priait presque tout le temps. Elle vivait dans une sorte de bulle ésotérique où les moindres bruits suspects devenaient des signes à interpréter. Elle vivait dans le surnaturel et c'était tout à fait normal. Il n'y avait rien d'extraordinaire là-dedans. C'était ça la vie: *le visible et l'invisible.* La vie était partout, même quand on ne la voyait pas.

Lucienne m'a déjà raconté ce qui suit:

" C'était en plein été! Elle était dans la cuisine avec maman en train de faire quelque chose dont elle ne se souvenait plus. Maman s'était mis le nez à la fenêtre et avait regardé au chemin. Lucienne voyait bien que maman était un peu nerveuse et qu'il se passait quelque chose d'anormal. Soudainement elle s'était tournée, avait dit: *"Regarde, Lucienne, on dira qu'c'est ton oncle Narcisse qui s'en vient?"* Lucienne avait aussi regardé par la fenêtre et avait vu un homme qui s'en venait en marchant vers la maison. Il était même assez près pour qu'elle puisse constater qu'il ressemblait vraiment à l'oncle Narcisse. Évidemment, elle ne croyait pas que ça pouvait être lui. Elle dit à maman: *"Voyons, maman, il est mort, mon oncle Narcisse. Ça peut pas être lui, c'est sûr."* *"Il a ben sa mine, en tout cas."*

Alors elles étaient sorties pour aller à sa rencontre mais il n'était déjà plus là. Il s'était évaporé. Elles l'avaient cherché partout, sous le petit pont, dans le champ. Elles avaient même été voir dans la grange mais il avait disparu comme un songe au petit matin. Maman avait dit: *"Il a ben besoin de prières, ton oncle Narcisse."* Elle était retournée à la maison comme si de rien n'était. Peu de temps après, elle commençait une autre neuvaine.

Il y a une autre histoire concernant les *visions* de maman. À la mort de Simone, la femme de mon frère, Armand, maman a gardé Richard alors âgé de trois ans, jusqu'à ce que son père se remarie. Le dimanche, elle amenait le petit Richard à la messe et le tenait toujours par la main quand elle allait communier. Richard était assez tannant mais ma mère y veillait bien.

Un dimanche, en sortant de l'église, maman a vu sur le perron une femme qui ressemblait comme deux gouttes d'eau à Simone. Cette dernière s'était approchée de ma mère et sans détour lui avait lancé: *"Vous êtes ben bonne de faire ça pour ce p'tit garçon là."* Maman s'était tournée un instant vers Richard pour savoir s'il était encore dans les parages et quand elle regarda de nouveau, la femme s'était volatilisée. C'était pas mal bizarre tout ça, non? Maman avait-elle un don spécial ou tout simplement avait-elle une grande foi qui pouvait lui donner une grande force spirituelle? Je ne sais pas. Je ne le saurai probablement jamais.

Quand j'étais petite, je croyais à tout ça. J'étais très influencée par maman. Quand il y avait un violent orage, je me mettais à genoux et je priais jusqu'à ce que l'orage cesse, tandis que maman s'appliquait à arroser les murs d'eau bénite. Je vivais là-dedans et ça faisait partie de ma vie quotidienne. J'y croyais. Quand je me suis mariée, je me suis éloignée de ces choses-là. Mes croyances ont alors pris une *débarque*. Quand Auray est mort, j'étais déjà très sceptique face à tout ce qui tournait autour de la religion et de la foi catholique.

Alors, en cette nuit mouvementée, je n'ai pas vu

Double malheur

Auray. Pourtant, je l'avais souvent demandé, mais il n'est pas venu. Je me demande encore aujourd'hui si j'avais assez la foi, si je croyais suffisamment pour que mes désirs se réalisent. Je me suis rendue à cette petite porte qui battait au vent et qui frappait violemment la maison et je l'ai fermée, tout simplement. Puis je suis rentrée. Je me suis lavée et je suis retournée au lit. Le reste de la nuit s'est passé en douceur et je n'ai pas rêvé. J'ai dormi très profondément, seule dans ma chambre. Je n'attendais plus personne. Ma mère aurait certainement interprété ce drôle de bruit que faisait cette petite porte sur le mur de la maison comme un signe qu'Auray avait grand besoin de prières et elle aurait débuté sans tarder une autre neuvaine.

Car pour elle les morts ne meurent jamais.

Un silence de mort règne dans la maison
Des bruits de fantômes se faufilent ici et là
Une personne solitaire se pose des questions
Qui viennent hanter et déranger son esprit?
C'est un bien ou un mal
De vivre parmi toutes ces ombres?
Pourquoi ce fantôme me force-t-il à vivre ainsi?
Il fait semblant et la peur vient me prendre
Des ombres se promènent dans la maison
qui n'existent plus tels des fantômes.

Ma belle-mère que j'aimais autant que ma mère est venue passer deux mois avec moi. Elle me faisait de bons petits plats. Cela m'aidait beaucoup car, parfois, je restais trop longtemps immobile, à jongler. J'oubliais même de faire les repas. Mes enfants m'ont fait réfléchir et il a fallu que je me parle et que je me dise qu'ils avaient besoin de moi, surtout le bébé qui s'en venait. Alors, j'ai commencé à prendre du mieux. J'attendais pour le 12 juillet, mon huitième bébé. J'ai confié à ma belle-mère que je voulais qu'il naisse le 28 juin, le jour d'anniversaire d'Auray.

Ma belle-mère m'a dit: *"Ben voyons Germaine, c'est pas comme ça que ça s'passe."* Elle avait l'air en peine pour moi, mais je lui avais répliqué: *"Vous savez, c'est le seul cadeau que je peux faire à Auray. Je veux lui offrir mes douleurs."* Au matin du 28 juin, 1954, mes eaux ont crevé. Je riais toute seule tellement j'étais heureuse et j'ai pensé: *"Je vais pouvoir lui offrir mon cadeau d'anniversaire."*

"La mère se tourne. Le huitième enfant. Deux autres ne sont pas encore nés. Ce sera une fille. La mère ne le sait pas encore. Elle se concentre sur ce jour-là. La mère saura que c'est une fille et qu'elle ne peut l'appeler Auray. Elle choisira Sylvie. L'enfant bouge. Dans ce fluide utérin, il se sent bien. La main de la mère touche son ventre. L'enfant sent une chaleur bienfaisante. La naissance est imminente.

Quand la mère saura que c'est une fille, elle aura un frisson. Passera-t-elle par les mêmes tourments? Les mêmes peines? Mais déjà, elle ne pense plus. Elle doit faire son travail. Son instinct sûr la fait se concentrer sur le bébé qui vient. La mère continuera toute sa vie à veiller sur sa progéniture. Le bébé bouge encore. La mère est seule, seule devant la naissance. La fille, plus tard, aura un amour sans bornes pour la mère. Elle essaiera de s'imaginer comment fut la naissance. Elle essaiera de revoir sa mère enceinte et elle se posera les questions suivantes qui s'adressent à tout l'univers.

" La voyez-vous la mère? Sentez-vous sa présence?
Vous sentez-vous une partie d'elle?
Je l'espère. Je l'espère."

Sylvie Bousquet
Je m'étais fait conduire à l'hôpital. J'étais dans une

Double malheur

chambre qui contenait six lits mais je me sentais bien seule car Auray n'était pas là et il n'y avait personne d'autre pour s'occuper de moi. Les contractions se faisaient de plus en plus proches et je prenais de longues respirations. Comme mes contractions ne s'arrêtaient plus, je m'étais mise à crier pour que quelqu'un s'occupe de moi. Ça avait marché et tout de suite le médecin arriva, me fit passer un test et constata que *c'était le temps*. Le bébé tardait à arriver. Alors le médecin alla le chercher. J'eus très mal. J'ai tout de même donné naissance à une petite fille de sept livres, à un beau bébé rose, en santé. J'étais bien contente que ma petite fille soit parfaite car j'ai toujours eu peur que sa santé soit moins bonne que les autres étant donné que je l'avais portée dans des moments extrêmement difficiles. Son père venait de mourir et moi-même j'avais été blessée. Pendant ma grossesse, je n'avais pas beaucoup engraissé car, parfois, j'oubliais de manger.

J'étais très heureuse mais je n'avais pas pu offrir toutes mes souffrances à mon cher disparu car, en dernier, j'avais lâché. Je n'en pouvais plus. C'est le seul regret que j'aie eu. De retour à la maison, je me rappelle que toute la famille s'était extasiée devant un si beau bébé. Cette petite m'a apporté du réconfort et m'a aidée à passer à travers mes épreuves. Quand on aime un enfant, plus rien d'autre ne compte. Encore aujourd'hui, je ne pourrais pas me passer de ma petite Sylvie bien spéciale.

...Et dire qu'il y avait des gens qui voulait l'adopter quand je l'avais dans mon ventre.

L'espoir renaît de ses cendres

René Poisson

Vivance

Regarde, les oies blanches reviennent
Avec le printemps
Regarde, les oies reviennent
Et le ciel est tout blanc
Regarde bien là, le printemps
Laisse tes yeux de la terre
Regarde vers le ciel
Les oies blanches
Toute la vie est là qui passe
Qui passe lentement...

Sylvie Bousquet

" Il suffit d'un très petit degré d'espérance
Pour causer la naissance de l'amour... "

Stendhal, Le rouge et le noir.

" Une île, un espoir, une vie.
Voilà une bouée au milieu de l'océan,
Voilà une ampoule au milieu de l'univers
Et une lumière faible apparaît
Aussi étrange qu'un fantôme dans la nuit"

Luc Bousquet

L'espoir renaît de ses cendres

René Poisson, un ami, qui était conseiller municipal à Saint-Grégoire m'avait informée, par l'entremise de Laurette Dextraze, qu'il y avait une nouvelle loi qui avait été adoptée par le gouvernement du Québec concernant une allocation pour les veuves. Ça s'appelait: *pensions des mères nécessiteuses*. Il n'y avait pas grand monde qui savait que ça existait, mais René, lui, le savait.

Une partie de l'allocation était distribuée par le conseil municipal. Il en parla au maire. Après discussion au conseil, l'allocation à laquelle j'avais droit avait été adoptée. Je recevais deux cent dollars par mois, en plus des soixante-quinze dollars qui me venaient du fédéral. Je pense que j'ai été une des premières veuves au Québec à recevoir cette allocation. René savait intelligemment comment se placer les pieds.

À l'époque je faisais encore un peu de couture. Ça ne me rapportait plus beaucoup mais avec ce que je recevais des gouvernements, je pouvais me permettre à vivre à l'aise, très à l'aise même. Quand ces pensions ont commencé à rentrer, j'ai laissé la couture car je pouvais arriver *(c'était à peine deux mois après la mort d'Auray)*. Il faut se rappeler qu'on était en 1954.

Dans le temps, deux-cent-soixante-quinze dollars par mois, c'était pas mal de sous. J'avais aussi reçu de la *Bruck Sills* une grosse boîte pleine de linge à la verge, du beau linge neuf. J'avais fait dans une sorte de petite gabardine un petit costume jaune à Louise, un rose à Nicole et un vert à Ghislaine. C'étaient des costumes qu'elles mettaient pour aller à la messe. Elles étaient bien habillées. Dans le grenier, il y avait plein de linge. C'était effrayant la quantité de linge que j'avais reçu après le feu. J'aurais pu m'ouvrir un magasin.

Germaine Dubreuil

Mon père m'avait dit une fois: *"J'trouve que tu t'débrouilles ben tout seule, ma p'tite Germaine."* C'est vrai que je m'organisais bien. Ma maison était payée, je n'avais pas d'auto et je faisais attention aux dépenses. J'étais économe. Je crois que j'avais pris un coup de maturité. Il faut dire que j'étais au début de ma trentaine. J'allais avec Joffre et Simone faire mon marché à Saint-Jean, au *Spot*. Quand je faisais une commande de dix dollars par semaine, c'en était une grosse, pour l'époque. On manquait de rien, surtout pas de quoi manger, ah non!

Pour les devoirs et les leçons de mes enfants, au début, je m'en occupais beaucoup, surtout les trois premiers: Réal, Ghislaine et Nicole qui allaient tous à l'école du rang. Plus tard, Nicole s'occupa des plus jeunes. Elle aimait ça jouer au professeur. Alors je la laissais faire. Je ne le regrette pas, sachant ce qu'elle est devenue aujourd'hui.

Je jouais beaucoup avec les enfants. L'été, on s'organisait des parties de baseball. Monique Poisson venait jouer avec nous autres. Elle avait, à l'époque, treize ou quatorze ans. Yvan, son frère venait lui aussi avec son *bicycle à gaz*. Il aimait rire et jouer mais on n'aimait pas bien ça quand il jouait au baseball avec nous autres car on trouvait qu'il frappait la balle trop fort.

Je connaissais bien quelques membres de la famille Poisson. On se rencontrait tous chez Joffre Lamarche. C'était le point de ralliement. Joffre avait une épicerie, un téléphone et une télévision. On se voyait là puis on se ramassait en *gang* chez nous. On avait beaucoup de plaisir. Le dimanche, les enfants aimaient aller à la messe. Comme je n'avais pas de voiture, ils se mettaient au chemin, tout endimanchés et ils attendaient que quelqu'un qu'on connaissait les ramasse en passant. Des fois c'était Joffre et sa femme. Ils montaient tous à l'arrière du camion. Ils trouvaient ça bien plaisant. Des fois c'était René quand il y avait de la place, car il ramassait aussi monsieur et madame Dextraze.

Un peu plus tard, les enfants ont embarqué plus souvent avec René quand ses filles ne furent plus à la maison. Il n'y avait plus que Serge et il avait son auto. Quand il passait, les enfants lui faisaient *aller la main* et il s'arrêtait toujours.

L'hiver suivant, René Poisson était venu me faire un escalier neuf, tout à fait gratuitement, comme il me l'avait déjà promis. René était très connu et respecté à Saint-Grégoire. Il m'avait demandé de sortir avec lui et m'avait dit: " *Si on s'adonne ben ensemble, on pourrait s'marier.*" Je lui avais sèchement répondu. *"Jamais! J'ai trop d'enfants pour me remarier. Ça ne marchera pas.*"

On a continué à se voir à cause des amis qu'on avait en commun. Une fois par semaine, j'allais regarder la lutte à la télévision chez Joffre Lamarche et tout le monde était là. René faisait beaucoup de farces, toujours bien placées. Mes amis me faisaient souvent *étriver* et je leur disais: *"Il est ben trop vieux pour moi.*" René ne lâchait pas prise et me faisait souvent rire. Le rire, pour moi, surtout à cette époque, me faisait réellement du bien. J'ai commencé à le regarder autrement. Il m'intéressait. En plus, je le trouvais pas mal beau.

Ce qui devait arriver, arriva. Un beau soir, lors d'une veillée d'élections chez les Lamarche, il m'a demandé pour danser et m'a par la suite offert d'aller me reconduire à la maison. J'ai accepté. Rendu devant ma porte, il m'a embrassée. J'ai su dès cet instant que je passerais une partie de ma vie avec lui. C'est ce qui est arrivé. J'étais amoureuse comme une petite fille de quinze ans.

Nous sommes sortis un an et demi ensemble. Quand il venait me voir le samedi (le dimanche il se reposait), il trouvait que mes enfants étaient bien élevés. Mes deux plus jeunes, Sylvie et Luc, se faisaient souvent prendre par lui. René faisait déjà parti de la famille et mes enfants l'aimaient bien. Quand il arrivait, il amenait toujours quelque chose: une barre de chocolat, des bonbons ou de la liqueur. Il était attendu, croyez-moi.

On a commencé à parler mariage puis on a fixé une date, moi qui m'étais pourtant promis que jamais je ne me remarierais. Je l'avais dit à mes enfants mais pas à mes beaux-frères et à mes belles-soeurs car j'avais peur qu'ils me jouent des tours pendables. Je voulais être tranquille cette journée-là. Par contre, mon père, ma mère et mes soeurs le savaient.

Pas un seul des enfants de René était au courant du mariage de leur père, à part Serge. Il n'avait pas cru bon leur dire. René m'avait demandé de renseigner ses enfants mais j'ai refusé, prétextant que ce n'était pas à moi de le faire mais bien à lui. Il semble qu'il n'ait pas été capable de se confier à eux. Je ne sais pas trop pourquoi.

Nous nous sommes mariés le 18 mai, 1957 à sept heures du matin et il faisait beau. Mes parents étaient arrivés la veille et m'avaient demandé d'arrêter chez le curé du village car ils voulaient des renseignements sur mon mari. Monsieur le curé Dupuis était ami avec René et il a dit à mes parents:*"Votre fille marie la crème de Saint-Grégoire."* Maman n'en demandait pas plus et par la suite elle a toujours aimé mon mari. Elle l'appelait parfois: *"Mon cher René."* Elle l'aimait moins quand elle jouait aux cartes avec lui car il avait tendance à tricher. Alors elle se fâchait noir. Ma mère n'était pas bonne perdante.

Quand j'ai épousé René, il gagnait déjà plus de trente-cinq dollars par semaine, ce qui était beaucoup à l'époque. Une semaine plus tard, il a eu une augmentation de son patron, Roger Tétreault et passa à quarante-cinq dollars. Mon nouveau mari était un déménageur de maisons et un cultivateur. Je vous le dis qu'il travaillait fort. Il était fier d'être déménageur et parlait assez souvent de son emploi. Des fois, quand on passait devant une maison, il disait: *"C'é moé qui a déménagé c'te maison là..èta dans l'rang double avant"* Il levait la tête avec fierté.

Le jour du mariage, je me suis levée de bonne heure. Je n'étais pas en forme car j'avais laissé mon lit à mes parents. Je m'étais couchée en haut avec les enfants. Je pense que je n'avais pas dormi de la nuit. Je me posais beaucoup de questions et j'avais bien peur de m'être trompée. S'il fallait que mes enfants en souffrent.

René et son père étaient arrivés à six heures et demie, le matin du mariage. Quand j'ai vu René débarquer avec son père, j'ai trouvé qu'il avait l'air bien vieux. Il s'était acheté un habit neuf mais il était trop grand pour lui et ça ne lui faisait pas bien. Je n'étais pas très gaie. En arrivant, il m'a dit: *" J'marie la plus belle femme de Saint-Grégoire. "*

J'avais fait la moue et ma bonne humeur ne m'était revenue qu'à la table, après la cérémonie. René avait invité le curé à venir manger avec nous. Ce dernier, le vin aidant, s'était mis à raconter des histoires et René faisait des farces. Nous avions bien ri. Dans l'après-midi, nous avions fait visiter la ferme à mes parents et ils avaient apprécié. Nous étions revenus faire le souper aux enfants et nous étions repartis à la ferme, laissant les enfants seuls. René était allé faire le train avec son fils Serge. Je me vois encore, assise dans le salon, devant la télé, mais je ne la voyais pas car je pleurais à grosses larmes. Je me sentais seule. J'aurais aimé que mon mari me dise: *"On va aller les chercher tes enfants. Tout de suite, à part de ça."* J'aurais pu le lui demander. Pourquoi j'attendais qu'il me le demande?

Aujourd'hui, quand j'y pense, je trouve que j'ai été sans coeur de laisser mes enfants seuls. Par chance, ils étaient déjà bien responsables. Ce n'est que le lundi qu'on était allé les chercher. Ils étaient bien contents et moi aussi. Nous nous étions ennuyés. La veille, j'avais ramené ma petite Sylvie. Elle avait couché seule dans le lit de Monique Poisson, en haut. Elle n'avait pas dit un mot. Il y avait une poupée de chiffon accrochée après la poignée de porte de la chambre et je la lui avais donnée. Je l'avais embrassée très fort, l'avait *bordée et* elle s'était endormie aussitôt. J'aurais dû ramener tous mes enfants en même temps. Je n'ai jamais pu vivre sans mes enfants à mes côtés.

Le lendemain de notre mariage, nous avions été invités chez ma soeur, Thérèse. Elle nous avait préparé un bon repas. Toute ma famille y était et je reçus plein de cadeaux. En revenant, j'avais fait le souper aux enfants et j'étais retournée coucher chez René, en laissant encore les enfants seuls. J'avais soupé avec les enfants de René. Là, je leur avais dit: *"J'veux pas être une belle-mère, pour vous autres. J'veux juste être une amie. Vous m'appellerez Germaine."* C'est à ce moment que Monique appris que son père venait de se marier. Elle était montée dans sa chambre et avait fait ses bagages. Dans le temps, elle passait les fins de semaine chez son père et faisait son ménage. La semaine, elle demeurait avec ses soeurs à Saint-Jean. En fait, elle prenait la peine de venir aider son père les fins de semaine et qu'avait-elle en échange? Son silence!

L'espoir renaît de ses cendres

Elle avait appelé Gilles qui était venu la chercher immédiatement. Paraît qu'elle avait pleuré tout le long en s'en allant. Pauvre petite Monique! Elle était très déçue que son père agisse de la sorte. C'était comme si elle n'existait pas pour lui. Plus tard, elle m'a confié que tout le monde dans la famille était content que René se remarie. *"On pouvait enfin aller vous visiter."* m'avait-elle dit.

Au début de mon mariage, je n'ai pas vraiment senti que les enfants de René m'aimaient ou m'appréciaient. Je pensais: *"Ils font semblant."* J'ai compris plusieurs années plus tard qu'ils avaient de la difficulté à exprimer leurs émotions. Les enfants de René ont toujours été bons avec moi. Aujourd'hui, je sais qu'ils m'aiment. Je le sens. C'est écrit sur leur visage. Je les aime tout autant. Ils m'ont tous dit qu'ils avaient été chanceux de m'avoir dans leur famille. Ils me le disent encore. Quand ils venaient le dimanche ou les jours de fête, ils étaient contents. Leur père parlait plus, faisait des farces. Il était plus conscient qu'il avait des enfants. Il semblait plus à l'aise avec eux.

Mes enfants aussi étaient contents de déménager, d'aller dans une nouvelle maison. Je les avais amenés voir la maison et ils en étaient revenus enchantés. Il y avait une télévision et un téléphone, rien de moins. Nous, on n'en n'avait pas. On entrait tous dans une nouvelle ère moderne.

En arrivant dans leur nouvelle demeure, les enfants s'étaient mis à courir partout dans la maison pour se choisir une chambre. Je les avais tranquillisés un peu. Au début, Réal passait l'été chez sa grand-mère Bousquet à Roxton Falls. Puis, il avait été en pension à Saint-Césaire. Le curé, Dupuis, m'avait aidée à le placer là. Réal n'était pas très bon à l'école et il n'avait pas des notes assez fortes. Le collège ne voulait pas le prendre. Le curé a insisté et a fait accroire au directeur que Réal voulait devenir frère.

Germaine Dubreuil

Comme vous le savez, Réal est devenu le frère de Luc Ah! Ah! Ah!

Après une année au collège, il n'avait pas pu continuer. Les frères m'avaient dit: *"Il n'a pas la vocation, votre fils."* Je m'en doutais un peu, mais je voulais le faire éduquer et c'était le seul moyen que j'avais à ma disposition. Fallait qu'il soit pensionnaire. J'étais très déçue. C'était l'aîné et j'étais capable de le faire instruire à ce moment- là. J'allais le voir le dimanche et je lui apportais des choses. Je le trouvais bien beau dans son costume de collège. Il venait l'été, mais souvent il travaillait.

À un moment donné trois de mes enfants furent pensionnaires. Louise, Nicole et Ghislaine. Il fallait que je les prépare pour septembre. Ghislaine allait à Brigham, à l'école d'économie domestique. Nicole était au couvent de Saint-Hyacinthe. Louise allait à Saint-Hyacinthe et alla ensuite à Granby. Ensuite Marjo était restée deux ans pensionnaire à Iberville et Odette un an. Dans le temps, si on voulait faire instruire nos enfants, on n'avait pas d'autres choix. Ça coûtait cher mais jamais je n'ai demandé un cent à René. Je faisais de la couture et je prenais l'argent qui me venait de la vente de ma maison.

J'avais vendu ma maison deux mille cinq cents dollars à Manon Lamarche. Avec le cinq pour cent d'intérêt que je lui chargeais, la maison lui revint à quatre mille deux cents dollars. Elle était supposée m'apporter deux cents dollars en argent sonnant lorsque nous étions pour passer chez le notaire, mais elle m'avait dit: *"J'peux pas te donner c'que tu m'mandes,"* Je lui avais répondu: *"c'est pas grave. Tu me paieras vingt-cinq dollars par mois."* Elle avait accepté et m'a tout remis. À l'époque, ça coûtait vingt-cinq dollars par mois pour deux pensionnaires. Thérèse payait pour Nicole. Du temps de Marjo et d'Odette, ça coûtait un peu plus cher trente-cinq dollars. Puis, les plus vieilles ont commencé à travailler et me donnaient chacune vingt-cinq dollars par mois. Je prenais cet argent pour les autres pensionnaires plus jeunes. Ghislaine m'a payée pendant deux ans.

Toutes mes filles ont fait ça, sauf Odette qui ne voulait pas toujours: *"C'est l'temps des Fêtes, là, maman, laisse-moi l'argent pour ce mois-ci,"* qu'elle me disait. Ou: *"C'est fête. Faut que j'achète des cadeaux."* Je lui disais: *"Ben oui, ben oui, c'est correct en soupirant."*

Je ne voulais pas que René paie pour les études de mes enfants. Je pensais que tôt ou tard, ses propres enfants allaient me le reprocher. René n'a jamais payé pour les études de ses enfants. À un moment donné, une de ses filles m'a dit: *"Profitez-en. Notre père n'a jamais payé pour nous autres."* J'avais déjà ma réponse toute prête. Je l'attendais. René n'a jamais payé, pas à cause qu'il n'avait pas les moyens, il avait toujours plein d'argent dans son portefeuille. Peut-être qu'il ne le voulait pas ou qu'il ne trouvait pas ça important les études?

Denise et Monique sont allées à la petite école et c'est tout. Pour se faire instruire, fallait être pensionnaire. Il n'y avait pas d'autres façons de se faire instruire. René n'a pas cru bon investir là-dedans. Yvan s'est lui-même payé des études en électricité et Serge a fait pareil en apprenant la soudure. Ils se sont débrouillés tout seuls.

Sur la ferme, le travail m'attendait mais ça ne me faisait pas peur. Je me sentais en forme. René travaillait beaucoup lui aussi. Il était en santé malgré qu'il soit plus âgé que moi. En arrivant, je me suis mise à peinturer partout, toute seule. J'ai peint la chambre de mes filles rose avec les bureaux blancs. La chambre de Serge est devenue verte et la grande, bleue. *C'étaient les couleurs de ma jeunesse.*

Quand j'arrivai, je fis tout un bouleversement. J'me demande comment ça se fait que René m'ait laissé faire. Il n'a jamais dit un mot. Je faisais ce que je voulais. J'ai sorti le set de chambre de René qui était plus beau que le mien pourtant. J'ai monté tout ça en haut. J'ai coupé la vanité en deux. Je l'ai scié en plein milieu et j'en ai fait deux tables de chevet. Je me suis débarrassée du miroir.

Quand je pense à ça aujourd'hui, oser enlever son lit, bien plus beau que le mien, c'était arrogant. Le lit faisait comme un rond à l'avant, mais je voulais absolument mettre mon set de chambre et c'est ce que j'ai fait. J'entrais dans la vie de René par la grande porte. Quand il entra, il s'aperçut que son set de chambre avait disparu. Il n'avait rien dit. Le soir même, il prit le tracteur et une voiture et alla chercher le mien et l'installa dans notre chambre. J'étais contente parce qu'enfin, j'allais pouvoir dormir sur un matelas pas mal plus dur que son matelas de plumes. Au cas où, je l'avais laissé sous le lit. En fait, je m'en suis débarrassé d'une façon élégante car René tenait à son lit de plumes. Il ne me l'a jamais redemandé.

René a travaillé lui aussi. Il a tout rénové le salon et il a fait des armoires dans la cuisine. Je vous dis qu'il était fier de ses armoires! Il les montrait à tout le monde. Il a changé le prélart et a décapé les poutres du salon pour ensuite les vernir. J'ai mis mon beau set de cuisine chromé que j'avais fait venir de Sears. Pour le salon, j'ai acheté un beau fauteuil brun moderne en plastique. René avait une superbe table de cuisine antique, quelque chose de vraiment exceptionnel. J'ai coupé les pattes parce que je la trouvais trop haute. Les bureaux, je les trouvais aussi trop hauts, je leur ai coupé les pattes aussi. Le beau lit de grand-père

L'espoir renaît de ses cendres

Poisson, je l'ai mis dans la shed. Le set de salon, je l'ai sorti dehors, dans la petite cabane des enfants. Il a pourri là. Le set de chambre de René, je l'ai peinturé et je l'ai mis en haut. J'ai fait tout un ménage.

On était en 1957 et c'était ça la modernité. Tout le monde faisait comme nous. On suivait la mode. À la télévision, on nous montrait comment transformer de vieux meubles en quelque chose de moderne. On a défait toutes nos antiquités. Jamais René ne m'a reproché quoi que ce soit. Il avait l'air plutôt content. Tous les meubles que j'ai achetés à cette époque, c'est moi qui les ai payés. Quand je me suis mariée, j'avais réussi à me ramasser mille dollars. Avec cet argent, j'ai tout chambardé dans la maison. J'arrivais et je n'allais pas passer inaperçue. Après avoir fait tout ça, le dimanche je m'ennuyais beaucoup. Pendant la première année de notre mariage, je trouvais ça très dur de ne jamais sortir le dimanche. Souvent, je pleurais. Je me disais: *"Les autres sortent et vont à La Baie Missisquoi, l'été. Nous, on fait jamais rien."* Avec Auray, on sortait tout le temps le dimanche. Veuve, je ne sortais pas parce que je n'avais pas d'auto. René avait une auto. Je ne comprenais pas qu'on reste à la maison à rien faire. J'ai toujours pensé que c'était une perte de temps de se coucher l'après-midi.

J'ai fait un grand jardin et beaucoup de cannages. De la couture aussi pour tous mes enfants. Lorsque je me couchais, le soir, je tombais de fatigue et je trouvais que le matin venait trop vite. Je me sentais tellement en forme! J'ai fait bien plus que ce qu'on me demandait. Je n'étais pas obligée d'aller traire les vaches mais j'y allais quand même. René ne voulait pas que j'y aille. Il me disait: *"ma première femme est pas allée. J'vois pas pourquoi tu irais, toé."* Les fins de semaine on reçevait beaucoup de visite et je faisais beaucoup à manger.

Germaine Dubreuil

Malgré tout ce travail, nous avions quand même une vie sociale car René était conseiller municipal. Il était souvent invité à des soupers et à des veillées. Je me rappelle qu'on n'était pas aussitôt arrivés qu'on nous *entraînait*. René était bien drôle et de bonne compagnie. Il y avait toujours de la danse et nous dansions beaucoup tous les deux. Ces veillées nous défoulaient. Bien sûr, c'était au début de notre mariage. Il me courtisait encore. Et quand je devins un meuble qui faisait partie de la maison, René se mit à danser avec sa vieille chaise berçante.

Mon mari ne chialait jamais. Il n'aimait pas la chicane. S'il y avait quelque chose qu'il n'aimait pas, il n'en parlait pas. Ça me stressait beaucoup. Je me demandais ce que j'avais fait qu'il n'avait pas aimé. Je me sentais responsable de toutes ses émotions. Des fois je lui demandais: *"Qu'est ce que j'ai fait? Pourquoi tu ne me parles pas?"* Il me répondait: des choses comme: *"C'est l'maudit tracteur"* ou *"Y va pleuvoir à soir, maudite affaire."* Je lui disais: *"ça ne me regarde pas ça, moi."* Des fois, quand je lui parlais, il me répondait bêtement. Je n'aimais pas ça. Je lui disais: *"Qu'est ce que je peux faire?"* Une fois il m'a répondu: *"Dans c'temps là, parle-moé pas."*

J'ai mis des années à comprendre que je devais laisser à l'autre ce qui lui appartenait. Quel gaspillage! Tout ce temps que nous avions perdu à nous fabriquer de faux problèmes, alors que notre temps était compté et si court. Avec les années, je me suis aperçue que j'avais beaucoup appris de René: les vraies valeurs de la vie, l'importance des choses. La vie est plus simple qu'on ne le croit: vivre avec ce qu'on a et s'en contenter. René était content de ce qu'il avait. En ce temps-là, j'en voulais toujours plus.

J'aimais beaucoup mon mari malgré les hauts et les

bas de la vie et je crois bien que lui aussi m'aimait. En tout cas, il me le disait. Il m'a fait confiance dès le début, le portefeuille toujours dans le tiroir avec beaucoup d'argent dedans. Il savait que je n'ambitionnerais jamais sur lui et que je le respectais. Il n'était pas jaloux non plus, ni possessif. Jamais il ne me posait de questions. J'étais bien avec lui car je pouvais prendre les choses en mains. Je signais même les chèques de *beurrerie* pour les changer. Tout le temps qu'il a travaillé, ça été comme ça mais les choses devaient changer après sa retraite car il avait peur de manquer d'argent et de l'argent déjà placé ne se touchait plus.

Au début, Luc, cherchait souvent à se rapprocher de René mais il l'envoyait du revers de la main. Il lui disait: *"Va jouer ailleurs! Va t'en ailleurs!"* Le petit Luc s'éloignait, l'air piteux. Il a essayé plusieurs fois de se rapprocher de son nouveau père, mais il a fini par y renoncer. La guerre a commencé et elle s'est poursuivie jusqu'à ce que Luc quitte la maison. Des fois, je posais la question à René: *"Pourquoi tu l'aimes pas Luc?"* Il n'était pas capable de répondre à cette question. Une fois il m'a dit: *"C't'un Bousquet."* Là j'ai su qu'il était probablement jaloux. Je lui avais souvent parlé d'Auray, comment il était. Il agissait de la même façon avec Réal. C'était un Bousquet lui aussi, même qu'une fois il a dit: *"C'est toute une gang de fous les Bousquet."* Pourtant, il ne se comportait pas de la même façon avec mes filles, surtout Sylvie, la dernière. Il avait l'air de la considérer comme sa propre fille. Quand il arrivait de travailler le soir, il apportait toujours quelque chose, comme au début quand on sortait ensemble. Sylvie allait à sa rencontre, fouillait dans ses poches. Elle était heureuse. Souvent, elle y découvrait du chocolat ou des bonbons.

Il faut dire que Sylvie plaisait à tout le monde. Elle

était une petite fille fine et pleine d'énergie. Les deux
familles l'aimaient beaucoup et la gâtaient. Tout le monde
trouvait drôle ce qu'elle disait. Elle était comme le trait
d'union entre les deux familles. Serge aussi l'aimait bien.
Elle se faisait prendre par lui. Il lui apportait souvent des
surprises comme le faisait son père. C'était rare que Serge
démontrait vraiment de l'affection pour quelqu'un. Sylvie
s'était aussi fait prendre et cajoler par grand-père Poisson.
J'ai tout de suite aimé mon beau-père. Je trouvais qu'il était
juste et bon. Il aimait autant Luc que Sylvie.

Quand il arrivait à la maison, il ramenait toujours
quelque chose aux enfants. Il cachait des bonbons ou du
chocolat dans ses poches et il faisait semblant de rien: *"Ah,
Comment ça s'fait qu'j'ai ça dans mes poches?"* Les
enfants l'aimaient, pas juste parce qu'il les gâtaient, mais
aussi parce qu'il était drôle et de bonne compagnie. Quand
Sylvie et Luc voyaient un petit point noir au bout du
sixième rang, ils savaient tout de suite que c'était leur
grand-père qui s'en venait. Alors ils partaient tous les deux
à sa rencontre. Ils étaient vraiment contents de le voir
arriver. À la maison, j'étais souvent obligée de leur dire:
"Lâchez-le votre grand-père. Il est fatigué." Lui de
répondre:*"Ben non, ben non! Laissez-lé faire."* Bien
entendu, les enfants ne s'en privaient pas.

Le pauvre Joseph, mon beau-père, partait de Saint-
Jean en autobus et aboutissait à Saint-Alexandre, au bout du
sixième rang. Il ne demandait jamais rien à personne. Il
marchait jusqu'à la maison, ce qui équivalait à peu près à
sept ou huit kilomètres. Le dimanche, il repartait comme il
était venu. Pas achalant pour deux cents. Un bon grand-
père! Luc, je crois, l'a bien aimé. Il avait tellement besoin
d'un père.

Je crois que c'est ma fille Marjolaine, qui s'est

le mieux sentie à la campagne. Elle a aimé vivre sur une ferme. C'est elle aussi qui a le mieux accepté mon remariage. Sur la terre, il y avait toutes sortes d'animaux et Marjolaine a toujours adoré les animaux. Je me souviens qu'elle aimait venir cueillir des petites fraises des champs avec moi. Je me revoie avec elle. Quand je trouvais une *talle*, je l'appelais et elle faisait pareil. Nous étions heureuses toutes les deux quand nous revenions avec nos plats pleins. Ce sont des moments du passé que j'aimerais tant revivre. Des moments simples, pas compliqués.

Yvan Poisson était aussi très attendu par les enfants. Quand il arrivait à la maison, il était toujours le bienvenu *(peut-être pas par son père, qui, on aurait dit, le boudait)*. Yvan était toujours en farces et il faisait rire tout le monde. Ça faisait du bien quand il était parmi nous. On le considérait comme un genre d'aventurier flegmatique au sourire dévastateur. Longtemps, il était allé travailler à l'extérieur du pays. Il était allé en Californie et à d'autres endroits aux États-Unis. Il avait même travaillé un certain temps à Sept-Iles. Quand il se pointait à la maison, c'était pour nous, comme une sorte de *survenant*. Il apportait avec lui le mystère. Quand il était à la maison, le quotidien prenait le *bord*. Ça nous faisait du bien à tous.

Quand nous avons décidé d'avoir un enfant, c'était pour consolider la famille, comme pour sceller un accord entre la famille de René et la mienne. Je trouvais cela important. Ça faisait trois ans qu'on vivait ensemble et qu'on était bien tous les deux. On s'aimait de plus en plus. On voulait souder les liens qui nous unissaient. Un goût de femme. On est comme ça, nous, les femmes quand on est bien avec un homme. Ma grossesse s'est passée assez bien, excepté le dernier mois où le bébé me poussait sur le foie. J'avais mal et je m'allongeais souvent. J'étais mieux dans cette position. Jules était grand et moi je ne suis pas grande de taille. On aurait dit qu'il était trop à l'étroit dans mon ventre.

Je vous raconte une drôle d'anecdote: René travaillait dans la cour de Roger Tétreault, en face de l'Église. Il vit le curé Dupuis qui se préparait à faire ses visites de paroisse. Il vit René de l'autre côté de la rue et lui lança aussitôt: *"J'm'en vas visiter ta femme, René."* René qui avait le sens de la répartie lui avait répondu sans hésiter: *"Ça tombe mal, est déjà en balloune."*

À mon accouchement, René était bien énervé. Il se promenait de bord en bord de la chambre d'hôpital. Il disait sans arrêt: *"Y fait chaud icitte."* Il n'arrêtait pas de s'énerver. Il avait l'air à trouver le temps long. À un moment donné, je lui ai dit: *"Va-t-en donc! Tu me déranges dans mon travail. Va-t-en chez vous!"* Vers dix heures, il était parti et je lui donnai le message suivant: *"J'vais t'appeler pour te donner des nouvelles."* Jules naquît vers une heure du matin. Je dormis un peu et le lendemain, très tôt, j'appelai René. Il était bien content. Au téléphone, il me dit: *"J'suis ben content d'avoir un garçon."* Il vint me voir tout de suite après.

L'accouchement avait été facile. Je partageais une chambre avec une autre. Je faisais mes respirations et l'autre femme me disait: *" Moi, j'crois pas à ça."* Je m'étais dit: *"Fais comme tu veux, m'a faire à ma tête."* Il ne fallait pas que rien ne me dérange. Pour moi, un accouchement, c'était un travail. Je voulais que ce soit bien fait. Fallait pas me déranger car ça me retardait. Aux deux fois, (à la naissance de Jules puis de Bruno) j'ai renvoyé René. Il disait: *"Mon ex-femme, c'était pas aussi long qu'ça"* Je lui répondais: *"Ton ex-femme, c'est ton ex-femme, pis moé, c'est moé."*

Quand cet enfant est arrivé, nous étions très fiers

d'autant plus qu'il était parfait. Une crainte s'était installée en moi vu l'âge de mon mari et le mien mais le bébé était beau, bien fait et intelligent. Jules est né le 3 février, 1960 à l'hôpital de Saint-Jean. L'accouchement en fin de compte, fut facile, comme je l'ai déjà dit. De retour à la maison, une chance que Ghislaine était là pour m'aider, car bébé Jules n'était pas un grand dormeur. Il n'était bien que lorsqu'il était près de moi. C'est comme ça qu'il a pris de bien mauvaises habitudes, car jusqu'à l'âge de quatre ans, il voulait toujours coucher avec nous. J'ai arrêté ça quand Bruno est né.

J'ai appelé mon petit garçon Jules à cause d'un juge à Saint-Jean qui s'appelait Jules Poisson. Je trouvais que ce prénom était beau et qu'il allait bien à mon bébé. Au début, j'ai voulu l'appeler Bruno, mais j'ai changé d'idée par la suite. Après la naissance de Jules, j'ai pris la pilule qui arrivait sur le marché. Elle était forte et j'avais souvent bien mal aux jambes. À un moment donné, je l'ai lâchée et, comme de raison, je suis tombée enceinte. Quand Bruno est né, j'avais 42 ans. Il était aussi parfait que le premier.

Je n'avais pas fait exprès de tomber enceinte. À quatre mois et demi de grossesse, j'ai cru que je le perdais. Un gros frisson s'était emparé de moi et dans mon ventre, il y a eu un bouleversement et j'ai dit à René que le bébé ne bougeait plus. Nous avons pleuré tous les deux croyant que notre bébé avait cessé de vivre. Tout à coup j'ai senti du mouvement dans mon ventre et nous nous sommes mis à rire car déjà nous l'aimions.

J'ai trouvé les derniers mois de la grossesse extrêmement difficiles. J'avais mal partout, au dos, aux côtes. Il fallait que je me repose et j'avais tant d'ouvrage! L'accouchement fut facile malgré la peur qui me rongeait. Le médecin m'avertit que le bébé arriverait probablement par les pieds, mais à la dernière heure, il s'est retourné et est sorti normalement *(du Bruno tout craché)*. René était content mais il m'a dit: *"Si t'avais eu ta fille. Moi, j'ai mon garçon."* Pour moi, un garçon ou une fille, ça ne me dérangeait pas, pourvu que le bébé soit en santé. Sur la ferme, les deux garçons ont suivi très jeunes leur père. Je trouvais René très patient avec eux. Ces deux petits garçons que nous avons eu sur le tard nous ont apporté beaucoup d'agréments. Nous étions flexibles et René était plutôt genre grand-père avec eux.

À l'âge de deux ans, Bruno a fait une pneumonie puis le croup. Il avait beaucoup maigri. Le médecin était venu et m'avait conseillé de l'envoyer tout de suite à l'hôpital. J'ai dit: *"Ah non, il va être trop traumatisé. S'il y a quelque chose à faire, j'vais le faire ici."* Bruno n'était pas facile avec les étrangers, Jules non plus. Ils ne voulaient jamais se faire garder. Je ne voyais pas du tout Bruno à l'hôpital, seul avec des étrangers. *"Il va empirer sa situation"* que je me disais. Alors je l'ai gardé à la maison et le médecin m'avait dit quoi faire. J'ai suivi ses conseils. J'ai mis une couverture au-dessus de sa couchette et je lui envoyais de la vapeur. J'ai eu bien peur de le perdre. Il avait des médicaments à prendre. J'ai attendu au lendemain pour savoir si j'allais le garder ou l'envoyer tout de même à l'hôpital, mais son état s'était amélioré et il respirait déjà mieux. Je l'ai alors gardé à la maison. J'étais soulagée et Bruno a vite récupéré. Il a toujours été en excellente santé par la suite.

René aimait bien m'agacer et moi je *marchais* toujours. Je devais être bien naïve. C'est comme l'histoire de la tarte aux bleuets. Vous savez très bien que ce n'est pas mon genre de jeter une tarte aux bleuets au chien. Je faisais des tartes et il n'y en avait jamais assez. C'était le boulanger qui avait jeté au chien des tartes aux bleuets qui étaient moisies.

Sylvie et moi, étions en train de laver le plancher de la cuisine d'été. On était toutes les deux à genoux. Quand on lavait le plancher et que quelqu'un arrivait, on n'aimait pas ça et on l'engueulait comme du poisson pourri. René n'enlevait jamais ses bottes quand il entrait dans la maison et il faisait de méchantes pistes. Sur l'entrefait, il entre et dit aussitôt: *"Vous devriez pas jeter vos tartes aux bleuets devant la porte, ça attire les mouches."* Je me lève et me fâche. Sylvie doit s'en rappeler. J'ai dit à René: *"J'vais t'montrer si j'jette mes tartes aux bleuets. J'en fais et j'en ai jamais assez. C'est l'boulanger qui a jeté ça là. Sors d'icitte, pis vite. On est en train de laver le plancher, à part de ça. Viens pas mettre tes traces partout."* Il était sorti et vite à part ça!

Comme Jeanne et Lucien arrivaient, René a ouvert un peu la porte et il s'est montré. Il a dit, en se moquant: *"J'sais pas si j'ai l'droit d'entrer dans maison. J'sais pas si j'vas être capable. La bonne femme ne veut pas. Hi! Hi! Hi!"* Il avait l'air *haïssable,* le maudit. Alors il est entré et a tout raconté à Lucien et à Jeanne. Il trouvait ça bien drôle ces affaires-là. Il leur a dit qu'il avait été aux bleuets la veille qu'il avait travaillé très fort et que le lendemain il avait trouvé une tarte aux bleuets à terre. Lucien a bien ri. Tous les ans, quand on se voyait, Lucien, Jeanne et nous, René racontait toujours cette histoire et la rallongeait à chaque fois. En dernier, ça n'avait plus d'allure et chaque fois qu'il la racontait, je me choquais. L'orgueil, je ne sais pas. Il racontait cette histoire et les autres le croyaient, sauf Lucien qui en mettait pas mal aussi. René s'amusait beaucoup avec ces petites choses, mais je n'étais pas bien patiente avec lui. Je n'étais pas diplomate, non plus. J'le sais aujourd'hui. René me faisait fâcher, il aimait ça.

Je me souviens d'une fois où il s'était fâché lui

aussi. Par la suite, il a raconté cette histoire au moins une centaine de fois, en riant. René avait acheté un vieux tracteur de Yves Lamarche. Il avait décidé de poser un moteur. Son père était à la maison. Il fallait vérifier le feu du nouveau moteur que René avait déjà installé. J'étais assise sur le tracteur et grand-père Poisson était sur l'autre, un Ford, le tracteur gris qui me faisait face. René disait à son père: *"Avancez!"* Quand il comprenait, il reculait, ce qui me faisait avancer parce que j'étais liée au tracteur gris par une chaîne. Alors René *"checkait"* le feu.

Il était juste à côté de mon tracteur. Des fois, je lui passais sur les pieds. Il ne disait rien mais il me regardait de travers. Il criait après son père: *"O.K, arrêtez, arrêtez,"* mais grand-père continuait car il était sourd. René ne savait plus où donner de la tête. Alors il a dit en riant: *"Bon ben, c'est correct, on va arrêter ça. Avec une sans dessein et un sourd, on f'ra jamais rien d'bon."* J'étais fâchée, humiliée. J'ai débarqué du tracteur et j'ai dit: *"Regarde ben ce tracteur là, jamais je n'embarquerai une autre fois là-dessus."* Je n'ai jamais plus conduit de tracteur et jamais il n'a osé me le demander, mais il a conté ça à tout le monde. Il a bien ri et chaque fois, je me fâchais.

J'aimais ça vivre sur une terre. J'ai toujours aimé la terre. Cependant, je n'aimais pas la façon dont René traitait les animaux. Il n'avait pas de patience avec eux. Je ne trouvais pas que c'était une bonne façon. J'étais habituée à bien traiter mes animaux. Mon père m'avait montré le respect. Mon père aimait la terre mais pas René. Faire quelque chose qu'on déteste pendant plus de quarante ans, ça doit finir par tomber sur les nerfs et influencer les humeurs.

Un jour, René m'a avoué qu'il n'avait jamais aimé la terre. Il m'a dit: *"Moi, j'aurais aimé faire un mécanicien*

mais mon père m'a acheté une terre. J'ai jamais aimé ça"
À l'époque, il avait soixante-dix ans. Je lui ai dit: *"Si on veut se reposer et vivre un peu, faudra qu'on pense à vendre."* C'est moi qui en ai parlé la première. On a décidé de mettre la terre en vente. Ça lui a fait beaucoup de peine de partir de là. Il faisait pitié la journée du déménagement. Ça faisait quarante-deux ans qu'il y habitait. J'ai eu beaucoup d'aide pour le déménagement. René se tenait à l'écart. Il faisait juste se promener d'un bord et de l'autre, touchait à ceci, à cela. Il était arrivé tout seul à notre nouvelle demeure à Iberville, sur la 15e avenue. Il avait l'air malheureux. Ceux qui avait acheté la terre avait déjà commencé à défaire des choses, dont les fameuses armoires que René aimait tant et dont il était si fier. Ça l'avait humilié: *"Ils auraient dû attendre au moins que j'sois parti,"* avait-il dit. Ses armoires, il les trouvaient encore bien belles.

À chaque fois que j'ai déménagé, j'étais contente de partir. Quand j'ai quitté Iberville pour Saint-Hilaire, tout le monde pensait que j'étais pour pleurer. Mais non, je l'avais décidé et je ne regardais pas en arrière. Jamais je n'ai pleuré pour ça. Je tourne la page facilement. À toutes les places que j'ai fait, ça été comme ça. Même quand j'ai quitté la très belle maison du troisième rang à Iberville pour venir m'installer dans le rang du *Kempft* à Saint-Grégoire dans une maison qui n'était même pas finie, j'étais contente de partir. J'ai toujours aimé le renouveau.

À Iberville, on a trouvé que c'était bien différent. Il n'y avait presque plus rien à faire, mais je me suis quand même occupée. J'ai commencé par garder les deux petites filles de ma voisine mon amie, Jacqueline (*pendant huit ans)* à temps partiel. Au début, Sophie avait trois ans et Amélie, à peine une semaine. Tout de suite, dans cette famille, je me suis sentie à l'aise. Ils m'ont fait confiance et ne m'ont jamais fait de reproches. Sophie était très intelligente et elle parlait comme une grande malgré son jeune âge. Elle m'a souvent fait rire avec ses réponses sensées.

J'appelais affectueusement Amélie mon *bébé rose* car elle avait de belles couleurs aux joues et sur toute la peau. Je me suis vite attachée à elles. Quand il y en avait une qui n'était pas bien, je m'en inquiétais, j'avais de la difficulté à dormir la nuit. Il y a bien longtemps de cela. Les petites viennent encore me visiter et m'appellent *mémée Poisson.* Je suis restée amie avec leur mère. Leur père, qui est malheureusement décédé me disait que j'étais sa seconde mère. Quel bonheur ils m'ont donné et quelle joie quand je revois mes deux *petits enfants!*

J'ai aussi donné des cours de couture, de macramé et de courtepointe. J'ai gardé Marc lorsque Louise s'est séparée. Il s'amenait chez nous après l'école et je le gardais jusqu'à ce que Louise revienne de son travail. Je le trouvais bien jeune pour souffrir. Il aimait ses parents et il voulait les avoir tous les deux. Parfois il me demandait si cela pouvait être possible que ses parents retournent ensemble. J'aurais bien aimé lui faire plaisir et lui répondre *oui*, mais je ne voulais pas lui donner de faux espoirs. Marc était un enfant qui écoutait bien et qui était facile à vivre. J'aime ce garçon et j'y suis attachée. C'est mon petit-fils. *Mais dans mon coeur, il est comme mon fils.*

Je n'avais pas de problèmes avec mes deux autres gars *(ils faisaient leurs mauvais coups sans que je m'en aperçoive).* J'étais contente d'être dans cette maison. Je la trouvais belle. René a continué à travailler à temps partiel, dans le temps des sucres, par exemple, chez les Gladu, il faisait la tire. Il a aussi travaillé pour Tétreault. Par la suite, il s'est mis à décaper des meubles pour les autres. On a fait des bonhommes en pain d'épice ensemble. À un moment donné, il s'est mis à faire des étagères en coin. Il en donnait à tout le monde. Il faisait ça pour faire plaisir. Ça l'occupait. Il semblait heureux, loin de la terre et du travail forcé.

Pendant plusieurs années, j'ai fait beaucoup de choses avec Jacqueline. On magasinait et on suivait des cours ensemble. On était de très bonnes amies. À Saint-Grégoire, j'avais une grande amie, Rita, la plus grande probablement, celle qui m'a le plus touchée, celle qui m'a montré l'humilité et qui m'a fait voir la vie sous un autre angle, la simplicité, le coeur à la bonne place, l'écoute et l'empathie, le non-jugement.

Madame Bellemare

Ça a commencé dans le sixième rang. Quand elle allait à Saint-Jean, elle m'appelait toujours. Elle disait: *"Avez-vous affaire à Saint-Jean? J'y vais."* C'est elle qui faisait toutes les commissions. À partir du marché jusqu'aux pièces mécaniques que son mari voulait obtenir. Elle était fiable. Elle n'était pas n'importe qui. Elle a été ma plus grande amie, une amie sincère! C'était une femme qui ne jugeait jamais. C'était une bonne personne. On s'est toujours tout raconté. On savait que ça allait rester entre nous deux. On se comprenait et c'est encore pareil aujourd'hui, on se comprend toujours. La communication est facile avec elle, enrichissante, fertile, remplie d'émotions et d'authenticité.

On se voit encore au moins deux fois par année. Elle vient avec Roland et on jase ensemble une couple d'heures. Quand elle repart, je la sens encore qui rôde dans la maison. La dernière fois qu'elle est venue me rendre visite, je lui ai dit: *"T'as toujours été ma meilleure amie."* Ses yeux se sont remplis d'eau. Elle était émue. Elle a toujours été sincère et intègre, ce sont pour moi, de très grandes valeurs.

Je crois que l'on s'aimait telles qu'on était. On s'acceptait avec nos défauts et nos qualités. Je la considère comme une soeur. Ça va toujours rester, je pense, comme le soleil ou la lune, comme les étoiles dans le ciel qui sont toujours au rendez-vous. Elle ne va jamais me quitter même quand je ne serai plus là. On va continuer à se voir même lorsque nous serons toutes les deux dans l'Éternité, car l'amitié profonde ne meurt jamais. C'est une femme bien généreuse et bien chaleureuse. Elle est bien spéciale. Elle est chrétienne et ça paraît sur son visage, sur ses actions, sur sa vie. Une vraie chrétienne. Y a pas plus vrai que ça. On devrait tous être comme elle, je pense. Le monde ne s'en porterait que mieux. C'est pas elle qui se vante le plus. L'humilité, elle connaît ça. Jamais elle ne va parler contre les autres. Elle va plutôt essayer de comprendre les choses. Je pense qu'elle ressemble beaucoup à sa mère. Elle était aussi une grande chrétienne. Elle écoute, elle comprend, elle a toujours une réponse à la question. Elle est aussi une artiste, une grande artiste, une âme d'artiste, une belle âme. Elle voit dans la nature des choses que d'autres ne voient pas. Je suis bien contente de l'avoir connue. Elle est très importante dans ma vie. Ce n'est pas rien qu'un nuage qui passe. On a créé des liens très profonds. Elle a la simplicité que d'autres ne possèdent pas. Elle semble toujours calme. Des fois, Roland a l'air de se fâcher. Elle ramène les affaires en parlant doucement comme une petite brise du matin.

Elle est très spéciale.
Ma très grande amie...Rita Bellemare.

L'espoir renaît de ses cendres

Journal

1965 à 1990

Le bonheur m'inspire autant que le chagirn
mais la peine se désagrège plus vite
une fois aplatie sous les mots
Écrire me libère, me fait du bien.

C'est un document très important pour moi qui marque la fin d'une époque et le commencement d'une autre. J'espère que cette lettre va traverser les générations à venir.

Lettre de ma mère
St-Pie, 1 sept, 1965

Chère Germaine et René, Ce matin je suis mieux. Je me dit il faut que j'écrive. Donc, dimanche, j'ai été à la messe et avant que la messe commence, j'ai été obligée de sortir. En arrivant chez nous, je me suis fais chauffer des "assiettes chaudes" pour m'en mettre dans le dos et sur l'estomac. Il faisait froid et il vantait pas mal. C'est ben ennuyant. Il va falloir que j'passe l'hiver à maison. J'ai dit à ton père que: "J'passerais pas l'hiver." Il m'a dit: "Parle pas d'ça, ça me fait pas." Pauvre lui! J'ai ben du chagrin de me voir obligée de le laisser. Des fois, j'assaie de ne pas le faire voir que chu malade mais, il s'en apperçoit car c'est une maladie très souffrante. Je te dis que je manque pas de pilule, aussitôt, l'attaque se passe, mais feront-elles toujours effet? Ça fait cinq ans que Wilma Chaput souffre de cette maladie et aujourd'hui, faut absolument des piqûres, ce n'est pas toujours rose. Une chance que j'ai un bon moral.

147

De toutes les couleurs

Des journées chu ben, je joue aux cartes et d'autres journées j'ai des crises d'angine. Je perds l'espérance. Je suis à faire une neuvaine de rosaires avec ton père pour le soulagement de ma santé. À la volonté du bon Dieu, s'il veut m'exaucer pour rester encore quelques années avec ton père qui tient encore beaucoup à ma vie.

Assez t'ennuyer avec ce sujet! Changeons un peu d'à-propos. Simone m'a téléphoné ce matin me disant que Pierrette se fiançait à Noël et que Claude s'était acheté une maison voisine du chalet de Fernand à la Pointe des Fourches, une maison pas neuve mais bien bonne, grande et assez chaude pour l'hiver. Fernand lui, n'a pas fini la sienne mais dans quelques années d'icitte, ça lui fera une vraie belle maison. Blanche, la soeur de Rhéaune qui a bâti une maison aura celle de Fernand. Plus tard ce chemin débouchera et ça aura une grosse valeur. Venez donc voir ça. Il est là tous les dimanches. C'est pas loin d'icitte. Venez nous prendre et on ira. Partout où j'va j'emporte mes pilules et si ça me prend, avec ça, ça se passe. Des saluts à tous tes enfants, oublie pas mon bon René que nous aimons bien.
De vos parents qui vous oublient pas

Léon, Eva Dubreuil

Excuse l'écriture, réponse et bien entendu tout le reste de la famille se porte bien, Richard travaille à la cannerie, il fait 55$ par semaine ça leur aide. Il s'est acheté un habit, des pantalons pour la semaine après ça, il va aller travailler aux pommes, il ne va plus aux études, il veut plus y aller, il en aura du regret plus tard. Elle l'encourage à y aller. Il dit qu'il a fait application pour s'engager dans l'armée. Il dit qu'il aimerait cela aller à la guerre plus tard.

C'était la dernière lettre de ma mère que j'avais gardée.. sans savoir que c'était la dernière. C'est écrit comme si elle me parlait directement, comme si elle était en face de moi.

Germaine Dubreuil

Le 29 septembre, 1965
J'ai reçu un téléphone de Saint-Pie.
Ma mère est mourante. J'aurais voulu être là au moment même, mais fallait faire garder les plus jeunes. C'est Gisèle Lamarche, la voisine qui est venue, le temps de se préparer, René et moi. Nous roulions vers Saint-Pie, dans la région de Farham, quand j'ai entendu un bruit très curieux qui *n'existe pas sur la terre*. J'ai demandé à René: *"Qui est-ce qui a fait ce bruit-là?"* Il m'a répondu: *"Je n'ai rien entendu."* Alors j'ai su qu'il était trop tard, que je ne reverrais plus ma mère vivante.

En arrivant, Jeanne m'a dit: *"Il est trop tard!"*
Maman gisait encore dans son lit. Je lui ai touché le front et je lui ai demandé pardon. Je pleurais à fendre l'âme; je ne pouvais plus m'arrêter. Jeanne est venue me consoler et il fallait aussi consoler papa qui disait qu'il ne pourrait vivre sans elle. Sa mort fut un des plus grands drames de ma vie. J'ai eu de la difficulté à remonter la pente. Pendant un certain temps, j'étais inerte et triste. Je ne pouvais accepter qu'une chose aussi terrible arrive. Je pleurais ma mère, je pleurais de l'avoir perdue et de l'avoir négligée. J'aurais dû en profiter durant sa vie. Je regrette! Je regrette tellement! Et ça fait très mal!

Mais que pouvais-je faire maintenant? J'ai réalisé que je devais vivre quand même en faisant de mon mieux, comme maman l'aurait voulu, non pas de l'oublier, mais de vivre avec cette épreuve du mieux que je pouvais.

J'avais une mère extraordinaire qui a donné sa vie au service des autres et de ses enfants, en particulier. Quelle leçon de morale elle nous laisse. Sa vie n'a pas été inutile. Je ne pourrai jamais en faire autant.

Le soir, en me couchant, je lui ai adressé une prière,

comme si je m'adressais directement à elle, comme si elle était tout près de moi. Je lui ai dit ceci :

" Merci maman chérie
Je ne t'ai pas assez dit combien je t'aimais?
Mais maintenant tu le sais
Tu vas toujours rester présente dans ma vie
Maman, je t'offre cette prière
Je sais que tu l'accepteras. Tu étais si chrétienne
Tu es heureuse maintenant. J'en suis certaine
Merci de m'avoir donné les plus belles années de ma vie
Celles de ma jeunesse, de ma naïveté
Heureuse d'être en vie
Comme un papillon qui suit la direction du vent!
À bientôt, ma chère maman
Nous nous rejoindrons, j'en suis certaine
Bien au-delà des mots et de la terre
Qui, bien souvent, nous retiennent prisonniers!"

" La mort c'est terrible!
Cela coupe les liens avec les vivants.
Cela enterre le passé. "
29 septembre, 1965

Avant de poursuivre mon journal, j'aimerais auparavant vous raconter cette histoire tragique de la famille Ruel, nos voisins immédiats.

Edmond

À l'époque, je n'étais qu'une petite fille
j'étais déjà extrêmement sensible
aux malheurs des autres
Comme ma mère d'ailleurs
Sauf que maman avait un sang-froid étonnant.

Je jouais dehors lorsque j'entendis crier. Ça venait de chez le voisin. Ça criait très fort, plutôt une sorte de hurlement. Je courus à la maison pour avertir maman. Un peu plus tard, un enfant de cette famille nous a averti qu'il venait d'arriver un terrible accident. Maman était accourue, suivie de papa et de Lucienne. J'aurais bien voulu savoir ce qui se passait mais maman m'avait défendu de les suivre. Restée à la maison à me morfondre, je décidai de défier l'autorité. J'étais trop curieuse. Je me devais de savoir ce qui se passait!

Alors n'écoutant que mon courage
je partis seule, sans me douter de ce qui m'attendait.

Edmond était sur le voyage de grain et regardait son père, en bas, qui était devant un drôle d'engin noir qui ressemblait à un train. Il y voyait deux grosses roues en fer rouillées qui tournaient sans arrêt et qui étaient rattachées à deux longues courroies qui rejoignaient deux autres roues plus petites situées à la base d'un moteur au gaz qui fumait comme une cheminée. Le bruit était infernal.

Edmond voyait son père comme au travers d'une

petite brume matinale. Monsieur Ruel, entouré d'un halo de poussière fine que la lumière du soleil transperçait à peine, ressemblait vaguement à un acteur sans grand talent qui joue son dernier rôle. Le petit Edmond sut tout à coup qu'il allait arriver quelque chose de terrible à lui et à son père. Le destin était au-dessus de leur tête et n'attendait plus que le moment propice pour se manifester.

Monsieur Ruel suait à grosses gouttes dans ses vêtements humides et sales. Son visage et ses mains, seules parties visibles de son corps, étaient noircis par un soleil sans pitié. Il était coincé dans une bulle de lumière diffuse qui le rendait tout à coup étrange. Il se disait que Dieu devait être dans le coin et qu'il devait à ce moment même le regarder de son gros oeil scrutateur. Il se tourna soudain vers son fils et fixa son regard dans le sien. Il y perçut une lueur qui ressemblait aux derniers rayons du soleil disparaissant à l'horizon.

La roue tourna comme la vie, mais c'était une vie qui s'échappait, qui s'enfuyait. Une roue se détacha dans un éclat de bruits secs et frappa de plein fouet monsieur Ruel qui recula de quelques pas. Sonné, déboussolé, il tituba comme un homme saoûl, tomba puis se releva aussitôt. Il comprit qu'il était gravement blessé. Tout son intérieur bougeait et se brassait comme un jeu de cartes, puis il s'écroula.

Dans un éclair, Edmond vit une scène d'épouvante. Il vit surgir d'une brume jaune et sale un monstre de fer enragé qui se dirigeait droit sur lui. Il n'eut même pas le temps de réagir ni de bouger. Cela se passa dans un moment d'immortalité imperceptible pour un simple mortel. Lui seul put comprendre que la mort arrivait en perçant une brèche dans la pellicule fragile de la vie. Elle apparut soudainement et quand on la voit, c'est parce que cela nous concerne directement. Quand la roue frappa, il ne fut pas du tout surpris. Dieu l'avait choisi, lui, le petit Edmond. Dieu venait le chercher par la porte d'en arrière, sans qu'il ne s'y attende. Couché de tout son long dans une pose qui frisait l'indécence, Edmond regardait le ciel qui s'ouvrait devant lui, mais ses yeux ne se fermèrent pas tout de suite.

Pas plus tard que la veille au soir, maman avait aidé madame Ruel à accoucher. Elle m'avait dit que ça c'était très bien passé. Elle avait eu un petit gars ou une petite fille, je ne sais plus trop. C'est peut-être ça le malheur qui était arrivé. Madame Ruel avait perdu son petit. Non, maman m'avait dit que le bébé était en bonne santé et la mère aussi. Alors, qu'est ce qui a bien pu arriver? C'était monsieur Ruel qui avait eu un accident, ou peut-être le petit Edmond s'était fait frapper par je ne sais quoi? Je pensais à Edmond parce qu'il avait mon âge, environ huit ans, et qu'il venait à l'école avec moi. Il n'était pas très propre et sentait le fumier, mais il était tellement gentil. Ce qui est drôle, c'est qu'il avait toujours les yeux tout grands ouverts, comme s'il voulait tout voir en même temps.

J'arrive bientôt, je vais enfin savoir ce qui se passe.
Je suis une petite fille curieuse.
Maman me l'a si souvent répété...

Monsieur Ruel se sentait très mal mais c'était un homme fort et puissant. Il était encore capable de parler et même de marcher. Éva voulait le laver et l'amener à l'hôpital. Il lui dit simplement: *"J'vais mourir. J'suis tout cassé par end'ans."* Il fit ses recommandations pour sa femme et ses enfants, mais il ne parla pas d'Edmond. Savait-il où il était, ce qui lui était arrivé? Savait-il qu'il était en train de mourir, seul sur un vulgaire tas de grain? Savait-il seulement que la roue qui l'avait frappé avait poursuivi sa course folle jusqu'à son fils? Savait-il que le petit Edmond avait la tête et le visage fendus et qu'il l'appellait de sa petite voix, qu'il le réclamait?

Il lui vint soudainement des larmes aux yeux mais il savait très bien qu'elles n'étaient pas pour lui. Son petit garçon se trouvait dans un néant humide, loin des regards. Edmond voulait crier mais il en était incapable. La bouche ouverte, il avalait tout l'espace qui était devant lui. Il hurlait par en-dedans, à travers ses tripes, mais évidemment, personne ne l'entendait. Il n'y avait que le ciel qui lui ouvrait les bras. Dieu l'attendait certainement dans quelque coin caché du paradis. Il vit une lumière blanche qui dansait dans le ciel bleu et qui l'invitait à la suivre, mais le petit Edmond n'était pas encore prêt car on ne l'avait pas encore retrouvé. Il voulait rendre l'âme sous le regard de son père et de sa famille. Il ne voulait pas qu'on l'oublie. Il ne voulait plus être seul. Alors, réunissant toutes ses forces, il réussit à lâcher de faibles râles que le vent charria jusqu'à la maison.

Samuel, le petit frère d'Edmond, avait cinq ans ou bientôt six. Il avait beaucoup de peine de voir son papa traverser la cour en hurlant tout en se tenant les côtes à deux mains. Près de la maison, il s'était assis, hébété, récitant tout à coup comme une litanie ces mots qui ne voulaient rien dire pour lui *"La maudite roue, la maudite roue, la maudite roue!"* Ses frères et ses soeurs étaient sortis de la maison et s'étaient penchés sur leur père. *"Allez chercher les Dubreuil,"* leur avait-t-il dit faiblement, dans un murmure. La grande soeur était partie en courant comme si un monstre sanguinaire la poursuivait tandis que les autres se mettaient à crier comme des perdus. Les Dubreuil étaient arrivés et en voyant l'état de monsieur Ruel, ils l'avaient tout de suite fait entrer dans la maison. La porte s'était refermée sur Samuel. Il n'était pas entré comme les autres parce qu'il avait trop peur. Maintenant, il était seul à errer dans la cour et il pensa tout à coup à Edmond. Il se demandait où il était car il ne l'avait pas vu depuis un bon bout de temps.

"Edmond, où t'es?" hurla-t-il, sans aucune réponse. Le vent imita, soudain, la voix de son grand frère qui râlait dans un dernier soupir:*"Ahhh...Ah...Ahhh...Ah..."* Samuel suivit la direction du vent, le nez en l'air comme un chien qui flaire tout à coup une bonne piste. Il courut, emporté par le souffle du ciel, ressemblant à un cerf-volant dont la corde aurait été relâchée. Cela le mena jusqu'à cette machine étrange dont une des roues venait tout juste de faucher son papa innocent. Ce monstre à grandes dents qui s'était permis de faire un trou dans sa courte vie jusque là sans problèmes, Samuel hurlait encore le nom de son frère: *"Edmond, où t'es?"* Il entendit un râle puis un autre. C'était faible, à peine perceptible, mais ce n'était pas le vent qui se lamentait. C'était son frère qui se mourait, qui parlait tout bas aux anges venus le chercher. *"Ahhh...Ah....Ahhh...Ah.."* Comme dans un rêve, Samuel escalada au ralenti l'échelle qui l'amenait jusqu'à son frère.

Edmond était là, étendu de tout son long, une jambe derrière le dos, la tête à la renverse, comme cassé en deux, du sang sur sa figure, pâle et livide. Au bout de l'échelle, le petit Samuel pleurait son désarroi et une crampe lui serra soudainement l'esprit. Il était dans un état de choc, dans une sorte de coma qui le fixait dans le temps et dans l'espace. Seules ses larmes bougeaient et traçaient des chemins sinueux sur ses joues rabougries. Edmond avait encore ses yeux bleus tournés vers l'azur mais quelques fois ils s'éteignaient un peu comme le fait une ampoule quand elle clignote.

Madame Ruel était dans son lit et elle sanglottait. Elle voulait savoir ce qui avait bien pu arriver car elle avait entendu son mari et ses enfants hurler tels des animaux à l'abattoir. Elle voulait se lever mais n'en était pas capable. Elle avait son bébé planté sur elle et le berçait comme si elle était assise sur une chaise berçante. Éva était là, près d'elle, comme d'habitude, fidèle au poste depuis le premier enfant jusqu'au dernier. Madame Ruel avait beaucoup confiance en Éva. Elle la considérait comme une femme forte avec du caractère et un étonnant sang-froid.

Elle devait être là, maintenant, de l'autre côté de la porte. Elle l'entendait vaguement parler à son mari qui râlait, tel un enfant malade. Elle collait davantage son petit bébé comme pour le protéger d'éventuels prédateurs. Elle l'embrassait sur le bout de sa tête dégarnie et y déposait tout un chargement de larmes. Puis, la porte de sa chambre s'ouvrit, Éva entra et referma doucement. Elle vint s'asseoir près d'elle sur le lit et la regarda d'une drôle de façon, mais son visage était clair et net dans son expression de tristesse.

Madame Ruel savait qu'Éva n'y allait pas par quatre chemins lorsqu'elle avait quelque chose à dire. Éva parla la gorge serrée mais n'apprit rien à cette mère qui savait tout. Elle savait que son mari avait été blessé sérieusement et qu'il ne tarderait pas à s'éteindre pareil à une chandelle sous un vent trop fort. Elle savait aussi qu'il était arrivé quelque chose à un de ses enfants. Lequel? Probablement Edmond. Il était toujours collé sur son père et il le suivait partout. *"Edmond?"* demande-t-elle anxieusement à Éva. *"T'as vu Edmond? Où il est? Va voir où il est. Vite, ramène-le moi."* Éva sortit de la chambre et referma délicatement la porte derrière elle.

Le petit Samuel se réveilla tout à coup. Il avait vu dans les yeux d'Edmond une étincelle aussi brillante qu'une étoile en pleine nuit. Il se pencha vers son frère et dans un geste pathétique toucha du bout des doigts sa figure ensanglantée. Edmond ne râla plus et ses yeux ne clignotèrent presque plus. Samuel le regarda et se dit qu'il avait l'air bien. Sa respiration était irrégulière mais légère. Elle n'était plus qu'un souffle, qu'un vent faible, à peine audible, mais il avait l'air bien. Il ressemblait à un enfant qui va bientôt s'endormir après une longue journée de labeurs. Et ses yeux. Ses yeux étaient lumineux, étranges reflets de vie dans une mer d'obscurité. Ses yeux étaient encore habités par la vie même si le temps s'était arrêté et figé.

Samuel avait l'impression que toute la vie de son grand frère se retrouvait concentrée dans ses deux yeux bleus et que bientôt elle allait sortir et traverser le ciel comme une étoile filante. *"Edmond est vivant,"* sut Samuel. C'est avec cette pensée positive qu'il vint rejoindre les autres, en bas. Il ne criait pas, ne parlait même pas. Il ne faisait que montrer ses doigts rouges et les pointait en direction du voyage de grain pour qu'Éva comprenne tout de suite qu'Edmond était en train de mourir.

On transporta le petit Edmond jusqu'à la maison. On le coucha sur la table de cuisine. Samuel lui serrait la main très fort. Quelque chose allait bientôt se passer et il voulait être là quand ça se produirait. Quand monsieur Ruel vit son fils, Edmondm dans cet état lamentable, il se mit aussitôt à geindre et son corps se remplit de spasmes violents. Éva était en train de le laver et eut de la difficulté à le retenir tellement il bougeait. Il avait mal, *"cassé par en d'dans,"* comme il avait dit. Éva le coucha sur le fauteuil et le couvrit d'une couverture. Il était de plus en plus faible et parvenait difficilement à tendre la main à son fils agonisant. Il était beaucoup trop loin de lui mais il eut quand même l'impression qu'il le touchait. Edmond le sentit très bien et vit son père les yeux fermés. Il sentit sa présence dans son esprit, celui qui va sortir et prendre le large, amenant avec lui cette part importante de son père qui se nommait la tendresse. Il amènerait tout ce que son père était capable de lui donner. Une main tendue lui suffisait, un simple regard aussi, il n'en demandait pas plus.

Samuel vit tout à coup deux petites boules blanches sortir des yeus de son frère, se positionner juste au-dessus de sa tête, se fondre l'une dans l'autre puis s'envoler et enfin disparaître au-delà du plafond de la cuisine. Il ne paniqua pas. Tout était parfaitement normal. Il n'était pas du tout surpris. Edmond était parti en prenant le chemin du ciel. Il n'y avait rien d'extraordinaire là-dedans. Edmond était un esprit maintenant et un esprit peut faire n'importe quoi. Un esprit, c'est libre et ça vole comme un papillon. C'est ce qu'il croyait. Si tous les esprits ressemblaient à Edmond, alors il n'aurait plus jamais peur des fantômes.

"J'lai vu Yé vivant. C't'un papillon asteur, il brille" s'exclama Samuel. Il était excité, heureux. Les autres le regardaient avec surprise. Éva tourna son regard vers le plafond et sourit. Elle aussi croyait au papillon lumineux mais elle crut également qu'Edmond venait de passer de l'autre côté dans l'éternité.

J'arrivais enfin mais je n'osais pas entrer. Je ne me décidais pas. J'avais un pied dans la cour et l'autre sur le chemin. Il me semblait qu'il y avait pas mal d'action dans cette maison. Il y avait quelque chose de grave qui était arrivé. Quoi au juste? Quelqu'un s'était sûrement blessé. Je traversai la cour et entrai dans la maison sans frapper. Je vis qu'il y avait beaucoup de monde dans la cuisine. J'étais un peu gênée, un peu perdue. Maman me regardait et avait l'air fâchée de me voir là.

Alors je traversai la cuisine et je vis, étendu sur la table, le petit Edmond. Je passai vite devant lui mais j'eus quand même le temps de voir sa tête en sang. Toute sa figure était comme arrachée et on aurait dit que je voyais sa mâchoire qui perçait sa peau. Il ne bougeait pas. Il devait être mort. C'était épouvantable! Je ne me sentais pas bien. *"Qu'est ce que tu viens faire icitte?"* me demanda maman, sur un ton de reproche. Je ne répondis pas. J'étais trop ébranlée. Les jambes étaient en train de me manquer. *"Maintenant que tu es icitte, va-t-en dans chambre avec Madame Ruel."* En entrant dans la chambre, je vis madame Ruel au lit qui pleurait. Elle avait son bébé dans les bras. Tout à coup, je me sentis devenir faible. Le visage d'Edmond me revenait en tête. Tout mon corps se mit à trembler et je tombai sans connaissance.

Maman vint me passer une serviette d'eau froide sur la figure et je revins à moi. *"On a ben assez d'troubles comme ça. Qu'est ce que t'es venue faire icitte?"* me répétat-elle avec colère. Je ne savais pas quoi lui répondre. J'étais mal à l'aise. C'était trop dur pour moi d'être là. Je devais m'en aller. Lucienne vint me reconduire à la maison et me coucha en arrivant. Dans mon lit, je pensais à Edmond, à ce petit garçon que je ne reverrais plus jamais vivant.

Éva bénit le petit Edmond. La famille autour de lui, méditait en silence. On n'entendait que les cris sporadiques de madame Ruel. Samuel avait encore sa main dans celle de son frère. Il ne voulait pas la lâcher. Il avait les yeux à demi fermés et il pleurait doucement comme une petite pluie d'été.

Son père, étendu sur le fauteuil, semblait perdre ses forces. On ne l'entendit plus et il ne bougea presque plus. Son corps prit une drôle de position sur le fauteuil, couché bien droit mais raide comme une barre de fer. Sa tête pencha légèrement dans le vide, comme cassée en deux. Il avait le visage blême et il respirait à peine. Éva se rendit près de lui et lui dit sans détour: *"Tu t'souviens du voisin avec qui tu t'endendais pas?"* Elle lui parla tout bas comme si elle ne voulait pas se faire entendre des autres. *"Oui,"* répondit avec douceur monsieur Ruel. *"Eh ben, vous n'vous entendez pas depuis ben des années. Tu dois lui pardonner. Vous d'vez vous réconcilier. Tu dois faire ça avant d'mourir."* monsieur Ruel ne dit rien. Il regarda Éva comme si elle était un ange descendu du ciel. Son corps s'affaissa et ses yeux commencèrent à briller.

Éva envoya aussitôt la plus vieille de la famille chercher le voisin. *"Fais ça vite, Ça presse."* La fille partit en courant, apeurée comme un lièvre blessé. Elle revint très vite, toute essoufflée avec le voisin sur les talons. Ce dernier s'installa près du mourant et tous les deux firent la paix. Éva lâcha un soupir de satisfaction. Il était important de se présenter devant Saint-Pierre avec une âme pure. Le p'tit Edmond devait être ben pur lui!

Peu de temps après, l'ambulance amena monsieur Ruel à l'hôpital de Saint-Hyacinthe. Dans la nuit, il mourait d'une hémorragie interne, Edmond mourut parmi les siens, sur la table de la cuisine. Lorsque madame Ruel apprit la mort de son fils de la bouche même d'Éva, elle se mit à hurler comme une louve qui vient de perdre un de ses petits.

Le lendemain, on était nombreux à faire le ménage chez la famille Ruel. On devait sortir tous les meubles du salon afin de laisser la place à deux cercueils. C'était pas tellement gai. Bouche cousue, nos regards ne se croisaient pas. On fit des gâteaux et des sandwiches. On se prépara à recevoir les gens qui allaient venir veiller au corps durant trois jours et trois nuits. Selon maman, il y aurait beaucoup de monde. Deux membres de la famille qui meurent dans la même journée, ce n'était pas courant. Bien sûr, comme disait maman, il y aurait des gens qui viendraient juste pour les sandwiches et les gâteaux.

Le soir, les deux cercueils installés dans le salon, je regardais Edmond puis son père. Mes yeux sautaient de l'un à l'autre comme des sauterelles. Je n'aimais pas bien ça la mort. Je trouvais ça effrayant! Une chance que je n'étais pas venue ici en pleine nuit, j'aurais eu vraiment peur. Edmond avait l'air de dormir. Peut-être que la nuit il se réveillerait comme sorti d'un cauchemar et qu'il se promènerait dans la maison en se tenant la tête à deux mains. Juste d'y penser, j'en frissonnais.

Madame Ruel sortit de sa chambre, accompagnée de deux hommes qui avaient fait une sorte de balançoire de leurs bras. Elle était assise entre les deux mais elle ne semblait pas à l'aise. C'était surtout son regard qui était loin, comme s'il s'appliquait à voir en pleine nuit. En voyant son mari dans son cercueil, elle se mit à sangloter comme une pluie d'automne, mais ce fut bien pire quand elle se pencha sur son petit Edmond. Elle hurla de douleur, piqua une crise de nerfs comme j'en avais jamais vue. Elle se mit à parler à son fils mais je ne comprenais pas ce qu'elle disait. De toute façon, j'aimais mieux ne pas comprendre. Je ne voulais pas me taper une crise ou tomber une autre fois dans les pommes. Alors, je fis comme si j'étais sourde mais je sentis tout de même cette affreuse douleur qui se promenait partout dans la maison.

Maman se leva et vint consoler madame Ruel qui ne disait rien. Je la regardais et je me disais qu'elle devait avoir une grande force de caractère pour aider et réconforter tant de gens. Le soir tard, en revenant à la maison, dans le noir le plus total, je n'eus pas peur, car je me sentais en sécurité, sachant très bien que maman était là, tout près de moi et qu'elle me protégeait.

Beaucoup plus tard, dans ma vie, à l'orée de ma vieillesse, j'ai raconté cette histoire à mon fils, Luc. Il était impressionné et m'a demandé, en écartant les yeux, comment madame Ruel s'en était sortie, si jamais elle s'en était sortie. Je lui ai répondu que cette dernière s'était relevée de ce drame assez vite. Elle avait pris son courage à deux mains, avait retroussé ses manches et avait fait l'homme pour un bon bout de temps.

Au début, papa était venu l'aider en faisant le train jusqu'à ce qu'elle se rétablisse, ce qui n'avait pas tardé. L'été suivant elle faisait elle-même les foins et, à l'automne, elle s'était occupée du grain.

Elle avait mis à la crèche, ses deux ou trois derniers enfants, à Saint-Hyacinthe. Je ne m'en souviens plus très bien, mais elle les avait repris quelques années plus tard. Quand ça a commencé à aller un peu mieux, elle a engagé un homme pour l'aider sur sa terre. Alors Luc m'a demandé *"Qui c'était?"* *"Ernest Plamondon"* *"Ernest est devenu."* *"Oui je sais"* me coupa Luc, *"Ernest Plamondon est devenu le mari de ta soeur Lucienne. C'est vraiment bizarre la vie des fois"* "Ah oui, c'est bizarre, vraiment bizarre."

Texte composé et interprété par Luc Bousquet
d'après une histoire vraie
raconté par Germaine Dubreuil

Reprise du journal
12 ans plus tard...

Un journal intime c'est un ami
toujours prêt à nous entendre sans nous contredire

C'est un ami à qui l'on peut confier
ses joies, ses peines, ses angoisses, ses rêves

Le journal intime est un moyen de faire le point
d'approfondir le sens de sa vie.

Yves Thériault

5 novembre, 1977
Je pense que ce soir je vais être fêtée et je crois que ma fille, Nicole, si attentive à me faire plaisir, va inviter Louise Poisson. Nos pensées se sont rencontrées car elle l'a invitée. La télépathie existe encore.
J'ai eu de beaux cadeaux et je suis bien joyeuse. Nicole et Jean-Pierre (*que j'aime beaucoup*) se sont donnés à fond, comme d'habitude.

J'ai remarqué que mon gendre, Évandro, avait l'air bien triste. J'aurais voulu lui dire que je l'aime tel qu'il était mais je n'ai pas pu. Il me glace. Je ne ressens pas *sa chaleur* comme mes autres gendres.

J'ai remarqué aussi que ma fille, Marjo, a changé. Elle

devient plus humaine. Elle s'occupe beaucoup de moi. Peut-être que je ne la connaissais pas sous son vrai jour?

Mon mari n'est pas joyeux. Cela devient une ombre au tableau. Je pense que le bruit le fatigue beaucoup!

Ma petite Sylvie a l'air amer envers la vie et je voudrais tant la voir heureuse. Qu'est-ce qui se passe?

Pensée que Marjo a écrit sur ma carte d'anniversaire:

*" Lorsqu'on vieillit, la beauté du corps
s'enfouit dans le coeur..."*

25 novembre, 1977
Je me sens déprimée aujourd'hui. C'est la première neige et il y a tempête. Quand j'étais jeune, j'aimais tellement la tempête! Pourquoi je n'ai pas gardé mon âme d'enfant? Il y a des jours où je me sens fatiguée et je voudrais tout recommencer à zéro. Je sais que demain ça ira mieux. J'aurai encore envie de faire beaucoup de choses. Je ne m'en fais pas trop. Je suis comme cela. Il y avait des fleurs encore la semaine passée. Il y en aura encore le printemps prochain.

*" Créer sa sérénité pour parvenir au respect de soi
est le coeur de notre recherche d'une bonne vie."*

7 janvier, 1978
Je reprends mon écriture mais je n'en ai pas le goût. C'est drôle, on dirait que quand ça va bien, on n'a pas besoin d'écrire. J'ai passé des Fêtes merveilleuses. J'ai des enfants extraordinaires. Ils m'ont gâtée de cadeaux plein les bras, mais j'ai surtout été gâtée d'amour. Mon mari a été patient et de bonne humeur tout le temps des Fêtes. Il me rappelle les premiers temps où je l'ai connu, avec ses farces qui sont

bien drôles. C'est ce côté-là qui m'avait attirée vers lui et je sens que je l'aime.

Au Jour de l'An, nous sommes allés à Saint-Pie chez papa. Mon frère, Armand, a demandé la bénédiction au nom de tous et mon père nous a bénis, toujours avec la même émotion. J'ai toujours l'impression que c'est le dernier Jour de l'An que nous passons avec lui. Il aura 86 ans le 26 janvier. Il est vieux. C'est la première fois que je le regarde avec des yeux nouveaux. Je me sens aussi plus vieille.

Marjo m'a écrit un poème qu'elle a composé exprès pour moi. C'est très beau, très humain et vrai. Je devine qu'elle a dû souffrir car elle n'aurait jamais pu trouver ces mots si extraordinaires. J'ai les larmes qui me viennent aux yeux. Je conserverai ce poème afin de le lire souvent Le voici:

À toi Maman
Naissance, fruit engendré par deux êtres.
Souffrance indéfinissable pour naître
Et de ta chair, mère, je suis là.
Tu tends tes mains pour nos premiers pas
Tes nuits de solitude me bercent dans tes bras
Fuyant tes gestes fatigués
Imprégnant tes baisers sur moi
Laissant tes traces sur une même voie
n'ont pas vu le nombre d'années
En blessant ton corps, ton coeur
Apparaître les marques de la vie.
Et le jour le plus cruel frappe
Creuse un fossé parfois infranchissable
Impitoyable pour toi
L'amour est là dans nos coeurs
Tu sens mon absence
À toi mère, est-ce que j'y pense?
Combien d'heures, combien de jours

De toutes les couleurs

S'écoulent où je ne suis plus à toi?
Combien de larmes, combien de temps
Passe où je ne te vois plus?
Mais ils sont là maintenant.
Tous les trois vivants, de ma chair
De ta chair, engendrés par deux êtres
Souffrance voulant qu'on ne l'oublie pas
Un temps pour naître
Une vie pour comprendre
Un coeur pour aimer
Le fossé est traversé
Je te regarde
Je te retrouve
Tu possèdes en toi
Les marques de la vie.
Je te regarde encore
Je te remarque
Je m'oublie pour toi
Car tu es belle
Tu es certes la plus belle
Car je t'aime, Maman

Ta fille Marjolaine.

8 mars, 1978

Je reçois un téléphone de Louise que Réal est à l'hôpital. Il a été opéré pour une appendicite. Je l'apprends après l'opération. Ils ne veulent pas m'inquiéter, je suppose. Je vais le voir à l'hôpital. Je ne le trouve vraiment pas bien et cela me fait très mal. Je passe ma main dans ses cheveux frisés comme quand il était petit, pensant lui faire du bien. Je suis surprise de le voir adulte. Il est plein de bon sens et me surprend. La vie a été dure pour lui. Il peut comprendre certaines choses que d'autres ne peuvent pas. Il ressemble à son père, le même physique et le même emballement. Il ne se laisse pas décourager. Je regrette toutes ces années passées où je n'ai pas pu profiter de sa présence. Je me sens plus loin de lui. Pourtant, je l'aime autant que les autres. *C'est mon premier!*

18 mai, 1978
C'est notre vingt-et-unième anniversaire de mariage mais mon mari ne fait rien pour le souligner. Je me sens triste et nostalgique, un peu sentimentale. Je me rappelle les premiers anniversaires où il me disait des mots doux et me caressait à n'en plus finir. Je ne lui en veux pas. J'ai appris à le connaître. La passion est passée. Je sais que pour lui, il n'y aura que sa première femme dans son coeur, sa vraie femme. Sans le savoir, il me le prouve souvent. Il est fait comme cela et je suis résignée. Personne n'y peut rien. Je lui en parle et j'essaie de faire revivre le passé mais ce n'est plus possible. Dommage! *La communication est de plus en plus difficile entre nous...*

Le lendemain, 19 mai, 1978
Aujourd'hui, mes filles, Marjo et Sylvie, viennent me chercher pour aller à Saint-Pie. Je suis de bonne humeur. J'ai même le goût de chanter, ce que je n'ai pas fait depuis longtemps. Ernest et Lucienne nous reçoivent on ne peut mieux. Ernest a l'air fatigué mais garde son entrain.

Sylvie fait raconter à mon père son passé, sa jeunesse. Il a l'esprit présent. Mes filles savourent ses paroles. Il parle beaucoup, il est de bonne humeur. Il semble content que mes filles s'occupent de lui. J'ai passé une très agréable journée que je garderai en mémoire longtemps.
Merci encore à Sylvie et à Marjo.

Voici ce que ma petite Sylvie a récolté des propos de son grand-père:
Spontanéité, intégrité, franchise.

De toutes les couleurs

Elle n'a pas enregistré les paroles de mon père. Elle a plutôt pris un crayon et un calepin pour ne pas l'intimider.

Puis elle lui a posé une question, une seule question.

"Raconte-moi ton histoire avec grand-mère. Comment tu l'as connue?"

Il s'est mis à parler, comme ça, tout d'un coup s'arrêtant de temps en temps pour reprendre son souffle.

Sylvie a tout marqué, très rapidement. D'un jet.

Voici le texte intégral que je tenais absolument à vous présenter. *Un texte d'une rare beauté.*

L'amour

Léon Dubreuil raconte

J'avais deux frères de la première famille. Trois frères de la deuxième famille et cinq demi-soeurs, trois mortes jeunes. Ma mère est morte à la suite d'un accouchement. Je n'avais pas trois mois.

Dans ce temps-là, on pensionnait, où était notre travail, On prenait la voiture pis on allait ta grand-mère et moi voir son père.

L'automne a pris et j'ai travaillé ailleurs. Je louais un cheval et j'allais la voir le dimanche. Je lui écrivais souvent aussi. Je lui avais envoyé une carte postale avec deux amours dessus. Et ça disait: " *Si j'étais un p'tit oiseau, je voltigerais à ta fenêtre.* "

Le 4 mai, 1914, juste avant la guerre, (la guerre s'est déclarée en juillet) on s'est mariés, les trois frères en même temps.

Ta grand-mère et moi, on est allés rester à Montréal. J'ai dit que j'ai fait un voyage de noces mais ce n'en était pas un. On a travaillé. J'me suis trouvé un emploi chez son frère dans une cour à bois. Je passais le bois dans la ville avec un tombereau et un cheval.

Je l'ai connue où je travaillais. Elle travaillait là, supposément pour une semaine, mais elle est restée plus longtemps. Je l'étrivais avec ça après qu'on eût été mariés.

De toutes les couleurs

Je lui disais: *"T'es restée parce que j'étais là, hein?"*
Elle répondait *"Voyons Léon, c'est parce qu'ils avaient besoin de moi."*
Un p'tit rire et des yeux bleus embués.
Après dix mois, le 4 mai, 1914, elle aurait pu rencontrer un garçon plus riche. Il y en avait à Saint-Pie qui la courtisaient, mais elle m'a choisi, et après, ce fut toute une vie ensemble. Sa fête était le 18 mars. Elle est morte au mois d'octobre. Ça fait treize ans, je ne l'oublie pas, je fais chanter des messes à tous les mois d'octobre pour souligner sa mort.

Pour trois jours, je gagnais sept dollars et cinquante cents.
En marchant pour se trouver un logis, j'ai trouvé un autre emploi rue Cartier. On faisait des blocs de ciment. J'ai travaillé là trois mois à trois dollars par jour. Tout fut arrêté, c'était la guerre.

À Montréal on s'est acheté un poêle et un set de chambre pour dix-huit dollars. Ma femme avait dans son trousseau les serviettes, débarbouillettes, essuie-vaisselle, couvertures de lit, couvre-pieds et table. On restait au deuxième étage. J'ai travaillé à la cooporation, rue Des Érables. On faisait les trottoirs en pierre de taille. J'ai travaillé jusqu'à la Toussaint. Le boss nous a tous rassemblés pour nous dire qu'on travaillait pu. On a écrit à son frère à Saint-Pie.

Mon cousin nous a aidés à déménager. J'ai travaillé le bois jusqu'à la gelée. J'ai travaillé au moulin à farine. Je gagnais douze dollars par semaine. J'y ai travaillé trois ans et demi. Le 15 avril, 1915, Simone est née. Le 20 décembre, Lucienne. Le 28 avril, 1918, Thérèse. Je payais trois dollars par mois le loyer et j'ai réussi a ramasser mille dollars. J'ai reçu deux cents dollars d'héritage de mon grand-père (mort à cent ans) et mes deux beaux-frères m'ont prêté mille dollars. J'ai acheté la terre à Saint-Pie dans le grand rang

Germaine Dubreuil

Saint-François pour huit milles dollars en 1919. Armand est né le 6 avril, puis Germaine, le 6 novembre, 1923 et la dernière, Jeanne, le 22 décembre, 1925.

Quand j'arrivais du train plein de sueur, je prenais les deux p'tites. Y m'semble que j'devais pas sentir bon. Mais elles disaient: *"Ça sent bon, ça sent le pôpa."*

J'avais un pommier sur la terre, un pommier sauvageon. J'ai fait des greffes dedans. Il y avait de la Mc Intosh, de la Lobo et de la Fameuse. La dernière fois que je suis allé sur la terre une grosse branche était cassée, pourrie comme moi. La greffe se faisait au printemps avant qu'il fasse des bourgeons. Après l'arbre, on greffait une branche d'un pouce et demi carré. On affilait son pourtour. Ça prenait ben des précautions. Après on mettait de la cire d'abeille et de l'arcançon. On cirait ça pour pas que ça fasse d'air. La branche greffée faisait des feuilles tout de suite la première année. Au bout de deux ou trois ans, la cicatrice disparaissait Les deux écorces étaient soudées ensemble.

C'est-tu ça l'amour?

Après l'effusion de paroles, de mots, de souvenirs, ses yeux ouverts ne pouvaient pas contenir toutes les images provoquées par ses souvenirs. Après toute une vie d'acharnement, de bonheur et de malheur aussi. Mais de ça on en parle pas, on n'en parle plus. Il ne se rappelle que des doux souvenirs.

Propos recueillis par Sylvie Bousquet le 19 mai, 1977

C'est comme ça que tout a commencé
par l'amour de deux êtres.

De toutes les couleurs

Trois ans plus tard.

22 juillet, 1981

C'est la fête de ma fille, Nicole. Je me prépare pour son souper et lui fais un gâteau d'anniversaire. Il fait très chaud! Je réponds au téléphone. C'est Jeanne qui m'appelle pour me dire que papa a disparu. *"Nous le cherchons tous"* me dit-elle. Je suis angoissée. Je me dis que ce n'est pas possible. Je l'imagine sans connaissance ou perdu.

Père où êtes-vous?

Toutes sortes d'idées me passent par la tête. Je me promène, ne sais que faire. J'attends un autre coup de téléphone qui ne vient pas assez vite. Jeanne me dit: *"Nous l'avons fait annoncer à la radio."* Le téléphone sonne enfin. C'est Lucienne. Elle pleure. Elle me dit qu'il faut s'attendre au pire. Elle se blâme: *"Il est parti dans la nuit sans m'avertir. Il ne faut pas espérer, on va sûrement le retrouver mort."* On se met à sangloter toutes les deux.

Des heures plus tard qui m'ont paru une éternité, Jeanne me rappelle. Elle voudrait que je sois près d'elle. Nous nous consolons mutuellement et nous pleurons toutes les deux. À ce moment, son mari arrive et dit. *"On l'a trouvé. Il était dans la rivière. Noyé."*

Je ne peux accepter que mon père se soit noyé, lui tant aimé de tous. Il est allé se tuer tanné de vivre. Moi qui croyais qu'il était un vieux privilégié. Ma soeur en prenait bien soin. Il était bien entouré. Pourquoi nous a-t-il fait cela? Maman ne doit pas être contente du tout! Après ce téléphone, je sens un faiblesse et j'ai peur de rester seule. Je téléphone à ma grande fille, Ghislaine et lui demande de venir. Elle vient aussitôt. Je peux toujours compter sur elle. Elle est si douce et calme. Cela me console.

Je demande à Nicole et à sa famille de venir quand même pour le souper. Ça va me changer les idées et sûrement me faire oublier le cauchemar de cette journée.

En me couchant, je pense à mon papa et je lui en veux. Peut-être aurait-il pu vivre encore quelques années? Mon père que j'adore, pourquoi nous as-tu quittés avant terme? Il avait hâte de voir maman, je sais, mais nous aussi on a hâte de la revoir. Nous attendrons pourtant l'heure!

Je garde ta bonté sur mes yeux et
je règle mon pas sur ta vérité. (Ps 25)

Quelques mois plus tard

4 avril, 1982
C'est lundi vers huit heures du matin. Le téléphone sonne. Mon fils, Bruno, se lève et va répondre. Je sais déjà que c'est une mauvaise nouvelle, rien qu'à voir son expression. Marjo veut me parler. Elle est très nerveuse: *"Sylvie a eu un accident. Elle est passée par la vitre arrière de son auto en capotant. "C'est épouvantable."* Je pleure avec Marjo et je sens qu'elle a peur de perdre Sylvie. Elle me demande si je veux la voir. Il n'y a pas d'hésitation. *"Bien sûr, viens me chercher."*

Bruno et son frère sont au désespoir. Nous arrivons à l'hôpital. Je pensais la voir couchée et très faible, car elle avait perdu beaucoup de sang, mais je la trouve assise en train d'encourager John, son amoureux, au téléphone. Petite fille spéciale va! J'ai bien raison de vouloir la garder, elle est précieuse. Je ne pourrais vivre sans elle, il me semble.
Une semaine après l'accident, j'y retourne et c'est mon fils, Réal, qui me conduit à l'hôpital. Marjo est déjà rendue.

De toutes les couleurs

Mon coeur cogne très fort dans ma poitrine. J'ai peur à la pensée qu'ils vont couper ma fille. Je jette un regard quand elle part pour la salle d'opération et j'ai l'intuition qu'elle va nous revenir en meilleur état. Une peur que je ne peux contrôler.
Durant l'opération, le temps est long, trop long, surtout pour John qui n'en peut plus. Nous essayons Marjo et moi de ne point laisser paraître notre inquiétude et c'est très fatiguant. Enfin elle revient, quel bonheur pour nous trois! L'opération a bien été. Sylvie a même le courage de me sourire pour me rassurer.

La veille, au coucher, j'avais demandé à son père de me la laisser. Je lui avais dit: *"Tu me l'as laissée en partant, alors je la veux encore, sans cela je partirai avec elle."*
Il m'a obéi. Pour cela, je prierai pour le remercier.

John a tellement besoin d'elle! Je me demande ce qu'il ferait sans Sylvie qu'il adore. C'est très dur pour lui. Il est très malheureux et cela me peine de le voir ainsi.

" Qui pourra vous faire du mal
si vous vous appliquez à faire du bien.? "

(Prière quelque part dans la bible)

Le 7 juillet, 1983
Crise de tachycardie.
Marjolaine me demande si je veux aller aux petites fraises. Je trouve qu'il fait bien chaud mais j'aime tellement cela! Nous allons à Saint-Grégoire. C'est un peu tard car nous n'en trouvons pas beaucoup. Subitement, mon coeur s'emballe. Quand je vais à l'ombre, il se calme. Nous revenons chez nous, mais le soir, cela reprend. Marjo me dit; *"T'es mieux d'aller à la clinique."*

Germaine Dubreuil

Le médecin que je vois m'expédie tout de suite à l'hôpital. Le lendemain, il me renvoie chez moi. Rien ne se passe et je me sens fatiguée, car mon coeur bat trop vite.

Au bout d'une semaine, j'ai des faiblesses et je me sens très mal. Je ressens une chaleur à la poitrine. Mariette et Ghislaine me conduisent à la clinique et le médecin me reçoit tout de suite. Il panique en prenant mon pouls. Il me met l'oxygène. Si j'avais pu je l'aurais enlevé mais je ne pouvais pas bouger. En état d'apesanteur, je ne voulais pas revenir tellement je me sentais bien. Je crois que j'avais commencé à sortir de mon corps. Quand je suis revenue, j'avais mal partout. Le médecin a dit à Ghislaine: *"Appelez une ambulance tout de suite pour Saitn-Jean."* Ma fille a répondu; *"Nous n'avons pas aimé comment elle a été soignée la dernière fois. Nous aimerions mieux qu'elle aille à Montréal."* Mais le médecin a répondu: *"Peut-être que votre mère ne se rendra même pas à Saint-Jean."*

J'ai été au soins intensifs dans une chambre à l'air climatisé. Je me sentais tellement épuisée que lorsque les infirmières m'ont mis une jaquette, je les suppliais de me laisser dormir. Juste le fait de bouger me fatiquait.
Le lendemain, mon médecin est venu me voir avec un cardiologue. Il lui expliquait comment je lui avais fait peur. J'ai demandé au cardiologue ce qui était arrivé. Il m'a répondu.*"Un infarctus."* Plus tard, il m'a dit: *"De l'angine."* (Mais j'ai su ces dernières années que je souffrais de tachychardie.) J'aime mieux ça!

Dorénavant je ne vois plus les choses et les gens de la même façon. Je m'extasie maintenant devant la beauté et la bonté de chaque être humain, leurs qualités et je comprends mieux leurs défauts ou leurs faiblesses.

Parfois je vois Dieu dans une personne qui m'apporte du

bien. Je pardonne mes erreurs et je me comprends. C'est bien difficile d'expliquer cela. En fait, je vois l'importance de la vie dans la nature. Mes préjugés sont tombés. Je ne vis plus les problèmes de mes enfants car je sais qu'ils feront comme moi. Ils s'en sortiront. De tout façon, nous ne sommes que de passage sur cette terre.

" La souffrance nous force à arrêter et à réfléchir
donc à aller au fond de nous.
Et lorsqu'on va au fond de soi, on va chercher des trésors
On se découvre, en quelque sorte. "

27 août, 1983
C'est le matin du mariage de Sylvie et John. Je suis nerveuse car j'ai peur de ne pas y assister. Dans la nuit, je suis resté deux heures éveillée parce que mon coeur battait trop fort. Enfin, sur le matin, avec l'aide de médicaments, je suis calme mais un peu fatiguée. René a décidé de venir. Je suis contente pour Sylvie. Je voudrais que cette journée soit sans nuage pour elle. Marjo m'a choisie et achetée une belle robe. J'ai beaucoup de félicitations. Elle me fait comme un gant. Mes fils, Jules et Bruno, leurs amies, Louise et Brigitte, viennent à la maison. Ils sont chics et très beaux.

Nous arrivons chez Marjo car Sylvie doit s'habiller là. En entrant dans la maison, je vois Sylvie descendre l'escalier. Je ne l'ai jamais vue aussi belle et tout le reste de la journée, je passe mon temps à la regarder. Sa robe lui va à ravir. *"Elle est là, toute belle. Je la vois danser, c'est comme un rêve. J'ai eu si peur de la perdre lors de son accident"*

Je remercie Dieu de connaître cette joie. Je souhaite à Sylvie tout le bonheur possible, elle le mérite bien, ainsi que son mari John que j'aime beaucoup.

Germaine Dubreuil

"Dieu est fidèle.
Il ne permettra pas que vous soyez éprouvés
au-dessus de vos forces. "

27 janvier, 1984

Aujourd'hui, je me lève à neuf heures très en forme. Il y a un soleil radieux. Le téléphone sonne. Je réponds et c'est Sylvie qui m'annonce sa visite avec son mari. Que je suis contente! Il fait beau, je me sens bien. Je vais sûrement passer une belle journée.

Une demie heure plus tard, le téléphone sonne de nouveau. Cette fois, c'est l'hôpital: *"Pouvez-vous entrer cet après-midi à deux heures?"* qu'on me demande. J'hésite car je me promettais une si belle journée. Je me dis: *"Aussi bien en finir"* Je me sens nerveuse et triste. Mon coeur bat plus vite. Le sort en est jeté. Ma journée sera gâchée. Je m'en vais à l'hôpital pour me faire enlever des pierres aux reins. Sylvie arrive avec John. Elle n'a pas son sourire habituel.

Je me prépare et fais ma valise. Mon mari a l'air songeur. Je lui dis que je vais revenir, de ne pas s'en faire, mais je le comprends car à son âge, cela doit être difficile à vivre.

Nous arrivons à l'hôpital. Sylvie et John essaient de me dérider. Je joue leur jeu. Je remarque que la secrétaire de l'hôpital est sèche et n'a pas le sourire facile. Je me dis qu'elle n'aime peut-être pas travailler le samedi. Elle me pose un bracelet qui fait *"clic"* Je suis comme une prisonnière. Je porte maintenant un numéro. Nous prenons l'ascenseur pour aller au sixième. John porte ma valise et fait le garçon d'hôtel. Je ris même si je n'ai pas le coeur à le faire. Sylvie et John restent avec moi pour le souper et jusqu'à neuf heures. Je l'apprécie fortement. Nous avons de la difficulté à avoir de l'intimité car ma compagne de chambre parle tout le temps et nous raconte sa vie. J'apprends que c'est une ancienne prostituée. Par contre, elle veut toujours m'aider et me rendre service. Dans la nuit, je suis inquiète car elle fume beaucoup au lit et prend des médicaments pour dormir. Le lendemain j'en parle à l'infirmière qui me dit qu'elle va la surveiller de près. Je dors un peu mieux.

La veille de l'opération, une infirmière vient me placarder *"à jeun"* Je sais que je serai opérée le lendemain, plus précisément à deux heures. Ils viennent me chercher à midi et demie pour l'opération. Cela me fait moins de stress à supporter. J'ai la chance d'avoir Marjolaine et Louise avec moi depuis le matin. Je ne le dis pas, mais j'ai peur. Je me trouve lâche par moment. Avec leur compagnie, cela me distraie et j'y pense moins.

Après l'opération, je souffre terriblement et je vomis continuellement. L'effort que je fais me donne mal à la plaie encore ouverte. Ma fille, Ghislaine, vient dans la soirée. Je ne peux pas parler mais je sens sa présence et cela me rassure. Vers neuf heures et demie, Ghislaine me dit: *"Je dois m'en aller. Je suis venue à pieds et je travaille demain à six heures."* Je lui réponds faiblement: *"Bien sûr ma Ghislaine, comme je te comprends."* Après son départ, je suis triste à en pleurer rien qu'à penser qu'elle aura froid en s'en allant. Je me pose beaucoup de questions: *"Pourquoi son mari n'est-il pas venu la chercher?"*

Le lendemain et les jours suivants, j'entends une belle petite voix douce qui encourage sa compagne. Je ne la vois pas car elle est de l'autre côté du mur. J'essaie de me l'imaginer. Elle me fait du bien et m'encourage sans le savoir. Elle doit être âgée car elle a une petite voix tremblante. Alors je me dis: *" Quand je pourrai marcher, ma première visite sera pour elle et je lui dirai le bien qu'elle m'a fait et l'espoir qu'elle m'a donné."* Parfois, je croyais que c'était ma mère qui était là, derrière ce mur. Elle qui nous soignait si bien. Cela n'aurait pas été étonnant qu'elle vienne apaiser mes souffrances.

Je reste quatre jours sans manger. L'infirmière me fait lever dès la première journée. C'est dur de bouger. Me retourner dans mon lit exige patience et ingéniosité. Faire quelques pas devient toute une histoire. J'avance péniblement en suivant les murs, en me tenant aux rampes, comme le fait un aveugle. Je grimace de douleur.

Ma première marche a été promise à ma petite vieille et je l'ai aimée encore plus en la voyant. Quel courage! Une hanche cassée et mal reprise. Elle a quatre-vingt-dix ans et elle doit subir une autre opération. Après son opération, je retourne la voir mais elle n'a pas repris connaissance.

Enfin, c'est ma sortie. Marjo vient me chercher. Elle arrive vers dix heures pour ne pas que je sois inquiète. Elle pense toujours à tout, cette petite! Tous mes enfants sont venus me voir à l'hôpital comme à la maison. Je suis gâtée et pas négligée du tout. Je me trouve chanceuse d'avoir des enfants aussi chaleureux. *Ils sont ma raison de vivre.*
De retour à la maison, mon mari a un drôle d'air, ne sourit pas, ne me demande rien. Il est totalement absent. Son moral, je crois, en a pris un coup.

Réflexion
Il me fallait faire semblant, ignorer la résistance de mon corps, recouvrer rapidement la santé afin que je vois autour de moi un sourire au lieu d'un visage figé. Le temps! J'en avais tant perdu et il y avait tant à faire. Il fallait rattraper ce temps. Vivre est en soi une joie. Dans la souffrance, ma mère aurait dit: *"C'est la volonté de Dieu. Cela te rendra meilleure,"* mais moi, je n'y crois pas.

De toutes les couleurs

On ne devient pas meilleure parce qu'on souffre
mais parce qu'on a souffert.

4 avril, 1984

Ma petite Louise a l'air malheureux. Je fais ce soir l'épicerie avec elle et son ami, François. Nous faisons deux épiceries. Je vois bien que rien ne va. Je sais que ce n'est pas toujours facile d'élever un enfant seule. Je la trouve courageuse. Elle ne se plaint pas. Elle travaille en plus. Elle n'est pas chanceuse pour trouver un homme qui l'aiderait et qui l'aimerait. Elle dit être très fatiguée le soir. C'est dur pour elle. Je lui souhaite d'être heureuse, cela me fait mal de la voir ainsi. J'espère que Marc, son fils, saura reconnaître ce qu'elle fait pour lui.

14 juillet, 1984

Je me réveille cette nuit comme souvent je le fais avec le coeur qui me débat très fort. Je suis gelée. L'espace d'une seconde, je me demande si je pourrai prendre mes médicaments car je ne peux bouger. Ça ne dure pas longtemps et je peux les prendre. Je vais à la toilette, je regarde l'heure: trois heures. Je ne me rendors que vers sept heures ces médicaments me donnent mal à la tête, me bouchent le nez et engourdissent mes jambes. Cela arrive toujours la nuit. J'espère que je mourrai durant mon sommeil.

Durant les heures où je ne peux dormir, je regarde une lampe en métal que je n'aime pas. Je suis portée à toujours dessiner les objets avec mes yeux et je trouve que ce design est très laid. Demain, j'enlèverai cette lampe car je ne peux plus la voir et je préfère contourner mon bureau en chêne.

Que c'est long des heures passées ainsi!

Germaine Dubreuil

29 août, 1984

J'ai passé une bien mauvaise nuit. Je me suis réveillée et mon coeur battait irrégulièrement comme un vieux cadran qui ne veut plus marcher. Je prends des médicaments et je me mets de l'onguent. Ça passe mais pas complètement. Je me rendors.

Cet après-midi, j'ai eu un étourdissement. Ce n'est pas la première fois mais j'ai cru un instant que je perdrais connaissance. Mon coeur bat très vite. Je me mets encore de l'onguent et je bois de l'eau très chaude. Ça me fait du bien mais le coeur continue de battre éperdument. Je me dis: *"La prochaine fois, comment la crise se passera-t-elle?"* Personne ne pourra jamais comprendre à quel point c'est difficile de vivre avec cette maladie. Je perds courage, parfois. J'en demande pardon à Dieu.

> *" Au sujet de la mort*
> *nous qualifions de contre nature*
> *ce qui est notre propre nature. "*

Je m'aperçois que la vieillesse a ses bons côtés. Le bon côté, c'est la possibilité de nouvelles relations avec la jeunesse. Entre eux et nous, il n'y a aucune rivalité et nous pouvons leur partager la sagesse apprise au fil des ans. Quant à nous, nous pouvons gagner beaucoup à écouter les jeunes et chasser ainsi l'ombre de la vieillesse.

8 septembre, 1984

Marjo et son mari, Jacques, viennent me chercher. Nous allons à un dîner chez Jeanne et Lucien. Quand nous arrivons, j'embrasse Jeanne. Elle semble contente de me voir mais elle ne sait pas à quel point moi j'avais hâte de la voir. Midi passe, tout le monde est arrivé excepté Thérèse et son conjoint, Hermas. Je suis inquiète et je le dis à Armand. Il me répond: *"Y ont pt'êtr eu un accident et y sont pt'êtr*

De toutes les couleurs

toué deux à l'hôpital. " Je sais que mon frère fait des farces, mais moi, je trouve cela curieux et je commence à m'en faire. Jeanne me dit: *"À moins qu'à pense que c'est d'main!"* Je lui réponds: *"Ça s'peut pas."* Jeanne l'appelle au téléphone et c'était bien cela: Thérèse pensait que c'était dimanche. Nous avons tous bien ri. Nous avons un excellent dîner. Lucien et Jeanne savent recevoir. Ce que j'ai le mieux aimé de la journée, c'est leur hospitalité. Je les regarde tous les deux et je songe.

"Quel couple merveilleux!"

Après dîner, je veux prendre des photos et je ne sais pas pourquoi, je dis:

"J'vais prendre la photo des cinq soeurs."
Pourquoi j'ai dit cela?

La sage Lucienne dit: *"Je s'rais d'accord qu'Armand soit là aussi."* Je pense que je n'ai pas réfléchi avant de parler. Je sais que c'est un de mes défauts et cela m'arrive souvent et chaque fois, je le regrette toujours. Je m'en veux. J'ai fait de la peine à mon frère, je le sens et je le comprends. Pourquoi j'ai dit ça? La question me vient peut-être vingt fois au cours de la veillée. Peut-être que je me sens plus près de mes soeurs? Pourtant, j'aime mon frère. Quand il est parti pour l'armée, j'étais très inquiète et j'avais peur pour lui. Pourquoi?

Thérèse et Hermas arrivent. J'aime voir arriver Thérèse, avec son sourire, les bras en l'air, elle crie: *"C'est nous, on arrive."* Elle respire la joie de vivre et nous la transmet. Je ne conçois plus ma vie sans elle. J'aime voir Rhéaume et Simone, un couple uni. L'un ne va pas sans l'autre. C'est beau de les voir! C'est comme ça que j'aurais voulu que ce soit à ma retraite mais je n'ai pas réussi. Ma soeur Lucienne, je la trouve changée. Elle me dit qu'elle a été malade. J'étais tellement contente de la voir. La dernière fois que je l'avais vue, je l'avais trouvée radieuse. Sylvie m'en avait fait la remarque, chez Jeanne, elle était plus songeuse et les yeux plus fatigués.

Enfin la journée s'achève trop vite. Arrivée chez moi, j'ai de la nostalgie. Je me sens trop loin d'eux. Je suis fatiguée et j'ai les larmes faciles. Mais quelle belle journée j'ai passée! Merci à Jacques, mon fils et à ma fille, Marjolaine. C'est grâce à vous deux que je vais puiser un peu de bonheur. Bruno vient m'embrasser et me souhaite bonne nuit, comme il le fait de temps en temps. Ça me fait du bien que quelqu'un y pense et soit près de moi. J'ai fait lire mes écrits à toute ma famille.

" Les roses."

Voici les commentaires de chacun:

Simone dit: *"Maintenant, vous savez qu'elle aime les roses! Vous pouvez lui en envoyer."*
Lucienne trouve cela beau, assez beau pour aller retranscrire le texte.

Thérèse s'exclame: *"Ah ça, c'est beau les roses!"* Elle l'avait déjà lu. Jeanne dit: *"Les roses, ce sont ses enfants ou ses enfants sont des roses!"* Je vois qu'elle m'a comprise. Rolande a les larmes aux yeux en lisant: *"J'ai eu une enfance heureuse."* Elle dit: *"Moi si j'écrivais mes souvenirs de jeunesse, je n'aurais que d'la misère à raconter."*

J'ai écrit *le temps des roses* le 12 décembre, 1983. Je tiens à vous présenter ce texte dans son intégralité:

Le temps des roses!

De toutes les couleurs

Je ne sais pas d'où me vient
le goût si exagéré des roses.
Depuis mon tout jeune âge
autant que je me souvienne
j'ai vu des roses au printemps
tout le long du fossé
près de la clôture du jardin.
J'avais toujours hâte à la floraison
Je disais à ma soeur, Jeanne,
"Viens nous allons voir si les roses ont des boutons?"

Nous y allions tous les jours et nous trouvions toujours ça trop long. Enfin, une première rose. Nous allions le dire à maman tout de suite car pour elle aussi, c'était une bonne nouvelle. Le lendemain, nous apercevions des centaines de roses, toutes de la même couleur "American Beauty" comme disait ma mère. Mon Dieu qu'elles ne duraient pas longtemps! Maman se dépêchait d'aller se chercher un bouquet qu'elle plaçait sur une table haute dans le milieu de la salle à manger.

Maintenant, nous ne voyons plus cela car les cultivateurs font brûler le bord des fossés pour ne pas avoir à les faucher Quelle tristesse!

Je me suis mariée, je suis passée de la campagne à la ville, je n'ai plus vu de roses pendant plusieurs années. Peut-être y en avait-il encore, mais je ne les voyais plus. Trop occupée à cultiver et admirer mes fruits, les fruits de ma chair, tous d'une beauté encore plus exceptionnelle que les roses, d'une couleur rose doux et des yeux d'un bleu tendre.

Dans leurs cheveux, c'étaient comme des rayons d'or
Je pouvais les caresser à mon aise
J'aimais passer mes mains dans leurs cheveux
Il y avait une telle douceur

Germaine Dubreuil

Encore plus doux qu'un pétale de rose.

Un jour, à l'hôpital, j'ai reçu des roses. je les ai placées à portée de ma vue. J'ai dessiné les pétales et les feuilles avec mes yeux, je ne sais combien de fois, tellement je les trouvais parfaites. Je voudrais savoir d'où viennent les roses et pourquoi ont-elles été faites? J'ai deux rosiers près de ma maison. Par ma fenêtre, je peux les voir. Il n'y a plus de roses, bien entendu, mais j'ai vu leurs feuilles. Elles étaient un peu fanées mais d'une belle couleur vert foncé. L'espoir m'est venu et j'ai confiance que je verrai encore refleurir mes roses.

Je vis le meilleur temps dans ma vie. Je goûte mes fruits de toutes sortes avec amour. Les fruits de mes fruits sont si extraordinaires pour moi. Je peux encore admirer les roses.

"Regarder c'est naturel, mais savoir regarder
voilà qui est merveilleux."

Réponse à propos de mes roses
de mon fils, Jules Poisson,1984.

À la sueur de ton coeur
Tu as semé tes roses
Il a fallu que tu endures
Les épines te déchirer
Tu es encore inquiète de tes roses
De ceux et celles dont les pétales
Ne sont pas encore sortis
De ceux et celles dont les pétales
Sont tombés prématurément
Tes roses, tu les a bien enracinées
Dans la bonne terre avec amour
Tes roses survivent parce qu'elles sont
Absolument certaines que tu les aimes

De toutes les couleurs

Tes roses sont en plein soleil
Ne soit plus inquiète.

13 novembre, 1984
Ce matin, c'est très beau dehors. C'est la première neige et les arbres sont remplis à craquer de neige. Ils ne bougent pas, comme s'ils ne voulaient pas se défendre du froid. J'aime mieux quand il vente un peu et que leurs branches bougent. Ils ont l'air moins mort!

Je regarde longtemps par la fenêtre et je me vois toute petite, jouant à faire des bonshommes ou des balles de neige avec ma soeur, Jeanne, bien entendu. Quand nos mitaines étaient mouillées, nous en avions de rechange, des mitaines que maman nous tricotait avec la laine de ses moutons. C'était chaud! Ce temps-là est passé pour toujours. Il me reste à regarder la neige dans les arbres. La première neige qui ne cesse de neiger, comme disait le poète Nelligan.

Alors que je croyais mon anniversaire bien fini, ce matin, je reçois une carte de ma soeur, Thérèse, qui me donne de l'entrain pour la journée. Elle est en route vers la Floride et a l'air en très grande forme. Elle me fait ces farces:

"Comme on est rien que deux à voter
À la maison, mon mari pis moi
À chaque fois qu'y a une discussion
Nos votes s'annulent comme de raison
Moi je me dis que dans ces conditions
Y reste rien que la séparation
Mais Germaine répond
"Prends pas toute seule la décision
On va se faire un p'tit référendum."

Thérèse (Ah! Ah! Ah!).

Germaine Dubreuil

Elle a du talent ma soeur, comme de raison?
J'ai passé une belle nuit. La journée s'est bien passée.
Le coeur est à la normale.
22 novembre, 1984
Mes deux filles, Sylvie et Marjo, viennent passer la journée.
Elles arrivent de bonne heure car la journée est toujours
courte. Elles me paient le dîner au restaurant et elles me font
rire, c'est pas possible. Nous parlons beaucoup. Par chance
que j'ai retrouvé ma Marjolaine. Tout ce que j'aurais perdu
si elle ne m'avait pas pardonné pour l'injustice que j'ai eu
envers elle.

Cela me donne le goût de vivre et me fait un grand bien.

"Pardonner à soi-même
c'est le plus grand essor
vers ce qu'il y a de plus grand,
la dignité humaine
Pardonner aux autres est
un grand accomplissement
C'est l'accomplissement de toute une vie."

24 décembre, 1984
Je suis invitée chez Sylvie pour une fondue. J'aimerais être
avec eux mais je trouve ça loin. L'hiver, l'auto me fatigue
un peu et j'ai toujours peur dans le temps des Fêtes car il y
a des conducteurs dangereux sur les routes. Il fait froid et
j'ai le goût de rester à la maison avec mon gilet et mes bas
de laine. Dans la veillée, je regrette de ne pas avoir accepté.
C'est tellement ennuyant ici. Je me sens seule et je pense au
Noël d'il y a trente-et-un ans où je faisais les cents pas dans
l'hôpital, mon mari dans le coma. Dans l'après-midi, il
faisait encore des farces avec moi mais les infirmières et le
médecin m'avaient avertie qu'il ne survivrait pas à ses
blessures. Il avait les poumons perforés et des côtes cassées.

De toutes les couleurs

J'étais fâchée et j'ai dit au médecin: *"C'est parce que nous n'avons pas d'argent que vous le laissez mourir?"* Je lui avais alors offert l'argent de l'assurance de la maison. Mais il m'a dit: *"Il n'y a plus rien à faire. Je regrette."* Je ne pouvais pas y croire. *" Il s'est trompé "* que je m'étais dit. Les médecins disent n'importe quoi. Ils ne sont pas humains.

J'avais pris les mains de mon mari et il me semblait qu'il serrait les miennes. La messe de minuit finissait à peine qu'il décédait. Le prêtre était venu me parler de Dieu mais je n'avais rien voulu entendre. *"Je n'en veux pas de votre Dieu qui n'est pas juste, qui vient chercher un père de sept enfants."* Je lui criais très fort: *"Vous trouvez ça juste, vous?"*

Ils ont dû me donner des calmants
mais dans la nuit, je me réveillais en criant son nom
Je réveillais tout le monde

Depuis ce temps, la veille de Noël ne me dit plus rien
et je pense toujours à cette épreuve terrible.

3 janvier, 1985
Toute la famille est là, bien en vie, pour la Nouvelle Année. Tant d'autres sont disparus, morts ou malades ou condamnés par la maladie ou la pauvreté aussi. Des enfants meurent de faim en Éthiopie. Il y a beaucoup trop de problèmes dans le monde. Nous oublions d'être content, d'être debout même si la santé est parfois chancelante.

Quel cadeau la vie! On y pense pas. Prenons la résolution d'apprendre à apprécier d'être vivant.

Germaine Dubreuil

12 janvier, 1985
Mon beau-frère, Philippe Ravenelle, est décédé. Il y avait longtemps qu'il était malade. C'est une délivrance pour lui. Il voulait mourir avec les siens mais il n'était plus maître de lui. Rendu à la fin, nous n'avons plus la force, je suppose, d'insister. Malgré sa maladie, il avait encore le goût de vivre et il était de bonne humeur. Pourquoi on ne pourrait pas mourir dans la joie, ce serait plus merveilleux, n'est-ce pas?

Des savants expriment la croyance que l'âme survit à la barrière du temps et de l'espace. Je suis certaine que nous sommes au bord d'une grande découverte scientifique de l'histoire qui prouvera l'existence de l'âme et son immortalité, que notre mort n'est en réalité que notre entrée dans une dimension supérieure.

"La vie nous apporte de la joie
mais bien plus de problèmes
Il faut l'accepter jusqu'à la fin
Alors ce sera le commencement d'une autre vie
sans douleur ni contrainte
C'est mon espérance!"

Dimanche passé le 13
Louise Poisson et son mari, Fernand, sont venus nous chercher pour aller au salon mortuaire voir Philippe. Je le regardais dans sa tombe et il avait toujours son p'tit rire en coin qu'on lui connaissait. Il est mort à quoi bon l'exposer? Tout le monde riait à côté de lui et il riait sûrement de nous tous.
En revenant, nous avons soupé au restaurant. J'aime bien cela. À la maison, j'ai dit merci à mon mari. Il m'a répondu: *"Y en ont ben trop mis. J'ai payé pour rien. J'ai pas pu tout manger."* Dans le temps de nos premières années d'amour,

De toutes les couleurs

il m'aurait dit: *"Si t'es contente, c'est ça que j'veux!"* Les temps changent.

Une belle surprise m'attendait: ma p'tite Odette viendra passer deux jours. Je suis bien contente mais que le temps est court. Quand elle est là, elle est tellement agréable, douce et drôle en plus.

Quand elle repart, le mardi soir, je m'enferme dans ma chambre et je me sens bien triste et seule. Par chance, Bruno me console un peu en venant me voir, vers neuf heures. Il m'embrasse et me souhaite bonne nuit, comme il en a l'habitude. Cela me réchauffe: Bruno est encore là, avec moi.

Je voudrais que mon mari, Auray, soit là pour voir ses petits-enfants et ses enfants. Je crois qu'il y aurait plus de compréhension, lui qui aimait tant ses enfants. Je ne serais pas seule, comme en ce moment. J'ai un autre bon mari mais il est bien ennuyant. Le temps me paraît long parfois. On dirait que son visage est figé à jamais. On ne sort jamais ensemble. Ce n'est pas pour me plaindre que je dis cela: c'est une constatation, tout simplement. D'une manière ou d'une autre, la vie, est ainsi.

Une journée bien et trois jours moins drôles

14 février 1985
J'ai une belle surprise: Louise nous envoie des belles marguerites à son père et à moi. Elle nous prouve qu'elle nous aime puisqu'elle a pensé à nous. Je suis très fière de ma fille et je fais des jalouses parmi mes voisines. Elles m'envient. Elles me disent:*"On en a jamais reçues, nous autres."*

La veille, le 13, il a neigé toute la journée. Pour la première fois de l'hiver, j'ai trouvé la neige blanche et belle. Les arbres étaient d'une beauté extraordinaire. J'ai passé ma journée à jeter un coup d'oeil à l'extérieur. Quelle beauté! Ça vaut la peine de vivre, *juste pour cela!*

Hier soir, je suis allée prendre une marche avec une amie. Elle était triste, tannée de vivre et ne faisait que répéter: *"On va être bien que lorsque nous serons six pieds sous terre"* Je l'ai fait taire et je lui ai dit: *"Vous n'avez pas le droit de parler ainsi! Il faut vivre sa vie, la vie que Dieu nous a prêtée. Je la trouve dure par moments, mais je la vivrai de mon mieux jusqu'au bout."*

Je ne sais pas pourquoi? Peut-être est-ce parce que je suis plus faible, mais il me semble que je ne vois que des gens malheureux autour de moi.

> *" Tout le temps, chante Vigneault*
> *tout le monde est malheureux... tout le temps!"*

Quand on était jeunes et innocents, on était contents de pas grand chose: un peu de chaleur à la maison, un peu d'affection autour de soi. Il me semble qu'en vieillissant, le monde devient plus dur ou peut-être suis-je devenue plus sensible ou plus exigeante?

Il faudrait pouvoir encore rêver comme des enfants, mais mes rêves se sont évanouis. Je rêve et ne vis qu'une journée à la fois. Enfin les jours rallongent, le mois de février achève!

Je reviens à la maison avec un sourire, mais j'hésite à entrer, car je sais que j'y trouverai un visage figé qui me figera.

> L'homme a changé la nature
> Il a perdu du naturel en chemin

De toutes les couleurs

Il faudrait que je redevienne un enfant.
Mais pourquoi pas?
Qui est-ce qui m'en empêche?

17 mars, 1985
J'invite Yvan, le fils de René, à souper, pour son anniversaire. Il ne fait pas beau mais il vient quand même. Je suis contente d'être seule avec lui et de pouvoir lui parler, tandis que son père est couché. Je le trouve amaigri mais mieux du côté moral que la dernière fois. Nous parlons de métaphysique, d'incarnation, de choses profondes.

C'est intéressant mais je crois qu'il se pose trop de questions. Il voudrait un monde parfait et plus juste. Comme il est déçu! Ça le rend un peu agressif. J'aime parler avec lui. Il comprend bien la femme. Il me dit qu'il aime bien la façon dont Luc vit, c'est-à-dire avec insouciance. J'espère que l'occasion se présentera encore. J'aimerais beaucoup lui rendre visite.

5 avril, 1985
Ma fille, Ghislaine, me confie qu'elle ne demande pas beaucoup à la vie. Elle veut aimer et être aimée. Elle vit avec son coeur et elle voudrait aimer tout le monde. Elle a besoin de beaucoup d'amour. Vivre avec son coeur, c'est désirer voir tous les gens heureux, ceux qu'on aime comme ceux qu'on aime moins. Elle a raison. Je crois que c'est le plus important! Elle a une belle âme!

Sylvie vient dîner avec John. Elle passe un mauvais moment selon la confidence qu'elle m'a faite. Ma petite Sylvie que je croyais infaillible est comme tous les autres et comme moi. Un être humain qui peut se tromper.

Ce soir, je ne suis pas heureuse, quand je pense à tous mes enfants qui ne sont pas heureux et à mon mari qui ne l'est pas non plus. Je me demande pourquoi je vis. Il me prend l'idée d'arrêter mes médicaments. Peut-être que ma vie finirait plus vite. Je ne trouve que misère humaine partout et je prends cela trop à coeur. Je n'ai même pas le plaisir de manger ce que je veux.

Je pleure en écrivant ces lignes
Les larmes coulent tout doucement le long de mes joues
Je n'ai plus de but, plus d'espoir, plus d'avenir.
Devant moi, c'est le néant.
Demain, peut-être que ça ira mieux.
Thérèse viens vite, j'ai besoin de toi!
Parfois je n'en peux plus!
Je n'en peux plus.

12 avril, 1985
Ma fille, Odette, m'a payé un souper au restaurant mercredi. Elle est restée à coucher et le lendemain, nous avons parlé toute la journée. Je me suis confiée et elle aussi. Avant de partir, elle m'a dit: *"Tu es ma plus grande amie."*
Cette confidence m'a fait plaisir.
Odette m'a aussi rassurée: *"Tu sais bien maman qu'on ne te laissera jamais tomber et que nous sommes toujours tout près pour t'aider."*

Je ne voudrais pas, quand vous lirez ces lignes, que vous vous sentiez responsables de mes chagrins.
Vous êtes tous des enfants extraordinaires, bien spéciaux.
Je suis privilégiée de recevoir tant d'amour, mais voyez-vous, la vie a ses hauts et ses bas. C'est normal. C'est la vie!

Nous faisons tous pour le mieux, moi la première, mais il y a des circonstances et des faits qu'on ne peut éviter, j'en sais quelque chose. Ce n'est pas toujours facile la vie. Quand je ne serai plus là, vous vivrez la même chose que je vis actuellement. La vieillesse et la maladie nous rendent plus sensibles et plus réalistes. C'est bien fait car on finit par se détacher plus facilement des choses de ce monde. Et vous vous direz:

> *"Maman est heureuse, enfin!"*

18 mai, 1985

Ce soir, je suis allée à la messe. Dans l'église, on fêtait les *jubilaires,* avec parents et amis, l'anniversaire de mariage de quatorze couples: 50 , 40, 30 et 25 ans.

J'ai essayé de voir dans les yeux de chacun des couples des lueurs d'amour et je n'en n'ai pas vues.

Il arrive qu'on dise d'un couple qu'ils sont faits l'un pour l'autre, qu'ils ont toutes les chances de former un couple uni. Est-ce vrai?

Dans la lettre de Saint-Paul Apôtre, dans l'Évangile, il est dit: *"Supportez-vous mutuellement et pardonnez si vous avez des reproches à vous faire ou à faire aux autres."*

S'il y en a rien qu'un qui pardonne, qu'est-ce que l'autre doit faire? Seigneur, apprends-moi à aimer, à aimer pour la vie. J'aurais aimé finir mes jours avec René en étant plus unis que jamais, mais il s'éloigne de plus en plus.

> *Comment cela finira-t-il? Je ne sais pas.*

Trop de choses nous séparent: l'âge, la propreté, son manque d'amour et de tendresse.

> *Comment faire pour réparer tout cela?*

6 juin, 1985

Il fait encore froid dans la maison. Je me lève plus tard. J'ai plus chaud sous mes couvertures. À part mes douleurs un peu partout, surtout au cou, ça va assez bien.

Germaine Dubreuil

Une amie vient et me raconte ses malheurs. J'appelle Yvette Lazure et elle me raconte les siens. Marjo, le soir m'appelle. Jacques est parti. Elle me dit: *"C'est pas mal dur à vivre."* Je la sens très abattue. J'aimerais être libre afin d'aller passer quelques jours avec elle.

Tous ces malheurs et le froid ainsi que le mal que je ressens me mettent dans un état d'immobilité totale. Je n'ai goût à rien et le soir, dans ma chambre, je me couche de bonne heure. Par chance j'ai ma musique car je n'ai pas le goût de lire. Je reste à réfléchir longtemps à tout cela et je prie Dieu pour qu'il change les choses afin de voir plus de gens heureux pour pouvoir apprécier la vie.

"Maintenant, Dieu sera avec moi dans l'obscurité
pour me protéger"

6 juillet, 1985
Ce soir, je suis révoltée! Ma fille, Louise, m'a appelée pour me dire que sa soeur, Ghislaine, s'est chicanée avec son mari, Évandro, et qu'ils en étaient venus aux coups. Elle a les lèvres fendues. Je ne peux pas croire qu'elle ne soit pas partie tout de suite. Si j'étais un homme fort, je serais allée en personne lui donner une *"crisse de volée"* afin qu'il s'en souvienne longtemps. Évandro ne semble pas savoir pourquoi il agit de cette façon. Pourtant, son père ainsi que son grand-père étaient comme lui. Je pense qu'il a besoin de soins psychiatriques. Ghislaine ne doit plus subir ça. René semble révolté autant que moi ainsi que Bruno. Je ne serai tranquille que lorsqu'elle partira et je lui conseillerai de le faire. Pauvre Ghislaine, je suis sûre qu'elle pourrait se trouver un bon garçon pour refaire sa vie. Ses enfants sont élevés maintenant. Tant qu'elle restera avec lui, je serai inquiète car je sais qu'il va recommencer.

De toutes les couleurs

Ce qu'elle peut être drôle la vie, des fois
Elle en fait voir de toutes les couleurs à mes enfants
et automatiquement à moi-même.

24 août, 1985

Je serais bien contente de serrer dans mes bras un enfant de Sylvie et John. Si j'apprenais que Sylvie est enceinte, je vivrais sa grossesse et son accouchement en même temps qu'elle et je serais très inquiète.

J'ai toujours eu peur de perdre ma Sylvie et cela vient du temps où elle était dans mon ventre.

Le dimanche suivant, je vais à la messe. Il y a plein de monde. C'est la remise des Évangiles aux enfants. J'aime bien quand il y a beaucoup de monde, c'est comme une grande communion, je me sens plus croyante et spirituelle.

En revenant, je ramasse une feuille d'érable que j'ai remarquée parmi tant d'autres. Je la prends dans ma main, la regarde. Elle est rouge et belle malgré le défaut de son pourtour. Je la palpe, lui trouve encore de la vie. Je me demande si je dois la garder ou la laisser aller au gré du vent. Je pourrais l'apporter à la maison, la mettre dans un livre mais je sais qu'elle ne servira à rien. Je décide de la laisser aller. Le vent lui fait faire un tour comme s'il eut hâte que je la laisse partir de peur que je ne la reprenne et je me pose la question: Où ira-t-elle? Peut-être dans quelque trou où elle ira mourir. Elle servira d'engrais. *Comme cela, elle n'aura pas été inutile sur cette terre.*

C'est le silence complet à la maison, excepté quelques paroles prononcées au chat. Je risque une parole et *il* me fait signe de la tête. Alors je ne parle plus. Visage de bois, silence de bois mort!

Germaine Dubreuil

C'est plate à mort! J'en profite pour écrire à ma belle-soeur, Margot, et je me dis que ça doit être silencieux aussi chez elle, puisqu'elle vit seule et n'a même pas de chat à qui parler, excepté les fins de semaine où son ami vient lui rendre visite. Une lettre lui fera du bien.

Je pense que plus on vieillit
plus tout devient silence autour de nous

Tous les soirs, quand je me couche, je demande à Dieu de donner un peu de bonheur à mes enfants. Faites qu'ils ne connaissent pas trop d'épreuves, qu'ils soient heureux, autant qu'on peut être heureux sur cette terre.

Je répéterai cette prière tant que je vivrai

26 octobre, 1985
Aujourd'hui, Lucie L. est venue nous porter un bouquet d'oeillets qu'elle a acheté au dépanneur. *"C'est pour vous et votre mari"* qu'elle dit et elle nous embrasse tous les deux. Je lui demande: *"Qui t'a dit que j'aimais les fleurs?"* *"Personne, car tout le monde aime les fleurs."* Très bonne réponse pour une handicapée mentale, n'est-ce pas! Un peu plus tard, elle me demande si je peux l'aider à vivre. Je lui dis: *"Toi seule peut vivre ta vie. Je peux t'aider un peu, mais si peu! Il faut que tu te prennes en main."* Souvent, il faut que je la calme, elle s'énerve pour un rien et elle voit des péchés partout. Elle est bien tourmentée. Cela doit être très souffrant pour elle. Ce soir, je vais à la messe et je demande à Dieu pourquoi il permet à des gens de tant souffrir?

Monsieur Lamarche vient faire un tour et il dit que sa femme souffre terriblement. Cela me peine. Elle ne le mérite sûrement pas. Où est la justice? En ce monde ou dans l'au-delà? Sûrement pas en ce monde.

De toutes les couleurs

" Il faut accepter les choses
que l'on ne peut pas changer. "
Simone Dubreuil

6 novembre, 1985
Aujourd'hui, jour de mon anniversaire de naissance: J'ai soixante-trois ans. Si je me regarde dans un miroir, je trouve que j'en ai l'air, mais mon esprit est jeune. J'aime la tendresse, l'amour, l'amitié. Dans mes pensées, il n'y a rien de changé. J'aime les jeunes, les bébés, les chats, les personnes âgées, les fleurs, le soleil et les arbres, mais le corps ne reste pas jeune. Il commence à vieillir très tôt. Moi, c'est le coeur, le moteur du corps qui est le plus usé.

21 décembre, 1985
Ce soir, je fais mon petit arbre de Noël. J'aurais bien aimé le faire dehors car il y a longtemps que je n'aime pas le faire dans la maison. Depuis que ma meilleure amie a péri avec ses deux enfants le soir de la messe de minuit, à cause d'un arbre de Noël. Je ne peux l'oublier même après quarante ans. Elle avait un bébé de dix jours. Son mari, le seul survivant, était parti réveillonner quelques rues de là, chez ses parents. Quel drame!

Noël approche et je me sens une âme d'enfant. J'aimerais, comme autrefois, pendre mon bas et retrouver une orange, une pomme et des bonbons. J'aimerais qu'ils aient le même goût. Comme ils étaient bons ces fruits, ces tuques en chocolat, la tire, les bonbons de toutes les couleurs, les peanuts que maman nous mettait dans une boîte en carton. Je les comptais et je les échangeais parfois avec ma soeur, Jeanne.

J'aimerais aussi aller jouer dans la neige, faire des bonshommes de neige, mais je ne peux pas. Il fait trop froid pour sortir et cela me fatiguerait.

Qu'est-ce qu'il me reste à faire?
Où est passée ma tendre enfance?

Quelques mois plus tard
16 avril, 1986
Simone De Beauvoir est décédée. J'ai lu et relu ses livres et je m'en suis régalée. Elle a été ce que j'aurais voulu être: Libre! Sans contrainte. Elle a libéré la parole et la pensée des autres. Elle a parlé pour nous, les femmes.

Nous qui restions muettes, elle nous faisait réfléchir.

16 juin, 1986
Hier, c'était la Fête des Pères! En m'éveillant, j'ai pensé à mon père et à ma jeunesse. Comme c'était bon d'être avec lui et comme je l'aimais et me sentais aimée de lui! Je n'entrevoyais pas le jour où il ne serait plus là. Pour moi, c'était impensable! Le temps passe vite. Ça fait quand même plusieurs années qu'il n'est plus là. Je le comprends de plus en plus et j'accepte sa mort. Il ne pouvait pas vivre avec l'idée que l'un de nous parte avant lui. Il me l'a dit juste avant de mourir: *"Tu sais, ma p'tite Germaine, j'suis chanceux. J'mourrai avant mes enfants. J'n'en aurai pas vu mourir aucun."* Comme je te comprends, papa!

Après mon déjeuner, je commence mon bénévolat matrimonial. Je vais embrasser mon mari et me fais bercer. Ses yeux si ternes, la veille, s'allument, il y a de la joie dans son regard, un sourire sur son visage. Je suis déjà récompensée. Pourquoi ai-je cherché ailleurs ce que j'avais si près de moi? Ses enfants viennent tous, excepté Yvan qui ne donne pas signe de vie. Claire et Jules lui souhaitent bonne fête au téléphone.

Louise Bousquet vient l'embrasser et lui apporte un bouquet de marguerites. Il dit: *"J'suis ben content. C'est l'premier bouquet que j'reçois de toute ma vie!"* Il a une belle fête. Denise et Monique nous paient le souper. Il semble heureux.

*" Est-ce vrai, papa que là-haut avec le Seigneur
tout étranger qui entre dans cette grande maison
devient un ami, comme dans ta maison à toi?"*

Ce soir, en m'endormant, je prierai pour les pères et leurs fils afin qu'ils trouvent le bonheur et leur voie. À la manière de Dieu, les pères de famille doivent être capables de bonté, de patience et de pardon.

Un mois plus tard, j'ai arrêté mon bénévolat pour René et je crois que je ne penserai plus à en faire. De toute façon, il y a longtemps que j'en fais.

*Je pense que je suis mieux de penser
un peu plus à moi pour l'instant!*

10 août, 1986
Ces jours-ci, je pense souvent à ma fille, Sylvie. Je ne peux pas me passer d'elle. Luc me demande pourquoi Sylvie n'a pas d'enfant? Comme je ne réponds pas, il dit à sa femme Louise: *"Tu vois, même maman ne veut pas en parler."*

*Je pense à cela le soir au coucher et
je me pose la question très profondément
Je me dis que je suis peut-être égoïste
Je veux peut-être la garder pour moi toute seule.*

Germaine Dubreuil

6 novembre, 1986

Dans mon lit, je relis, avec attention, tous les textes des cartes que j'ai reçues et je suis très émue. Ces textes m'ont énormément touchée, comme d'habitude. Il y en a un en particulier qui m'a vraiment éblouie. Le voici:

Souvenirs

Que de souvenirs de mon enfance
Quand la venue de Noël s'amenait
Avec la soie de la neige et des cadeaux
On s'amusait des heures dans la neige
Avec un skidoo en plastique
On ne s'apercevait même pas qu'on tournait en rond.
Ah, les cadeaux que ce tout jeune enfant désire
dans ce temps de l'année!
Aujourd'hui, les temps ont bien changé.
Les jeunes s'aperçoivent maintenant
qu'ils tournent en rond.
Un skidoo en plastique ne suffit plus
Mais moi, maman, ce que j'ai à t'offrir
C'est la venue de Noël, le 20 octobre,
Ta petite fille en chair non en plastique

Bruno Danielle Mélissa

Ma petite-fille, Mélissa, est venue au monde le 20 octobre, 1986. Ce fut une joie sans bornes pour moi.

Il me semble qu'il y a beaucoup de violence dans l'air. Les gens se déchirent et s'entredéchirent. Pourquoi? J'ai de la difficulté à accepter cela. Parfois, ça prend un malheur ou une guerre pour tout remettre en ordre.

De toutes les couleurs

J'espère que tout le monde se réveillera avant.
J'envoie une carte à mon beau-fils, John, pour le remercier des belles petites peintures qu'il m'a envoyées. J'aime sa façon de penser et d'agir. Il aime faire plaisir. J'ai toujours aimé les artistes. Merci encore!

Je suis en forme ces jours-ci et je dors bien. Mon mari est calme et tranquille. Il est comme un ours en hiver. Il ne sort pas et se replie sur lui-même.

" Il faut s'ouvrir et être plus sensible aux besoins
et à l'originalité des autres"

2 janvier, 1987
Hier, premier de l'An, au déjeuner je parle avec mon mari de souvenirs d'antan. Il me dit que lorsqu'il était jeune, il demeurait dans le comté de Nicolet. Au Jour de l'An, tout le monde de la paroisse se réunissait dans une grande demeure en pierres avec deux foyers, un à chaque bout de la pièce. Cela s'appelait *La Seigneurie*. Les femmes faisaient à manger sur un poêle à deux ponts. Tout le monde avait beaucoup de plaisir. Quand René est arrivé à Saint-Grégoire, il a dit que ça n'a jamais plus été pareil.

Je lui parle des premiers de l'an que nous avons passés ensemble. Il me dit qu'on était bien mais que depuis que j'ai été malade, je ne suis plus la même, que j'ai changé. J'aurais aimé lui dire pourquoi j'ai tant changé. Je le lui avais déjà dit d'ailleurs, mais il ne s'en rappelle plus. Il a changé lui aussi. La vieillesse change son homme. J'ai sur le coeur la manière dont il a pris ma maladie. Il n'a pas été tendre avec moi même assez dur par moments.

19 janvier, 1987
Mon frère, Armand, n'est plus. Je n'avais qu'un frère et il a été enterré aujourd'hui. Je le touche sur l'épaule dans son

cercueil et lui dis qu'il est chanceux, qu'il est allé rejoindre nos parents.

Thérèse arrive de Floride. Elle est avec moi quand nous recevons la mauvaise nouvelle. Je me sens protégée et elle me console. Ma soeur a souvent été près de moi dans les moments difficiles. *Quelle grandeur d'âme elle a! Adieu petit frère!*

À chaque événement triste de ma vie, lorsque mes petits-enfants viennent, ils m'apportent de la joie et du bonheur. Une chance qu'ils sont là, car en relisant mon journal, je m'aperçois que je n'ai pas eu beaucoup de moral durant toutes ces années.

Ma santé n'a pas été très bonne mais je me suis toujours reprise et j'ai souvent regretté de m'être laissé aller. Le temps est bien trop précieux. Je sais depuis bien longtemps que je ne peux me fier à personne d'autre qu'à moi-même. Au mois de février quand mes jonquilles sortent de terre, je me sens en pleine forme. J'aime le printemps, l'été et l'automne mais je préfère le printemps. Au printemps, je me sens revivre. Tout bouge. Certains arbres fleurissent avant leurs feuilles. Quelle bonne idée! Les gens s'affairent dehors à leurs parterres.

Je n'aime pas l'hiver, mais si nous ne l'avions pas, nous ne pourrions pas vivre ce renouvellement. Il n'y a que les vieux qui semblent prendre plus de temps à revivre. Moi, il faut croire que je ne suis pas encore assez vieille puisque je me sens revivre au printemps.

Parfois, il y a des périodes où je cherche le Seigneur. Quand je vois tant de beauté, je constate que l'on peut LE découvrir chez certaines personnes.
Je crois que Dieu existe.

De toutes les couleurs

Quelque part en 1987
Par hasard, j'ai rencontré une dame *Girouard.* Je lui ai parlé de ma maladie, elle était cardiaque aussi. Elle a déjà perdu un fils de leucémie à l'âge de 27 ans. Elle m'a dit: *"Il est toujours là et il m'attend."* Elle était radieuse et joyeuse. Elle a rajouté: *"Je communique de plus en plus avec lui."* Elle n'était pas déprimée. Je n'ai jamais rencontré une femme aussi heureuse. Elle dégageait une telle chaleur! Cette personne m'a apporté beaucoup d'espérance et j'y ai vu le Seigneur.

Pourquoi le Christ ne serait-il pas une femme?

Quand je vais à la messe, certaines paroles me touchent. Une fois, dans le feuillet, j'ai lu: *"Pourquoi craignez-vous pour demain quand demain prend soin de lui-même? À chaque jour suffit sa peine. Dieu nous porte dans sa main."* L'objectif de la semaine était de se poser des questions sur la patience. Cela m'a fait réfléchir!

Est-ce que je suis assez patiente avec mon mari? Je crois que je suis trop exigeante. Si Dieu prenait la même attidude envers moi?

Par contre, certaines paroles de l'Évangile ne m'apportent rien. J'espère que la religion va se convertir à la vie. La meilleure façon d'aimer Dieu n'est-elle pas d'admirer sa création?

Cela m'énergise quand je rencontre mes enfants ou mes petits-enfants et maintenant mes arrières-petits enfants. Quelle chance j'ai! On s'aime beaucoup dans notre famille. Je regrette que tout le monde ne soit pas ainsi. Il y aurait sûrement moins de guerre.

Germaine Dubreuil

S'aimer, c'est si bon!
" Il faut, quand vient le soir de la vie,
qu'on sente dans sa chair
que la vie s'élève dans un nouvel être
comme le soleil du matin
C'est pour cela que l'amour
comme un arbre fécond doit porter des fruits "

6 mois plus tard
17 juin, 1987
Hier, je me suis chicanée avec mon mari. Je me suis fâchée. J'avais donné un bureau à ma belle Barbara, un bureau que j'avais acheté de madame Dextraze. Quand je le lui ai dit, il m'a fait toute une scène: *"C'ta moé ce bureau-là, pis tant qu'jvas être en vie, y a pas rien qui va sortir d'icitte."* Je me faisais une telle joie de donner ce bureau à ma petite-fille. Que je suis déçue! Je ne comprends pas du tout René d'agir de la sorte. Il a été agressif toute la journée. Il m'a même dit: *"Si t'es pas contente, t'as rien qu'à faire tes valises pis t'en aller."* Ce qui me fait mal, aujourd'hui, c'est de m'apercevoir qu'au bout de trente ans, je n'ai plus rien à moi. Qu'est-ce que j'ai fait durant tout ce temps? Aucune reconnaissance! Je n'ai pas la force de me défendre. Juste une colère et je suis obligée de prendre un paquet de médicaments et je ne dors pas de la nuit.

Hier soir, j'ai pleuré une partie de la nuit et ce soir je suis épuisée. Je pense à partir mais pour aller où? Je ne me sens plus la force de le faire. Parfois je ne sais plus pourquoi je vis et je m'endors avec l'espérance de ne pas me réveiller le lendemain. Des fois, j'ai l'impression de ne vivre que pour manger et dormir. Je ne trouve pas cela suffisant, vraiment pas suffisant.

Je manque d'amour et de tendresse.
Je me demande si René a déjà connu ça!

De toutes les couleurs

Un étrange rêve

J'ai fait un rêve étrange la nuit passée.

Ma belle-mère nous recevait dans une grande maison et il y avait beaucoup de monde. René était assis seul dans son coin et ne parlait à personne. Tout à coup, j'aperçois Auray, mon premier mari. Il avait engraissé. J'étais très contente de le voir. Je l'ai pris par la taille et je lui ai avoué que je l'avais toujours aimé. Il a détourné la tête en me disant qu'il s'était remarié aussitôt après la séparation. Je lui présente mes enfants qui étaient tous grands à l'exception de Sylvie qui avait à peu près cinq ans. Son visage a changé. Il semblait content et fier. Il s'est mis à rire et j'étais contente de le voir si heureux.

Par la suite, je rencontre mon père. Je mets ma joue contre la sienne. Il me semble très vieux. Nous nous sommes serrés très fort en pleurant. Tout à coup, il a disparu mais il me reste dans la main un insecte vert avec de grandes pattes dans un sac de coton. Quelqu'un me dit: *"Il est mort."* Mais je vis une patte sortir du sac et bouger. Je n'avais pas peur. Tout cela me semblait normal. Ensuite, je vais aux toilettes et elles étaient bouchées. Elles étaient pleines de boîtes vides et il y avait plein d'eau par terre. J'enlève des boîtes et j'en donne une à ma fille, Louise, qui est couchée et malade pour qu'elle puisse vomir dedans. Elle semble avoir un gros mal de coeur. Je me réveille avec la sensation que j'avais vu et senti tous ces personnages.

Quel rêve bizarre! Qu'est-ce que ça veut dire?

Deux jours plus tard...Lettre de ma fille
Chère Maman,
Je suis venue te remercier pour m'avoir aidé à guérir. Pour moi, ça m'a fait l'impression de retourner à mon enfance. J'ai quarante-cinq ans. Je t'ai écoutée le matin tôt, assise au bord de ton lit. J'ai très bien mangé et j'ai eu beaucoup

d'amour. Tu m'as offert tout cela. Merci! N'oublie jamais une chose, maman. On t'aime tous très fort. Je t'embrasse.

"Ayez le sourire et on vous le rendra."
Ghislaine Bousquet

Réponse:
Ma fille, tu m'as donné encore plus que je t'ai donné et en plus, tu m'as fait réfléchir. Où vas-tu donc chercher en toi tant d'amour envers les autres? Ta mère qui t'aime. Germaine.

3 janvier, 1988
Aujourd'hui, je passe la journée seule avec mon mari mais c'est comme s'il n'était pas là. Parfois j'ai besoin de ces moments où je me retrouve vraiment seule avec moi-même. Je prends un bain chaud. J'ai soin de ma personne. Je prends conscience de mon être. Je me touche et me regarde. Je me sens vieille. J'ai de la difficulté à me souvenir des sensations que cela me donnait quand celui que j'aimais me touchait, même seulement les mains. Il me semble que c'était doux. Depuis quelques années, je n'y pense plus vraiment. Maintenant, je me pose une question

"Est-ce que je plairais encore à un homme?"

Jean Cocteau écrivait:

" À notre âge, on ne peut plus être beau,
mais on peut avoir l'âme belle."

Malgré les rides et les plis de mon corps, mon coeur revit et j'aurais besoin de plus d'attention et de tendresse. Par chance que je reçois beaucoup d'amour de mes enfants et de mes petits-enfants.

De toutes les couleurs

Maman
Il faut oublier nos enveloppes charnelles
Il faut oublier que nos corps vieillissent
Je ne veux plus voir tes rides
Mais la petite fille qui est toujours en toi
Et qui n'a pas vieilli
Cette jeune femme qui chantait sur un enfant endormi
Notre âme ne vieillit pas
C'est seulement notre corps qui a ses limites
L'âme reste la même
Jeune et pleine d'espérance...

Sylvie Bousquet

Je vis avec un mort vivant. Pas de communication, aucun sentiment l'un pour l'autre. Parfois, je me sens rien de moins qu'une servante qui prend soin de lui et entretient sa maison, ses meubles. C'est la vie que j'ai choisie. Il ne faut pas que je me plaigne trop.

19 mars, 1989. Lettre de ma fille
Ma chère maman,
Je te remplace pour prendre soin de ton *"vieux"* Je t'offre mes sympathies pour vivre ce que tu as à vivre. Je crois que la patience, la tolérance sont de rigueur ici mais ce ne sont pas mes meilleures qualités. Comme je comprends maintenant ce que tu vis et subis. Ce n'est pas une semaine de vacances dont tu aurais besoin mais bien d'un mois. Malgré tout, ce jour est un grand jour pour toi car tu es à nouveau grand-maman d'une petite fille née de Danielle et conçue par ton fils, Bruno. J'espère que tu es contente. Bruno nous a appris la nouvelle ce soir à 5h30. Il était très fier. Prends bien soin de toi ma "Ti-Mouman" que j'aime tant!

Ta petite Louise, xxx

Germaine Dubreuil

10 juillet, 1989

Hier, dimanche, il ne vient personne. Le vieux est couché renfrogné avec sa casquette et la couverture jusqu'au cou malgré la chaleur. On dirait que parfois, il s'apprête à dormir pour longtemps. Je suis seule et je vis ma solitude. Je me sens même une âme de poète. Je suis allongée sur ma confortable vieille chaise longue. J'écoute la radio et c'est de la belle musique classique. Les voisins sont partis en vacances. Je regarde en haut et il y des nuages blancs qui se transforment lentement. Je m'imagine là-haut, flottant, me balançant avec eux. Je me sens bien. Je suis légère. Un vent ni doux ni frais me ramène à la réalité et je me demande: *"Est-ce que j'aime mieux le vent ou les nuages?"* Je reviens sur terre. Je me suis bien amusée à suivre le vol des oiseaux et à les observer. Un papillon passe comme pour me montrer comme il est beau. Tout à coup, près de moi, sur la clôture de cèdre, un couple de jaseurs des cèdres se perche. Je suis heureuse! Je les prends comme un cadeau de Dieu et je me dis: *"Comme la nature est belle et bonne!"*

Le bonheur n'est-il pas dans les choses simples? N'importe qui, les riches comme les pauvres, peuvent en profiter, il s'agit d'observer ou tout simplement de regarder. Celui qui a fait tout ça devait être grand et simple à la fois!

Je passe un bel après-midi et
je me prends à aimer ces instants.

Le livre retrouvé

En allant prendre une marche, je fais la connaissance de Réjeanne, une fille de soixante ans souvent assise sur sa balançoire en avant de sa maison. Une fois, tout en jasant, elle m'a dit qu'elle aimait lire de vieux livres. Je lui dis: *"Depuis mon enfance, je me souviens d'un livre qui m'a beaucoup marquée. * L'enfant perdu et retrouvé * que je*

De toutes les couleurs

cherche depuis longtemps. Maman allait le chercher à la bibliothèque du village le dimanche après la messe. Je l'ai souvent lu, dans ma jeunesse."

Un beau dimanche, Réjeanne me téléphone pour savoir si je peux passer chez elle. J'y vais et je la vois comme toujours, assise sur sa balançoire. En m'apercevant, elle me dit: *"Venez ici, j'ai quelque chose pour vous."* Elle me donne ce livre tant recherché. Je suis contente et je me demande pourquoi je voulais tant ce livre et pourquoi il m'avait marquée. Même sa couverture noire m'avait fascinée. Je le lis et je comprends un peu mieux. C'est l'histoire de trois garçons qui se font enlever et dont un seul peut retrouver ses parents.

La petite fille ultra sensible que j'étais, aimait tant ses parents qu'elle devait trouver cela bien triste cette histoire.

En revenant à la maison, avec ce livre à la couverture noire sur ma poitrine, j'ai les larmes aux yeux. Je pense très fort à maman. Est-ce un signe de maman qui vient me dire quelque chose?

Maman m'a souvent dit: *"Si je ne peux venir vous voir en personne après ma mort, pour vous dire qu'il y a un Dieu, alors, je m'y prendrai autrement."* Est-ce encore l'effet de mon imagination? Je vais y réfléchir longuement. J'ai aussi l'impression que maman a tenu ce livre dans ses mains et cela me réchauffe le coeur.

"Quelqu'un qui aime la vie
trouve toujours la vie quelque part"

Germaine Dubreuil

23 octobre, 1989
Les arbres meurent à l'automne pour mieux renaître au printemps. C'est un exemple de la vie et de la mort. J'ai vu un arbre très crochu. Je suppose qu'il a été coupé plusieurs fois. Quand je suis passée en-dessous de lui, j'ai entendu comme une plainte. Peut-être que cet arbre ne veut pas ou n'aimerait pas renaître au printemps?

11 janvier, 1990
Maintenant, tous les jours depuis deux semaines, je nettoie de la *merde*. Je suis découragée. Je l'ai surpris ce matin aux toilettes. Il va chercher ses selles avec ses doigts. Je comprends pourquoi maintenant il y en a partout dans la maison. Qu'est-ce que je vais faire. Le placer? Il va me répondre qu'il est chez lui et qu'il va y rester. Dois-je endurer et ne rien dire? Ses pantalons et ses combinaisons sont *beurrés*. Il sent mauvais. C'est très difficile pour moi. Si seulement il voulait se changer.

4 février, 1990
Je n'ai pas eu le temps de m'ennuyer depuis que je suis revenue de Floride. Marjolaine me dit qu'elle a passé une belle semaine avec mon vieux. Elle me déclare: *"Je trouve ton vieux gentil mais ce que je trouve dommage, c'est qu'il ne communique pas assez ses sentiments."* Elle me dit aussi: *"Tu n'es pas assez ferme. Affirme-toi davantage parce que l'homme profite encore de nos faiblesses. Les hommes aiment encore les femmes soumises. J'aime la personne âgée. Qu'elle soit propre, c'est raisonnable et juste. Exige-le."*

Toutes ces paroles me font réfléchir. Je voudrais mais ça ne me tente pas d'essayer. C'est bien difficile pour moi car j'ai toujours eu un peu peur de l'homme. Pour moi, il est le maître et il peut me châtier. Je prends un peu d'assurance mais le progrès est lent à venir.

De toutes les couleurs

J'en suis arrivée à la conclusion que Dieu est en chacun de nous mais que je le recherchais plutôt chez les autres. S'il est en chacun de nous, il est en moi. Je ne m'étais pas posé la question. Je me suis regardée et étudiée. J'ai vu que je n'aurais pas assez de cette vie pour m'améliorer. J'ai aussi vu le chemin que j'avais à parcourir et qui ne serait pas facile. Il y a une chose qui me console, c'est de m'en être aperçu à temps. Il faudra que je m'améliore ou que j'essaie sur plusieurs points, de vivre ma vie intérieure et de laisser vivre les autres, que je sois libre enfin!

" Écoute ton coeur. Il connaît toute chose
parce qu'il vient de l'âme du monde
et qu'un jour il y retournera"

Paulo Coelho, L'alchimiste

S'ouvrir et être plus sensible aux besoins et à l'originalité des autres, se mettre sur la voie de la communication, c'est accepter le fait que tout être humain est unique et c'est en apprécier sa valeur. Il n'y a pas deux êtres identiques. Aimer, c'est attribuer de la valeur à quelqu'un et chercher son bien. Aimer, c'est garder le contact avec soi-même et avec l'autre, ne plus jouer à la loi du plus fort: *"Je te l'avais bien dit."*
Regardez-vous avec les yeux des autres, imaginez que vous êtes vos parents, vos enfants. Il y a des gens qui ne sont personne. Ceux-là devraient avoir peur! Je continue ma recherche spirituelle et je balance. Je ne sais plus où est la vérité. Je remarque que certains ne cherchent plus à se battre pour donner un sens à leur vie, tandis qu'au contraire, les gens qui ne croient en rien, s'occupent trop de leur égo. Où est le juste milieu? Pour l'instant je pense qu'il est mieux de n'appartenir à aucune religion.

La liberté, c'est avoir le choix et le droit de choisir.

René

c'est à ton tour de te laisser parler d'amour

" On ne comprend vraiment les vieux
que lorsqu'on est vieux "

L'âge d'or?
On ne devrait pas appeler la vieillesse "l'âge d'or"
on devrait plutôt l'appeler "l'âge des bobos"
On a mal partout
Il ne devrait pas y avoir de miroir dans la maison
car si on regarde le moins du monde notre corps
on ne le trouve pas très beau.

René a commencé par faire une thrombose qui lui a
éclaté au cerveau. Il était revenu de la banque à pied. Il
faisait chaud. Il s'est assis et il ne me reconnaissait plus.
"René, René" Il me répondait: *"Ah, Ah, Ah.!"* comme un
petit enfant qui ne parle pas encore. Je l'ai frotté partout sur
le corps, surtout dans le cou et la nuque. Je l'ai lavé. Je le
trouvais étrange. Il n'était plus pareil. Le médecin est venu.
René n'avait plus aucune réaction aux deux jambes:
Paralysie partielle. Petit à petit, il est revenu à la réalité. Au
bout de vingt minutes, il m'a reconnu: *"Germaine!"* comme
si c'était la première fois qu'il me voyait. Il revenait de loin.

Après cet incident, il s'est mis à tomber partout: en
fauchant le gazon, dans la cour ou dans le jardin. Il avait de
la misère à se relever. Des fois, il était obligé de se traîner
jusqu'à la clôture. Je le voyais et je l'aidais à se relever. Je

213

De toutes les couleurs

lui disais: " *Va pas dans le jardin tout seul, c'est dangereux. Une bonne fois, je n'serai pas là pour te ramasser.* " Ç'a m'énervait beaucoup! Comme de raison, il faisait toujours à sa tête.

Plus tard, il a eu une opération à la prostate. Il se mouillait tout le temps. On dirait qu'il n'était pas assez vite pour se rendre jusqu'aux toilettes. Il y pensait trop tard. Son temps de réaction n'était plus le même. Il était beaucoup plus lent. Il n'était plus capable de faire l'amour mais il disait tout le temps: *"J'suis capable, j'suis capable."* Ça ne marchait pas. Lui qui réparait tout ce qui faisait défaut dans la maison ou les choses qui brisaient, il n'était plus capable même en y mettant beaucoup d'efforts.

Ça été difficile pour moi au moins pendant un an et demi. Je n'en pouvais plus. René était devenu un fardeau, un poids qu'on traîne sur ses épaules. La famille avait commencé à faire des démarches pour le placer. Son caractère avait beaucoup changé. Il n'avait plus autant de logique et de mémoire. Il était de plus en plus sourd. Il régurgitait souvent à table, ce n'était pas toujours plaisant. Il se raclait la gorge et parfois il s'échappait un liquide difficile à décrire.

Quand on l'a rentré à l'hôpital, je savais que je ne le reprendrais plus. Il a commencé à être malade à la maison. J'ai fait venir le docteur une autre fois et il a dit sans hésiter à René:*"Faut que vous alliez à l'hôpital ou vous allez mourir."* René a répondu: *"Laissez-moi crever icitte, tranquille."* J'ai appelé Bruno à son travail et je lui ai dit: *"Bruno, faut qu'ton père rentre à l'hôpital, va falloir que tu lui parles."* Bruno est arrivé pas mal vite. Il a vu son père et lui a dit sans détour: *"Papa, on t'aime et on veut pas qu'tu meures. On veut que tu t'fasses soigner. T'as pas le choix, tu vas à l'hôpital."* L'ambulance l'attendait déjà dehors. Les ambulanciers sont arrivés, ils l'ont mis sur une civière. René a dit: *"Où jm'en vas? Où jm'en vas?"* Il avait l'air apeuré comme un animal blessé. Pour la prostate, ce fut pareil, il ne voulait absolument pas aller à l'hôpital. Il n'a pas eu le choix. Il n'était même plus capable d'uriner. Il avait le ventre tout gonflé. Ça lui faisait mal. Ma fille, Ghislaine, est venue le chercher et l'a accompagné à l'hôpital.

René est demeuré un mois et demi à l'hôpital. Son état empirait de jour en jour. Il n'était même plus capable d'avaler. À un moment donné, il a fait un arrêt cardiaque et on l'a réanimé. Après ça, il ne voulait plus manger du tout. Quand on allait le voir, pour la première fois, il nous regardait droit dans les yeux, franchement, comme s'il ne nous avait jamais vus. Il ne semblait plus avoir aucune pudeur. C'était spécial! J'pense qu'il faut voir ça, les derniers moments d'une personne.

J'allais souvent le voir, il me reconnaissait. Une fois, je lui ai demandé: *"Qu'est ce que t'as à me regarder comme ça?"* Il m'a répondu: *"J'te trouve belle."* Une autre fois il m'a demandé: *"As-tu emporté ton pyjama?"* *"Pourquoi?"* *"Parce qu'il y a de la place pour coucher icitte. Regarde, y a des lits."*

Au début, il me disait: *"Ramène-moi, ramène-moi chez nous. J'veux m'en aller chez nous."* Je trouvais ça de valeur, je lui disais: *"Quand tu vas prendre du mieux, j'vais t'amener avec moi."* Il semblait content, ça le calmait un peu. Je savais bien que je ne le ramènerais plus. J'étais épuisée. À la maison, il était rendu qu'il faisait *caca* dans ses combinaisons. C'était épouvantable! Je vous raconte ici, à l'aide d'extraits de *mon journal,* les derniers mois de la vie de René, ses états d'âme ainsi que les miens. Puis la mort de mon mari, le vide qui s'empare de mon coeur.

De toutes les couleurs

Ensuite, le printemps, la renaissance et la vie qui continue.

Dans la profondeur de vos espoirs et de vos désirs
Repose votre silencieuse connaissance de l'au-delà
Et tels des grains rêvant sous la neige
votre coeur rêve au printemps.

Khalil Gibran, Le Prophète.

Germaine Dubreuil

14 février, 1990, journal suite...

Toute la journée, je suis demeurée nostalgique du passé, de l'amour que j'ai eu pour mes deux maris et l'amour que j'ai reçu lorsque j'étais éprise. J'aimais vraiment et j'étais possessive, je crois. Je n'avais pas de milieu. J'aimais ou je n'aimais pas. Je m'oubliais surtout pour plaire complètement à l'autre. Je me donnais entièrement.

J'ai été bien déçue, plus tard, quand je me suis rendue compte qu'il fallait prendre sa place et laisser l'autre prendre la sienne. C'était l'éducation que j'avais reçue. Plusieurs fois j'ai eu de la peine parce que j'aurais voulu que les hommes agissent de la même façon envers moi.

30 avril, 1990

Je suis revenue de l'hôpital de Saint-Jean après deux semaines d'absence. En pleine nuit, je m'étais écrasée par terre, sans connaissance et j'avais dû prendre par deux fois des nitros.

À ma sortie de l'hôpital, je suis allée chez Marjo où j'ai eu une autre crise d'angine. Marjo a bougé rapidement, a appelé son médecin et je suis rentrée à l'hôpital Pierre-Boucher. J'y suis restée deux jours. J'ai eu beaucoup de tests et de soins. Le diagnostic s'est fait rapidement et je n'en revenais pas. Je n'ose croire qu'à Saint-Jean, ils se soient trompés à ce point.

À Pierre-Boucher, le cardiologue m'a dit: "Très peu d'angine pour vous. C'est à l'estomac, un petit ulcère et un estomac descendu. Les gaz au lieu de descendre, remontent et ce sont les mêmes douleurs que l'angine."

Je ne sais plus qui a raison. Pourtant, dans les grosses chaleurs de l'été, mon coeur ne fonctionne pas très bien. Est-ce à cause du médicament que je prends, l'Isoptin?

De toutes les couleurs

"À la poubelle" m'a dit le cardiologue. Ça faisait sept ans que je les prenais. Depuis que je ne les prends plus, le coeur fonctionne plus normalement et depuis deux jours, je reprends des forces. Je vis d'espoir.

26 août, 1990
Je suis inquiète pour Denise, la fille de René. Elle a une maladie rare que je ne comprends pas encore (ce sont les poumons) et dont je ne connais pas encore le nom, juste au moment où elle commence à être mon amie.

La dernière fois qu'elle est venue me voir, elle a mis sa main sur mon épaule et m'a dit: *"T'es bien extraordinaire."* Ça semblait sincère.

le 20 mars, 1991
Ma fille, Odette, vient passer quelques jours avec moi. Elle est arrivée hier avec une belle rose. Elle ne pouvait pas mieux tomber. J'étais un peu déprimée. J'ai de la difficulté à me faire à l'idée qu'il faut que je place mon mari. Je passe mon temps à penser à lui, surtout qu'il ne veut pas être placé.
Dans l'après-midi, nous allons le voir à l'hôpital où il est depuis quelques jours. René ne reconnaît pas Odette. Il la prend pour Nicole et lui demande où elle reste. Cependant, il semble mieux que dimanche. Il reprend des forces et me dit qu'il s'ennuie de son chez-eux. Par deux fois, il me le répète. Pauvre vieux. Je lui réponds qu'il ne pourra pas revenir à la maison avant quelques semaines et que je ne peux le reprendre tant qu'il n'aura pas repris des forces.

Quand nous revenons de Saint-Jean, Odette et moi, nous nous parlons comme des amies. On se confie l'une à l'autre. C'est reposant et bien agréable d'avoir une fille comme amie à qui l'on peut tout dire.

Germaine Dubreuil

Ce soir, à neuf heures, ce sera le printemps. Quelle espérance! Ce seul mot me donne vie. Le réveil de la nature qui m'a toujours impressionnée. C'est magique! Ça me fait renaître. Je sens une liberté que je n'ai pas ressentie depuis longtemps.

Le lendemain, je vais à l'hôpital avec Yvan. Je trouve René moins bien que mardi. Il râlait un peu et était confus. Il m'a dit en se déshabillant: *"On va aller s'asseoir à la cuisine."* Je lui ai dit qu'il n'y avait pas de cuisine ici. Il m'a dit: *"Allons dans ma chambre."* Sa jaquette était toute salie comme s'il avait vomi dessus et j'ai remarqué que dans la poubelle, il y avait un linge blanc qui en était plein.

Après la visite nous sommes allés chez Denise et, Yvan m'a amenée souper au restaurant. Tous les enfants de mon mari semblent bien me comprendre et ils veulent m'aider à passer au travers.

24 mars, 1991
Ce soir, je reçois un téléphone de l'infirmière de l'hôpital. Il est 22h.20. J'étais couchée. Elle me dit que René a passé un très mauvais moment, qu'ils l'ont descendu aux soins intensifs, qu'il s'est étouffé avec ses sécrétions mais que tout est maintenant sous contrôle. Je me lève, m'habille. Il faut que j'aille à l'hôpital. Je veux être là pour lui prendre la main. Je m'y fais conduire par mon fils, Réal.

Pauvre vieux, il fait pitié. Il a fait un arrêt cardiaque et ils l'ont réanimé. Trois minutes de plus et il était mort. Il me semble que cela aurait été mieux pour lui. Il est tout connecté, dans le nez, la bouche. Il a même une sonde. Je me demande s'il me reconnaît. Il me répond en me faisant signe que oui. Il cherche ma main et la serre très fort. Il a peur, je crois.

De toutes les couleurs

Le lendemain, j'y retourne. Ils lui ont enlevé le tube dans la bouche. Il me tient la main et il ne veut pas que je parte. Il me regarde avec des yeux pétillants comme si toute sa vie s'était ramassée dans son regard. Je quitte l'hôpital en pleurant.

14 avril, 1991

Aujourd'hui, je retourne à l'hôpital vers l'heure du souper. Mon pauvre vieux fait pitié. Il est assis à côté de son lit et il tremble de tous ses membres. Je lui caresse les mains, le front et je lui dis: *"Pauvre vieux, t'as pas mérité ça, toi qui a tant travaillé."*

J'en ai des larmes aux yeux de le voir ainsi. Il se regarde les mains et il essaie avec sa serviette de se couvrir les bras. Quand je lui demande quelle opération il a eue, il ne le sait pas. Il ne sait pas plus s'il a souffert ou non. Il ne se souvient de rien. Je voudrais être plus proche pour aller le faire manger et boire, car il ne veut plus rien ingurgiter.

Se laisserait-il mourir?

Quelques jours plus tard, j'y retourne seule. J'essaie de le faire dîner mais il ne veut pas manger. Je lui dis: *"Tu ne veux pas vivre? Tu veux mourir?"* Il m'a répondu: *"J'suis assez vieux pour mourir."*

Plus tard, je lui ai fait des carresses, il m'a dit, en me regardant droit dans les yeux: *"T'sai, j't'ai toujours aimée."* Cette phrase m'a mise à l'envers! Le coeur et les yeux de mon mari s'étaient soudainement enflammés.

23 avril, 1991

Aujourd'hui, j'arrive à l'hôpital avant le dîner. Ils ont assis René dans un fauteuil à côté de son lit. J'y suis allée pour le faire manger. J'essaie le potage mais il n'en a jamais mangé

Germaine Dubreuil

Il n'en veut pas. Je lui offre des patates et des carrottes pilées, il n'en veut pas plus. Pour le dessert, il y a des pêches en purée, je lui en donne une cuillerée mais il refuse le reste. Je lui avais apporté deux biscuits au chocolat qu'il a mangés avec son verre de lait. Quand je lui demande s'il aime cela, il me répond *oui* en me regardant.

Le médecin a dit que René ne pourra pas vivre bien longtemps s'il continue à s'entêter à ne pas vouloir manger. *"Il se laisse aller, il ne veut plus vivre."* Je mets sa tête sur mon sein et il reste là en poussant sa tête quand je veux l'enlever. Il veut rester là. À un moment donné, il me dit: *"J'te remercie de m'avoir fait une carresse."*

Je téléphone à Denise, elle se confie à moi, ce qui est rare. Elle me parle de la mort et me dit qu'elle la voit venir et que ça la révolte. Je lui parle de la mort comme je le pense. C'est difficile de parler de ça. Elle s'aperçoit qu'elle se détériore. Elle ne peut plus dormir couchée. Il faut qu'elle dorme assise. Elle me dit: *"Je voudrais vivre encore un peu."* Je l'encourage du mieux que je peux, elle me dit: *"Tu m'as fait du bien, je ne peux me confier à personne d'autres."*

29 avril, 1991
Marjo vient me chercher et nous allons à l'hôpital voir le vieux. Il est drôle dans ses réponses. Il nous fixe dans les yeux longtemps comme il ne l'a jamais fait. Quand il est assis, il se fatigue vite. Je le serre près de moi, il s'est mis à se plaindre, la tête penchée. Je lui ai demandé: *"Qu'est ce que t'as?"* Comme il continuait, je lui redemande: *"As-tu de la peine?"* Il me fait signe que oui, en bougeant un peu la tête. Pauvre vieux. Je crois que mon mari a peur de mourir. Je pense qu'il se sent aller. Il a dit à Marjo: *"Je m'ennuie, je suis toujours tout seul."* Il serre les mains de Marjo et il ne veut plus la laisser.

De toutes les couleurs

Le soir, à l'heure du souper, Jules et son amie, Carole viennent avec moi à l'hôpital voir René. On le trouve dans un fauteuil roulant avec son cabaret devant lui. Il n'a rien touché. Je lui fais boire un peu de lait et il mange deux cuillerées de pouding chômeur que je lui ai apporté. Il reconnaît Jules mais fixe Carole comme s'il se demandait qui elle pouvait être. Jules lui prend les mains et René serre les siennes. Jules lui dit qu'il l'aime et qu'il l'a toujours aimé. Il lui dit: *"Je suis certain que toi aussi tu m'as toujours aimé."*

C'est émouvant et triste en même temps. Avant que je parte, René veut m'embrasser. Je le fais et il semble content. Odette, son mari, Jean-Pierre et son fils, Mathieu viennent aussi le voir. Odette revient en pleurant. Elle s'aperçoit que son père est mourant.

En fin de compte, ce n'est pas ses enfants qui l'auront gâtés avant de mourir ni ses petits-enfants. Comme c'est dommage! Il a bien travaillé pour eux et a ménagé afin de leur laisser le plus d'argent possible, mais René n'a pas su leur donner le principal: l'art d'aimer. Il doit s'en rendre compte aujourd'hui.

Ce soir, je prie Dieu pour qu'il vienne chercher René le plus vite possible. J'ai l'impression qu'il achève sa vie. Je lui donne une semaine, pas plus.

Ne le faites pas trop souffrir.
Faites qu'il s'endorme dans la sérénité.
Cet homme a beaucoup souffert,
élevé une grosse famille et il a tant travaillé.
Faites-le mourir dans la paix.

AMEN

Germaine Dubreuil

Premier mai, 1991

Mon deuxième mari est mort. Mes prières ont été exaucées. Il est mort tranquillement dans son lit sans s'en apercevoir. À dix heures, ce matin, j'ai reçu un coup de téléphone de l'hôpital. Je dormais encore. Bruno m'a appelée et nous nous sommes rendus à l'hôpital. Il était trop tard. J'aurais voulu être là pour lui tenir la main. Je le touche et je lui dis: *"T'es chanceux mon vieux, ton tour est passé. T'es bien maintenant."* Je ressens comme un grand vide. Presque trente-quatre ans que je vivais près de lui, à part le mois et demi qu'il est resté à l'hôpital où il a été trois semaines sans manger ou presque. Je suis heureuse pour lui. Il n'aurait pas aimé être dans un centre d'accueil et c'est un bel âge pour mourir. Il a été privilégié puisqu'il est demeuré chez lui le plus longtemps possible.

3 mai, 1991

C'est fini! Mon mari s'est envolé pour un monde meilleur. Il est bien maintenant. Une nouvelle vie commence pour lui et meilleure, j'en suis sûre. Je le regarde et le touche dans sa tombe. Il est glacé. Il n'y a plus rien de vivant en lui. J'en arrive à l'envier. Son tour est venu, le mien est à venir. Ses troubles sont finis, les miens sont encore à venir. Je sais qu'il m'arrivera d'autres épreuves car elles font partie de la vie.

Ce soir, je repasse la vie que j'ai vécue avec René, presque la moitié de l'âge que j'ai maintenant. Cela aurait fait trente-quatre ans de vie commune, le 18 mai. On s'est aimé tous les deux tendrement. Nous avons eu deux enfants et quand les deux petits garçons étaient jeunes, René disait souvent aux gens qu'il rencontraient:

> *" Ces deux p'tits garçons là, pour moé*
> *valent des millions"*

De toutes les couleurs

Ça me faisait bien plaisir quand il disait cela. Dans l'ensemble, je peux dire que j'ai été bien avec lui, à l'exception des dernières années où c'était bien difficile pour moi. Il était malpropre, vomissait continuellement, urinait dans ses culottes et parfois faisait des selles. Il était très malade. Je me demandais combien de temps cela durerait.

À l'hôpital, je me suis réconciliée avec lui. Il m'a dit qu'il m'avait toujours aimée et je le crois maintenant. Il était drôle et bien fin dans son innocence.

J'ai appris de toi, René, beaucoup de choses.
Tu étais beau et intelligent.
Quand je t'ai marié, je t'aimais.
Nous nous sommes échangés des millions de baisers.
Tu n'avais qu'un seul défaut et tu me l'as dit souvent:
"Dommage que nous n'ayons pas le même âge"
Merci mon mari.
Je te souhaite paix et sérénité.
Je te rejoindrai toi et Auray, un jour.

J'ai décidé maintenant de penser à moi, de me faire plaisir, de ne plus servir personne pour le reste de ma vie. En aurai-je le temps? Je n'y suis pas habituée.

Comme je vous l'ai déjà mentionné, René est mort seul tôt le matin du premier mai 1991. L'hôpital m'avait appelée et je m'étais rendue tout de suite avec Bruno. Monique était allée aussi. Il était dans son lit et il avait l'air reposé, comme après un long sommeil réparateur.

Une fois ou deux, j'avais demandé à René: *"Qu'est ce que tu penses de ça, la mort? En as-tu peur?"* Il me répondait: *"Quand je s'rai rendu là, j'y penserai."* Il avait bien raison. Il n'était pas fou, mon René.

Germaine Dubreuil

Quand il est mort, ça été pour moi comme une délivrance. Je trouvais qu'il était assez vieux. Il mourait à petit feu depuis un an et demi, deux ans. Le monde n'en revenait pas. On croyait que j'allais pleurer à tout casser. Je me suis dit, qu'il fallait que ça en arrive là. Il avait 88 ans et il était malade. Il était malheureux d'être malade, lui qui avait toujours été en santé et qui n'avait jamais mis les pieds à l'hôpital. Quand les médecins l'ont ranimé, René l'a mal pris. Durant les deux dernières semaines de sa vie, il n'a pas mangé. Il a dû se dire: *"C'est l'temps que j'meure, maudite affaire. Laissez-moé mourir."* Son état a empiré. À ce moment, j'étais fâchée. J'ai dit à un médecin: *"Cet homme-là a beaucoup travaillé dans sa vie. Il ne mérite pas ça. Il a élevé une grosse famille, vous lui donnez encore des souffrances."*

Le médecin m'a répondu: *"Madame, je suis d'accord avec vous mais j'ai été obligé de le ranimer."* René n'avait pas dit son dernier mot. Il avait la tête dure et ce médecin ne le savait sans doute pas. Deux semaines plus tard, il n'était plus question de le ranimer.

Après la mort de René, Jules, Luc et Sylvie ont écrit de très beaux textes que je vous cite ici:

L'orage est monté et il s'en est allé
L'orage a éclaté et il est monté
Haut, très haut, dans le ciel noir
Entre les Anges et le Bon Dieu
Entre les nuages et l'infini

Il a vu des perles bleues
Étincelantes sous le soleil couchant
Des diamants éclatants
Sous des verrières aux vitres teintées

De toutes les couleurs

Il a vu des ailes sans corps
Comme poussées par des vents célestes
Se contorsionner

En suivant le mouvement des jours qui s'achèvent.
Il a vu son âme. Il l'a vue pour la première fois.
Il ne l'a pas sentie ni pressentie. Il l'a vue.
On aurait dit un fantôme blanc
se glissant dans le vide noir.

Il est parti, comme cela, en battant de l'aile
Comme un oiseau qui s'en va vers le sud
Ne regardant pas derrière lui
Ne voyant que le ciel bleu et les étoiles scintillantes.
Il n'est plus jamais revenu.
Dans nos têtes, on ne garde que le souvenir de sa lumière.
Luc Bousquet

Nous sommes ici pour rendre hommage
à un homme de courage, René Poisson.
Le premier qualificatif qui nous vient à l'esprit
quand on pense à René, c'est "courageux,"
Courageux d'avoir élevé une si nombreuse famille.
Père de sept enfants, il se remarie à
Germaine Dubreuil qui, elle, en a huit.
Deux autres enfants naissent de cette union.
Courageux d'avoir tant travaillé pendant des années
il a travaillé la terre le soir et les fins de semaine

Le jour, il déménageait des maisons.
Courageux d'avoir passé à travers
toutes les épreuves difficiles de sa vie.
René, nous te disons un grand merci et
c'est à ton tour de te laisser parler d'amour.
Sylvie Bousquet
"Il en a dégoutté des sueurs de labeur

sous son chapeau de paille.
Je veux remercier le bon Dieu
de nous avoir donné un bon père.
Un père, qui, même après avoir vécu la dépression
la perte d'êtres chers, bref une vie de travail acharné
a trouvé le moyen d'être toujours doux, patient et honnête
et cela, jusqu'à la dernière seconde.
Tous tes enfants, parents et amis s'unissent à moi
pour te dire que nous t'aimerons toujours avec passion
Accroche ton chapeau Papa et laisse-toi aimer!"

Ton fils, Jules Poisson

René et moi avons beaucoup travaillé et malgré les dernières années qui ont été plus difficiles, je ne regrette rien. À notre trente-et-unième anniversaire de mariage, j'en avais fait la remarque à René et il m'avait prise dans ses bras. En me serrant très fort, il m'avait dit: *"J'l'ai jamais regretté."* Je lui avait répondu: *"Moi non plus."* Ça été un beau moment. C'est vrai qu'il y a eu des moments difficiles, mais il y a eu plus de joie que de tristesse.

Il m'a apporté la sécurité et ses enfants ont toujours été très bons pour moi. Ils m'ont toujours respectée. Jamais ils ne m'ont fait de bêtises. C'était une de mes peurs car j'entendais les rumeurs qui disaient qu'il y avait souvent de la jalousie dans une famille reconstituée. Jamais je ne l'ai sentie. Ce n'était plus des enfants. Presque tous avaient quitté la maison.

C'est sûr, qu'au début, il y a eu une période d'adaptation. On ne se connaissait pas mais avec les années, ils sont devenus mes amis. Serge est demeuré avec nous quelques années. Il aidait son père et il ne se mêlait pas de nos affaires. Je crois qu'il a aimé nos enfants, Jules et Bruno, ainsi que Sylvie qui n'avait que trois ans lorsque je me suis remariée.

Denise et Monique sont devenues mes amies. Nous allions dîner au restaurant ensemble et nous nous faisions des confidences. J'ai eu beaucoup de peine lorsque Denise est décédée. Dans les dernières années difficiles de la vie de son père, Denise m'a toujours soutenue. Elle savait que c'était difficile pour moi. Elle avait du coeur.

Monique est toujours restée en contact avec moi. Je la trouve belle à voir. Elle a foi en Dieu et elle me transmet sa bonté et sa générosité.

Quand sa soeur Denise est morte, elle est venue se confier à moi. Elle avait pas mal de difficulté à l'accepter. Elle s'était mise à pleurer. Je l'avais regardée pleurer et en moi-même, je dis: *"Ma pauvre petite fille, comme tu es sensible et comme tu as de la peine."*

J'avais envie de la prendre dans mes bras, de la bercer mais je me suis retenue car son attitude a soudainement changé et elle a tout de suite regretté ses confidences. Elle m'a dit: *"Pauvre toi, tu as bien assez de problèmes comme ça."* J'ai redouté qu'elle fasse une dépression. Mais je me suis juré de m'en occuper un peu plus. On est sur la terre pour s'entraider les uns les autres, non ?

Lucie est décédée à l'âge de 38 ans. C'était une femme très chaleureuse. J'aimais beaucoup quand elle arrivait le samedi, toujours de bonne humeur. Elle aimait rire et me disait souvent qu'elle m'aimait. Je me suis ennuyée d'elle après son décès. Elle est partie si rapidement. Même après tant d'années, je pense souvent à elle et quelques fois des larmes sortent de mes yeux. Je ne sais pas pourquoi j'y pense si souvent comme si elle avait toujours été ma propre fille.

Quand Yvan venait, toute la famille était contente car il se mêlait à tout le monde. Il faisait rire les enfants. Il était facile d'approche. C'était comme s'il nous faisait un beau cadeau. Nous avons encore aujourd'hui une très bonne relation. J'aime discuter avec lui. Je le trouve intelligent mais en même temps tellement sensible. Il me plaît et il est toujours bienvenu lorsqu'il vient me voir.

Louise est décédée dernièrement. Elle est souvent venue à la ferme à Saint-Grégoire puis à Iberville. Nous avions de bonnes relations. C'était tellement une bonne fille! Quand son père est mort, elle venait moins souvent, mais elle était toujours présente dans mon coeur! Quand elle est morte, j'ai beaucoup prié pour elle.

Claire est bien chaleureuse. Elle demeure loin. J'aurais bien aimé qu'elle soit plus près car je crois que nous serions facilement devenues des amies.

Je sais que tous les enfants de René ont beaucoup souffert. Ils ont manqué d'affection, d'attention, de considération venant de leur père. Ça a dû être affreux pour eux.

L'amour et la tendresse sont tellement importants dans l'épanouissement d'une vie!

René ne savait pas montrer son affection envers ses enfants comme beaucoup d'hommes de ce temps-là, mais je sais qu'il les aimait. Il me le disait et le prouvait souvent. En tout cas, j'en suis la preuve vivante, mais ses propres enfants ne le savaient pas eux. Il ne disait rien. On aurait dit qu'il les ignorait.
Pourquoi?
Je me suis souvent posé la question. C'est bête d'aimer ses

enfants et de n'être jamais capable de le dire. Une fois il m'a dit: *"La chose la plus difficile de ma vie est d'avoir été obligé de placer mes enfants,"* lorsque sa femme est décédée. Cette fois-là, il m'a confié son état d'âme mais c'est surtout à ses enfants qu'il aurait dû le faire. Je ne pense pas qu'il en eût été capable et c'est bien dommage!

Quand René s'est remarié, ça été plus facile pour lui de communiquer avec ses enfants. Il parlait plus, faisait des farces et était toujours content de les voir quand ils venaient le dimanche. René et moi, nous nous aimions beaucoup. Nous avons pu passer des périodes difficiles sans trop de difficultés.

"Aimer, c'est respecter l'espace de l'autre personne.
Tout ce qui existe sur terre a besoin de son espace
pour grandir et évoluer.
Est-ce qu'on apprend à aimer avec le temps?"
mai, 1991

Le temps a passé depuis et sa place
est toujours aussi près de mon coeur.
Comme tous ses enfants, d'ailleurs.

Exactement une semaine après la mort de René, Denise est décédée. J'ai eu beaucoup de peine! Par chance j'avais eu le temps de lui dire que je l'aimais, elle était mon amie depuis de nombreuses années.

Elle ne voulait pas mourir. Elle me l'avait dit. Parfois elle se révoltait. Elle voulait vivre encore un peu, profiter de sa retraite. Je lui disais: *"Tu sais Denise, ce n'est pas plus drôle à la retraite."* Il aurait fallu qu'elle arrête de travailler plus tôt mais elle ne pouvait se le permettre. Je lui ai dit aussi que j'avais fait un *p'tit bout* de l'autre côté et qu'on était si bien qu'on ne voulait plus revenir. Elle m'a dit: *"Ça m'fait du bien de t'parler. Est-ce que j'peux t'rappeler quand j'en pourrai pu?"* Je lui avait répondu: *"Ben oui, on est des amies, Denise. Depuis le temps qu'on se connaît."* Louise Poisson m'a téléphoné et nous avons pleuré toutes les deux. Louise m'a dit: *" J'le prends pas"* Moi non plus je le prenais pas mais il faut bien vivre cette situation, ça fait partie de la vie. *"Nous allons vivre ce deuil en pensant à Denise et aux souvenirs qu'elle nous a laissés."*

Le service funèbre de Denise Poisson a eu lieu trois jours plus tard. Sa fille, Brigitte, et sa petite-fille, Vanessa, m'ont fait pleurer comme une fontaine. C'était bien triste tout cela, surtout pour Vanessa qui demandait *"Grand-maman Denise"* avec de grosses larmes. Pour moi, c'est comme si ce n'était pas Denise qui était couchée dans son cercueil. Je ne la sentais pas du tout. Je la touchais et son bras était de bois. Elle était peut-être partie si haut que je ne la retrouvais plus.

Denise est bien! Elle n'a plus d'inquiétude là où elle est, elle qui s'inquiétait toujours. Son tour est passé et je la trouve chanceuse. Je vais m'ennuyer d'elle comme je me suis ennuyée de sa soeur, Lucie, quand elle est décédée.

Une semaine plus tard, soit le 18 mai, nous sommes allés inhumer les cendres de René. C'était une toute petite boîte. Cela nous a donné froid dans le dos de penser qu'il ne restait plus que des cendres de lui. Des larmes me sont venues aux yeux et je me suis dit que vraiment il était disparu de cette terre. Je tenais ma petite Mélissa par la main et je la serrais très fort. J'ai pensé: *"ma petite Mélissa, tu es là pour continuer la lignée des Poisson."*

Elle m'a souri comme si elle avait compris ma pensée.

Mes amis, Rita et Rolland, sont venus au cimetière. Ils

m'ont fait plaisir et du bien. Ils sont toujours là car ils savent que j'ai besoin d'eux. Ce sont de merveilleux amis comme il ne s'en fait plus. Après la cérémonie, Mélissa a voulu rester avec moi et je l'ai gardée à coucher. Je ne m'ennuie pas avec elle. S'il avait fallu qu'elle ne soit pas là, je me serais vraiment sentie toute seule. Je lui ai raconté des histoires dans mon grand livre, surtout l'histoire de Cendrillon qu'elle aime tout particulièrement. Elle m'a fait jouer à la Barbie, un jeu que je n'aime pas tellement mais Mélissa me fait faire ce qu'elle veut. Elle m'a dit: *"je crois que c'est toi que je préfère."* Ça m'a fait tellement de bien qu'elle me dise ça.

Mélissa aime bien les fleurs et je suis toujours surprise de la voir s'extasier devant une fleur. Je lui en ai données et elle s'est fait un petit bouquet. Sans hésiter, elle m'a dit: *"je vais le donner à ma mère."* En dedans de moi, je me suis dit: *"comme je l'aime ma petite Mélissa."*

15 juin ,1991
J'aime l'été! Mon Dieu que je l'aime!
Je vais faire un tour, pas bien loin de chez moi, voir une ancienne voisine. Cette personne a eu sa vingt-sixième opération et elle ne se plaint jamais. Elle est toujours de bonne humeur malgré le mal qu'elle a. Cela me fait réfléchir et je me dis que je me plains pour rien. C'est une femme courageuse et pieuse, je crois que c'est la prière qui l'aide le plus. Mes filles ont été souvent dans cette maison quand elles étaient jeunes. Elle était toujours heureuse de les recevoir. Thérèse je ne t'oublierai jamais.

Hier, je me promenais avec mon baladeur. Je me sentais en pleine forme. J'avais trente ans. Comme on est beau à cet âge. C'est beau partout: les oiseaux, les fleurs, la verdure, les gens sont souriants, excepté un de mes voisins.
J'y suis allé hier soir. Le mari est tanné de voir sa femme à

Germaine Dubreuil

l'hôpital. Madame qui a les larmes aux yeux lui dit: *" t'as juste à me placer dans une maison pour handicapés"* Je trouve ça bien triste! Depuis un certain temps cette dame fait de l'anémie et elle a déjà vomi beaucoup de sang. Elle a dû subir quatre transfusions et elle a eu dernièrement sa dix-septième opération. Un bien triste record.

En revenant à la maison, je me dis que les hommes ne comprendront jamais les femmes. J'en suis rendue à détester ces hommes qui nous maltraitent. Ça doit finir. Ça n'a plus de bons sens. Il n'y a que les jeunes femmes qui peuvent mettre un terme à cet état de choses. Cela ne doit plus continuer. Je suis révoltée, je me dis plus jamais d'homme pour moi. En arrivant, je me sens libre et légère de ne plus dépendre de personne et je me suis mise à chanter.

"Il y a des gens qui se plaignent
que les roses aient des épines.
Moi je me félicite que les épines
aient des roses."

Alphonse Karr

Réflexion d'une fin d'été!
Ah! Que je suis bien! C'est dimanche matin et je suis seule. J'ai bien dormi. Je mets de la musique classique. Je vis intensément!. J'ai 67 ans, je vieillis. Mon corps n'est plus beau, j'ai plein de rides dans la figure mes cheveux sont gris, j'ai mal au genou quand je marche trop mais je suis bien. Je suis sereine. Je suis adulte.

Quand je vois des femmes se faire remonter le visage ou les seins, je les plains car je me dis qu'elles seront vieilles quand même avec un visage refait ou des seins hauts. À mon avis, ce ne sont pas encore des femmes adultes et elles ne peuvent pas connaître la sérénité. On est tellement bien quand on s'accepte, surtout que maintenant je fais ce que je veux. Je me rends compte que René prenait beaucoup de place dans mes activités, mes pensées et mes préoccupations. Je me refais une existence plus aérée et plus libre.

Il était temps, je crois, de connaître cette liberté avant de m'en aller. La liberté est un bien grand mot. Disons un peu de liberté.

24 novembre, 1991
Cet après-midi, je fais de la tire Sainte-Catherine. C'est dimanche, il ne vient personne et il pleut toute la journée. En étirant ma tire, je pense à ma mère quand elle en faisait. Elle nous demandait de l'étirer car elle en faisait beaucoup. Ce n'était pas de petites recettes comme on en fait aujourd'hui. Je vois encore son chaudron. C'était toujours une fête. Elle nous disait: *"étirez jusqu'à ce que ce soit de la couleur de l'or."*

Il me semble que cet après-midi j'ai retrouvé cette belle couleur à ma tire. J'aurais dû faire de même avec mes enfants car cela m'a laissé de bons souvenirs. Des souvenirs comme ça, il en faut quand on vieillit.

2 décembre, 1991
Ma soeur, Simone, m'a téléphoné: son fils, Fernand, est décédé hier à l'âge de 51 ans d'un cancer. C'est bien jeune. Elle ne pleurait pas. Elle a accepté car elle croit en Dieu. Ma soeur est bien courageuse et elle me dit que son fils s'était bien préparé, qu'il lui a apporté beaucoup et qu'il a fait réfléchir tous les membres de la famille. Elle ne semble pas s'apercevoir que si son fils était si courageux, c'est parce qu'elle lui a inculqué cette belle valeur. Si Simone est comme ça, c'est parce que nos parents y étaient aussi pour

quelque chose.

J'ai vendu ma maison à Iberville à la fin du mois de mars 1992. Il m'est revenu la moitié du montant de la vente. J'ai eu un peu de peine de laisser les environs car j'ai bien aimé le quartier. C'était tranquille et je m'étais fait d'excellents amis. Quand nous avons déménagé ici, voilà quelques années, j'étais bien contente. Je trouvais que j'avais une belle maison mais je me suis dit: *"c'est le temps de partir."*

C'est la vie et je tourne la page encore une fois!

Je suis allée voir des logis avec Monique Beauchemin à Saint-Jean, près de l'hôpital et du centre d'achats mais ça ne m'intéresse pas tellement d'être proche d'une série de magasins. J'aime mieux me diriger proche d'une bibliothèque car j'aime mieux lire que magasiner. J'avais une décision à prendre et je n'arrivais pas à me décider. Est-ce que je devais déménager à Saint-Jean ou m'en aller à Saint-Hilaire?

Je me disais: *"si je reste ici, je vais être proche de mes amies et de mes connaissances, surtout madame Simard, une bien bonne personne qui m'a rendu beaucoup de services."* Il y a également Monique Beauchemin avec qui j'aime bien dialoguer et Stella qui a une bonne philosophie de la vie. Bien sûr, il y a aussi Rita, ma meilleure amie. J'aime son âme d'artiste et nous sommes proches comme des soeurs. Par contre, elle ne sort pratiquement jamais sans son mari, quoique j'aime beaucoup Roland; je le trouve charmant et agréable à parler.

À Saint-Hilaire, j'allais retrouver ma soeur et ma fille, Odette. Ça me tentait aussi. Le vendredi 10 avril, 1992, je me suis enfin décidée. J'ai acheté un condo à Saint-Hilaire. Marjo que j'avais choisi comme agent immobilier m'a négocié un bon prix et j'ai pu ainsi sauver beaucoup d'argent. *Merci ma belle Marjo.* J'étais contente car enfin je savais où je m'en allais. Je suis entrée dans mon condo le 3 juillet, 1992.

Du mois d'avril au mois de juillet, je me suis promenée un peu partout. Le stress m'avait un peu lâché. J'en ai profité.

Petite réflexion

Je vais prendre une marche après souper car il fait beau. Ça sent bon! Les arbres fleurissent avant la sortie des feuilles, les oiseaux chantent, les carrosses pour bébés sortent. C'est une saison bien spéciale. Les gens ont nettoyé partout. J'aime mon quartier. Avant longtemps, je ne serai plus là. J'irai probablement chercher autre chose et ce sera avec plaisir. L'arbre tout croche sur la 14e avenue ne se plaint pas. Je m'arrête pour l'entendre. Il est silencieux. À l'automne, il se plaint et parfois il m'arrive de pleurer avec lui. Il est tellement handicapé, le pauvre! Au printemps, il renaît comme toute la nature. Ah, s'il n'y avait pas de printemps.

Quelque part au milieu de mai, madame Mailloux, une dame de quatre-vingt-douze ans est venue me voir avec sa fille. C'est une personne âgée que j'allais visiter aussi souvent que je le pouvais. Quand elle a su que je partais, elle a tenu à me voir. C'était une femme de tête comme ma mère. Elle était forte comme elle. On était voisine quand je restais au troisième rang. C'est elle qui était venue m'assister à l'accouchement de Luc. Elle m'avait rendu bien des services. Luc est né le 29 décembre, et même si elle était très occupée car on était en plein temps des fêtes, elle était venue laver mon bébé pendant neuf jours consécutifs. Il fallait rester au lit tout ce temps après un accouchement. Cette femme a marqué ma vie. Elle était spéciale. Elle avait connu la misère. Elle a élevé une grosse famille et avait un mari malade. C'était une femme comme il ne s'en fait plus aujourd'hui. Quand elle est partie, elle m'a embrassée avec des larmes dans les yeux en me disant: *"j'pense qu'on s'verra pu"* Il a fallu que je me retienne pour ne pas pleurer. Je lui ai dit: *"jamais je ne vous oublierai"* et je ne l'ai plus jamais revue.

J'ai quitté la maison le 24 mai, 1992. J'y étais restée presque vingt ans. J'ai eu beaucoup d'aide de Serge, d'Yvan, de Marjo, de Nicole et d'Odette pour déménager mes meubles dans le sous-sol. Je tiens à les remercier.

Partir ne m'a causé aucune émotion. J'étais prête, il faut croire. J'ai pensé que je m'en allais sûrement pour du meilleur. Pourquoi alors pleurer?

Ma belle grande fille, Nicole, m'a invitée à passer un mois chez elle, en attendant que mon condo soit prêt. C'est là que j'ai appris à mieux la connaître. C'est une femme qui sait où elle s'en va et qui est ordonnée. Son caractère ressemble au mien. Nous sommes têtues toutes les deux et persévérantes. On ne lâche pas facilement. Je me suis sentie libre. Nicole me laissait faire. Elle a eu beaucoup de respect pour moi.

J'en ai profité pour passer une semaine chez Jeanne. Comme de raison, ça passe toujours trop vite quand on est en bonne compagnie. Son mari, Lucien, a été bien gentil et m'a encore fait beaucoup rire.

Ensuite, je suis allée chez Lucienne pour quelques jours. Elle a été bien chaleureuse avec moi et m'a préparé de merveilleux repas.

Je suis allée chez Thérèse, chez Marjo et chez Odette. J'ai vu un spectacle de Richard Desjardins avec Ginette, la conjointe de mon fils, Luc. Quel beau spectacle c'était et quel poète il est! J'en suis revenue ravie.

Je suis également allée faire un voyage à L'Isle-Aux-Coudres. Nous sommes partis de Verchères par bateau à neuf heures du matin et nous sommes arrivés à l'île à huit heures du soir. J'ai trouvé le trajet pas mal long. Nous avons été reçus comme des rois à l'hôtel *Cap-aux- Pierres*. Le lendemain, nous avons fait le tour de l'île et j'ai trouvé la végétation de toute beauté: une nature vierge et saine. Nous sommes revenus par autobus le troisième jour du voyage et nous avons couché au Manoir Montmorency, au pied des chutes. Ce fut merveilleux!

Dans l'après-midi, nous avons fait le tour de l'île d'Orléans et nous avons visité trois églises. J'oubliais que nous avions visité en matinée la Basilique de Sainte-Anne De Beaupré. Quelle beauté et quel grand art! J'ai trouvé la Basilique tout simplement extraordinaire.

Je suis revenue fatiguée de ce voyage mais cela en valait la peine. J'avais fait des contacts intéressants avec des gens nouveaux et cultivés. J'aimerais bien un jour me rendre en France, en Italie ou en Grèce.

Je suis enfin arrivée dans mon condo, à Saint-Hilaire, le 3 juillet, 1992. Je crois que j'ai pris la bonne décision. Mes enfants ont été extraordinaires. De l'aide, j'en ai eu en masse. Ils ont tout repeint. Deux couches de peinture partout, même les garde-robes et les armoires. J'étais si contente. Je me suis dit: *" Ma vie sera belle et bonne pour les années à venir si ma santé le permet."*

Quelques semaines plus tard, je me suis vite aperçue que ma vie était plus captivante, ici. J'avais déjà rencontré des personnes fort intéressantes. Je suis même allée jouer au golf pour la première fois avec Thérèse et Suzanne. Jamais je n'avais pensé jouer au golf, un jour.

Le 10 septembre, je m'en souviens comme si c'était hier, mon amie, Jacqueline, est venue me chercher pour aller voir son mari, Jean-Luc, très malade. Il faisait chaud. Nous nous sommes rendus chez Estelle, la soeur de Jean-Luc. Après dîner, il a fait un gros orage comme si le ciel voulait nous tomber sur la tête.

Jean-Luc était assis dans la cuisine, allongé sur sa chaise. Il ne se sentait pas bien. Il avait mal au coeur et il m'a avoué qu'il vomissait à toutes les deux heures, qu'il ne mangeait pas et qu'il ne faisait que boire un peu d'eau. Je lui ai demandé: " *tu trouves ça difficile de t'en aller?* " Il m'a répondu: *"non, c'est pas si pire"* Il m'a dit que de l'autre bord, il allait rire de nous. Quand je lui ai dit que peut-être on lui demanderait des choses, il m'a répondu: *"que personne ne me demande rien. J'veux être tranquille."* Sa soeur m'a dit que la morphine qu'il prenait lui faisait voir les choses plus belles. Alors je lui ai demandé s'il me trouvait belle. Il m'a regardée en souriant: " *ben oui, t'es belle. J't'ai toujours trouvé belle.* " Ce fut le dernier sourire que je reçus de lui. Jacqueline s'est mise à pleurer et il l'a consolée. Il m'a dit: *"elle a ben d'la peine."* C'était émouvant! Jacqueline à ses genoux sanglotait et lui la caressait avec ses mains tout en essuyant ses larmes. Les yeux de Jean-Luc se sont remplis d'eau salée mais il n'a pas vraiment pleuré. Il a dit: *"ça fait vingt-cinq ans que je vis avec elle et nous étions fait pour vivre cent ans ensemble."*

Un beau roman d'amour qui finit dans l'amour!

La petite Amélie en m'apercevant, s'est jetée dans mes bras et m'a serrée très fort. Sophie avait beaucoup de peine et est venue nous rejoindre. Jean-Luc Roy est décédé le matin du

De toutes les couleurs

16 septembre, à 10 heures. Pour tous ceux qui l'aimaient ce fut une bien triste nouvelle. Il n'avait que quarante-six ans. Il est mort dans la dignité auprès de sa famille. Il est parti vers la lumière.

Un adolescent dit, parlez-moi d'amitié. Votre ami est la réponse à vos besoins. Il est le champ que vous ensemencez avec amour et moissonnez avec reconnaissance. Il est votre table et votre foyer. Vous venez à lui avec votre faim et vous le recherchez pour la paix. Lorsque votre ami révèle sa pensée, ne craignez pas le "non" de votre propre esprit, ni ne refusez le "oui." Lorsqu'il est silencieux votre coeur ne cesse d'écouter son coeur, car en amitié, toutes pensées, tous désirs, toutes attentes naissent sans paroles et se partagent dans une joie muette.

Lorsque vous vous séparez de votre ami vous ne vous affligez pas. Car ce que vous aimez le plus en lui peut être clair en son absence de même que pour l'ascensionniste la montagne est plus nette de la plaine. Qu'il n'y ait pas de but dans l'amitié, sinon l'approfondissement de l'esprit, car l'amour qui cherche autre chose que la révélation de son propre mystère n'est pas de l'amour mais un filet jeté : seul l'inutile est pris. Que le meilleur de vous-mêmes soit pour votre ami. S'il doit connaître le reflux de votre marée qu'il en connaisse aussi le flux, car à quoi bon un ami si vous le cherchez pour tuer le temps. Cherchez-le toujours pour les heures vivantes car il appartient de combler votre besoin mais non votre vide. Dans la douceur de votre amitié qu'il y ait le rire et le partage des plaisirs car dans la rosée des petites choses, le coeur trouve son matin et sa fraîcheur.

Khalil Gibran, Le Prophète

Salut Jean-Luc!

Saint-Hilaire

Une renaissance

À Saint-Hilaire ma vie a pris un autre tournant. Je me suis sentie bien dès que j'ai mis les pieds ici. J'ai fait la connaissance de beaucoup de gens. J'étais intéressée par leur façon de faire, d'agir et de penser. C'était passablement différent d'Iberville. Je me suis retrouvée dans un milieu qui me convenait mieux, où j'étais plus à mon aise. La culture était plus évidente ici. J'étais près de tout: de la caisse populaire, du marché, de la montagne et surtout de la bibliothèque où j'allais le plus souvent possible. Il me semble que j'avais du temps à reprendre. Enfin, j'étais libre de mon temps!

Promenade champêtre

Aujourd'hui, il fait beau et pas trop chaud. Je vais faire un tour. Je m'apporte un sac de plastique et je me cueille des marguerites gratuitement, c'est si rare, pour la maison et de toutes petites fleurs et herbes pour faire sécher dans mon herbier. Je me rends dans la montagne et je reviens par un autre chemin. Je profite un peu des gros peupliers car j'ai toujours aimé le bruissement de leurs feuilles.

Il y a un verger. C'est bien triste car les pommiers se meurent. Pourtant, je vois une grande quantité d'oiseaux. Depuis quelques années, on a cessé de les arroser avec des insecticides. Ces pommiers semblent être là pour protéger la montagne. En avançant un peu, je vois une maison en construction et une autre pas très loin qui est terminée. Je me dis que les oiseaux achèvent leurs beaux jours. Cet après-midi, seule avec moi-même, je réfléchis à tout ça. J'aime beaucoup aller dans la nature, mais je pense aussi à l'avenir de mes petits-enfants:

Pourront-ils eux aussi y faire de belles promenades?
C'est si plaisant!

Un après-midi du mois de juin, alors que j'aidais Thérèse à laver son auto, elle m'a dit soudainement: *"T'es une p'tite soeur bien spéciale."* Moi je me trouvais égoïste. J'ai trouvé ma soeur encore mieux que je ne l'imaginais. Durant cette période et jusqu'à la fin de sa vie, elle m'a rendu des services sans compter. Pourtant, elle se disait aussi égoïste.

Six mois après mon arrivée à Saint-Hilaire, j'avais appris une chose, c'est qu'il ne fallait jamais lâcher. Quand on veut, on peut. J'ai commencé des cours de danse et je pensais que mon genou droit ne tiendrait pas. Au contraire, on dirait que ça m'a fait du bien. J'ai trouvé ça bizarre. Pourquoi m'étais-je dit que je n'aimais pas danser quand je n'avais jamais essayé? Faut croire que la liberté nous rend plus fonçeuse.

Vers la fin de juin 1993, je me suis fait une nouvelle amie, Denise. Je l'avais rencontrée à mon club d'amis de la vallée du Richelieu, à une veillée des Fêtes et tout de suite nous avons sympathisé. Je me suis vite aperçue qu'on avait à peu près les mêmes goûts et parfois les mêmes bobos. J'ai passé et je passe encore de très bons moments avec elle. Elle est devenue comme une sorte d'âme soeur. En cette fin de juin, elle m'a invitée à dîner au restaurant et m'a ensuite amenée chez elle, une belle maison entourée de très belles fleurs. Puis on est allées voir l'exposition de Jordi Bonet.

Il était peintre mais surtout sculpteur et ses oeuvres

se retrouvent au Québec, aux États-Unis et ailleurs dans le monde. J'ai surtout aimé ses grandes murales. Encore un grand Canadien français de chez nous, surtout Québécois dont on peut être fier. Il est décédé à l'âge de quarante ans de leucémie. Dans sa jeunesse, il avait même perdu un bras. C'est ce que j'appele un exemple de courage et de détermination. Encore une fois je me suis dit qu'il ne fallait jamais lâcher. Jordi Bonet à la fin de sa vie (de 1976 à 1979) a exploré le thème de la spiritualité face à la mort prochaine. Ce qui a donné le livre des naissances qui nous montre trois cents oeuvres de cette époque.

Au musée d'art de Saint-Hilaire, on en a exposé plus de soixante. C'est un peu l'histoire d'un homme qui se prépare à aller voir ailleurs (qui s'en va directement vers la mort). J'ai trouvé cette exposition fascinante! Ça m'a fait réfléchir sur la mort, qu'il fallait bien un jour s'y préparer et y faire face.

Au mois d'août, Sylvie est venue passer deux jours avec moi. Je me suis sentie tellement bien avec elle. Je l'ai amenée voir l'exposition de Jordi Bonet et elle a ressenti la même chose que moi. Cette exposition nous a toutes les deux bouleversées. C'est vrai que nous avons toujours aimé nous exclamer. J'ai constaté que Sylvie me ressemblait beaucoup! Elle aime connaître les gens et elle aime apprendre, comme moi. C'est une passionnée. Elle n'aime pas faire les choses à moitié.

Thérèse m'a dit un jour: *"Germaine s'est instruite d'elle-même. C'est comme si elle avait une onzième année."* Cela m'avait beaucoup touchée car je ne l'avais jamais réalisé. Alors je me suis rendue compte que ma confiance revenait petit à petit.

Dans le mois de décembre, mes filles sont comme

toutes tombées malades en même temps. Nicole était déjà en congé de maladie, "dépression" Marjo était fatiguée, "burn out" Ghislaine ne travaillait plus que quatre jours par semaine. Elle était fatiguée, peut-être à cause d'un manque d'hormones. Odette et Sylvie étaient fatiguées aussi.

Alors je me suis posé de sérieuses questions. Que leur arrivait-t-il donc? Ont-elles trop travaillé? Les femmes d'aujourd'hui ont-elles la force et la capacité que l'on avait dans le temps? Je me suis dit aussi que c'était peut-être le stress qui les rendaient toutes malades. J'ai trouvé cette période difficile car je devais décrocher de tout ça si je ne voulais pas me faire du mal. À un moment donné, Nicole m'a téléphoné et m'a dit tout simplement: *"J'ai mal à l'âme."* Cette phrase m'a encouragée un peu car c'était un signe qu'elle se rendait compte qu'elle en avait une. Je sais qu'il y a plusieurs personnes qui vivent comme si elles n'en possédaient pas.

Je me suis alors mise à avoir plus confiance en elles. Je savais maintenant que mes filles étaient aussi fortes que n'importe qui et qu'elles étaient capables de s'en sortir par elles-mêmes, comme je l'ai si souvent fait. J'ai toujours passé au travers des difficultés. J'ai eu de l'aide quand j'en ai demandée et j'en ai reçue, j'en ai aussi donnée. J'ai eu des moments de bonheur et de joie. C'est ça la vie. Elle est dure, elle est douce. Je crois que j'ai surprotégé mes filles car j'ai toujours eu peur qu'elles souffrent trop comme moi j'ai souffert. J'ai souvent souffert à leur place comme si le problème d'une telle me concernait directement.

Je suis toujours aussi disponible pour elles. Je peux les écouter avec une oreille qui ne juge pas. C'est déjà ça! Mais je ne les aiderais pas en souffrant pour elles ou en prenant tout sur mes épaules. Je ne tiens plus à les garder en cage comme de petits oiseaux qui n'ont jamais volé. Vous êtes libres, mes chères filles et je vous aime. C'est le message que je voulais vous donner.

Je n'ai jamais aimé que mes enfants soient malades mais si cela doit les faire grandir, comme je le pense, alors je suis certaine qu'ils vont s'en sortir et que leur état ne peut être que temporaire. André Gide disait: *"Plus le devoir qu'on assume est ardu, plus il éduque l'âme et l'élève."* Cette pensée m'a beaucoup réconfortée. J'ai cessé de toujours m'en faire pour eux. L'angoisse m'a alors délaissée.

"Quel que soit l'âge, une mère observe toujours
ses enfants adultes afin de déceler chez eux des signes
d'amélioration. Elle ne peut faire autrement car elle a
besoin de savoir si les semences de ses propres valeurs
ont germé chez ses enfants."

Solange Chaput-Rolland

Le 31 décembre, 1993, j'ai décidé pour la première fois de ma vie de bénir mes enfants. Je leur ai dit: *"Peut-être que pour certains de vous, l'année 93 n'a pas été bonne mais elle est maintenant passée. Nous devons recommencer à zéro, oublier et aller de l'avant."* Mes parents avaient cette philosophie. Quand j'ai béni mes enfants, je me suis sentie prête à le faire car je pensais avoir acquis cette sagesse que mes parents avaient. Par la suite, plusieurs sont venus me remercier. J'ai vu que je leur avais donné de l'espoir et je me suis promis de recommencer chaque année jusqu'à la fin de ma vie.

Presque un an plus tard, ma soeur, Jeanne, est retournée à l'hôpital. Je pensais qu'on avait réussi la dernière fois à la guérir mais ça n'avait pas marché. Mado m'a appelée pour me dire que sa mère était aux soins intensifs et j'ai eu très peur qu'elle fasse un infarctus. Il n'y avait pas de place à l'hôpital Notre-Dame et on ne pouvait pas la soigner parce que c'était le temps des Fêtes. J'ai trouvé cela très injuste. C'est pour cette raison que je m'inquiétais. J'espérais qu'il ne lui arrive rien. Je l'ai raconté à Marjo et elle était scandalisée. Elle aurait bien aimé être là pour aider sa tante.

Quand Jeanne est sortie de l'hôpital, je suis allée passer une dizaine de jours chez elle pour l'aider et l'encourager les premiers jours, elle n'était pas très forte et ne mangeait pas beaucoup. Par la suite, elle a récupéré ses forces assez vite. Elle a subi une coronarographie pour la deuxième fois. Mon séjour chez elle ne m'a pas du tout fatiguée car je dormais bien et ce n'était pas stressant de vivre avec Jeanne et son mari. J'étais bien avec eux et souvent on se posait la question suivante: "*Pourquoi ne sommes-nous pas plus près?*" Je l'aime tellement ma soeur. J'étais contente qu'elle vive. J'aurais fait n'importe quoi pour elle. Elle a été bien reconnaissante et m'a fait de beaux cadeaux. Elle a toujours été si généreuse! Quand je suis revenue à la maison, je me suis sentie fière de lui avoir rendu ce service et d'avoir été utile. Autrefois, Jeanne, m'a beaucoup aidée, surtout quand j'ai passé au feu et que j'ai perdu mon mari. Je m'en souviens comme si c'était hier. Toute ma famille, d'ailleurs, m'avait alors énormément aidée.

En février 1995, Jeanne a été opérée à l'hôpital Notre-Dame et a dû subir trois ou quatre pontages. L'opération a très bien réussie et l'hôpital ne l'a gardée qu'une semaine. Elle a trouvé cela très dur. Elle m'a dit: "*Avoir su, j'aurais aimé mieux crever.*" Je crois qu'elle a beaucoup souffert. Un samedi, je suis allée la voir avec Nicole, Thérèse et Hermas. Je l'ai trouvée changée. Après trois semaines, elle semblait souffrir encore. Papa lui aurait dit: "*Qu'est c'qu'elle a ma p'tite chatte?*" Jeanne se serait glissée dans ses bras et papa l'aurait bercée jusqu'à ce que le mal parte. Les grosses mains de papa étaient encore plus douces que la plus douce des nuits d'été. Ses mains sur nos petites têtes frêles semaient des étoiles dans nos yeux et le bonheur arrivait sans crier gare, sans défoncer la porte de la maison. Il arrivait avec le vent, se glissait par une fenêtre, tel un oiseau. Il nous sifflait une belle mélodie.

Le 30 décembre, 1995, au party annuel, Nicole m'a demandé la bénédiction au nom de la famille. Évidemment, j'ai accepté avec plaisir. Encore une fois, j'ai remplacé papa. Quand je les ai tous bénis, un courant d'énergie m'est passé dans le bras. J'ai senti alors qu'il y avait vraiment quelqu'un qui en avait profité et que papa m'avait définitivement délégué son pouvoir.

Le premier janvier, j'ai trouvé que Thérèse n'avait pas l'air bien et cela m'a inquiétée. C'est elle qui nous avait reçues, Odette, Nicole et moi, au souper du Jour de l'An. C'est à partir de ce moment que j'ai remarqué que son état de santé commençait sérieusement à se détériorer. Un autre été a passé, un été de pluie et de nuits fraîches.

Le 19 juillet, 1996, l'été n'est pas tellement beau mais cela ne me dérange pas car je suis occupée. Je suis allée deux fois chez mon fils, Jules, à la fête de Marie-Pier et une fois avec Odette. Le petit garçon de Jules est bien beau. Il est chanceux ce petit d'être né avec de si bons parents. J'ai toujours un grand plaisir à voir Marie-Pier et Raphaëlle. Elles sont bien débrouillardes. Ce nouveau petit-fils me rend tellement heureuse !

J'ai fait un petit voyage avec Marjo et Jeanne. Nous avons eu beaucoup de plaisir. Nous sommes allées à Knowlton, un petit village fleuri et plein de petites boutiques. C'était bien plaisant!

Une fois, je suis allée chez mon fils, avec Nicole, Bruno et sa femme Danielle, nous ont gardées à souper. Mes deux petites filles sont toujours aussi chaleureuses avec moi. Mélissa m'a fait bien rire en me montrant son tiroir secret. Elle écrit son journal. Elle voulait que je le lise car avec la parenté, ça ne fait rien, qu'elle m'a dit.

La petite Catherine m'a montré ses cartes de fêtes qu'elle garde et qu'elle relit. Mélissa m'a souvent fait la remarque que je n'aurais pas dû déménager à Saint-Hilaire car elle trouve cela bien loin.

Et puis l'été a passé doucement jusqu'au 24 août.

Un accident bête est arrivé à Thérèse. Elle a dégringolé douze marches lors d'une noce et elle a passé la nuit à l'hôpital. En passant des radiographies, les médecins lui ont découvert un nodule aux poumons. J'ai trouvé cela inquiétant. Tous les soirs, en me couchant, j'ai prié pour elle. Les médecins n'ont pas vu qu'elle avait le sternum et une vertèbre cassés. Ils ne l'ont su que deux semaines plus tard. Elle pouvait bien souffrir le martyr. Mon coeur brûlait encore pour elle.

27 avril, 1997
Je dis à ma soeur combien elle est importante dans ma vie. Elle a les larmes aux yeux et moi aussi. J'aime ma soeur et j'y suis attachée. La voir dépérir me fait bien mal. Je n'ai plus beaucoup d'espoir de la voir se rétablir. J'aimerais partir avant elle. C'est le seul espoir qui me reste.

Un autre été est passé. J'ai toujours aimé l'été. Je trouve que tout vit et qu'on se laisse entraîner là-dedans. On vit sans trop se poser de questions. On est dans la nature et on fait partie d'elle. Ça fait du bien de s'oublier.

Encore une fois, je suis sortie. Je suis allée un peu partout. J'ai été active. Je suis allée voir mon monde, mes enfants, mes petits-enfants et mes soeurs. Je ne me suis pas ennuyée.

Vers la fin de septembre, j'ai fait une autre crise d'angine et j'ai bien pensé prendre le bord de l'hôpital. J'ai eu la frousse. Une semaine avant, j'avais planté des bulbes de tulipes dans le rond en arrière de chez moi et ça me tentait de les revoir au printemps.

Quelques jours plus tard, je me suis rendue avec Nicole à l'hôpital Pierre-Boucher. C'est un hôpital extraordinaire. Tout de suite, on s'est occupé de moi. Le médecin m'a dit que ce n'était pas cardiaque. J'étais bien heureuse de l'apprendre.

Mon médecin de famille m'avait donné des médicaments trop forts pour une bactérie à l'estomac. Je suis fâchée de m'être laissé prendre. On ne doit se fier qu'à nous. Ce n'était pas logique de prendre une médication avant même de savoir l'état de mon estomac. Je prends maintenant du Maalox et tout est revenu comme avant, à part des problèmes de digestion. J'ai donc pris un mal à l'estomac pour une crise d'angine. Je me suis rendue malade en prenant des médicaments pour le coeur, car je croyais vraiment que mon coeur allait éclater. J'ai eu plus de peur que de mal.

23 novembre, 1997
Vendredi dernier a été une journée bien stressante pour nous tous. Thérèse est entrée d'urgence à l'hôpital. Elle était enflée dans la figure et à un bras. À l'hôpital, ils nous ont dit qu'elle avait une pneumothorax. Je suis allée la voir à

l'hôpital. Je l'ai trouvée bien courageuse. Elle a fait des farces et elle était encore souriante. Elle a gardé son moral et m'a donné une vraie leçon de vie. Elle m'a dit: "*J'peux pas changer ça.*" Quand je reviens ici, je trouve la maison bien vide. Le soir je ne peux dormir. Je prie et je pense à elle. La vie va-t-elle encore m'enlever un être cher?

"L'être humain est ainsi fait
qu'il ne peut croître sans douleur."
J. Dufresne, philosophe .

La crise du verglas a commencé le 6 janvier, 1998.
Je suis allée voir Thérèse et je lui ai dit: "*Si ça continue comme ça, on va manquer d'électricité.*" Vers dix heures, tout s'est arrêté. Nous avons quand même décidé de dormir à la maison et on s'est dit "*On verra demain.*"

Le lendemain, nous sommes partie pour le centre civique. J'ai apporté mon oreiller avec moi, un petit lunch, ma brosse à dents et une brosse à cheveux. Arrivées sur l'heure du dîner, j'ai bien vu que Thérèse avait de la difficulté à respirer parmi tout ce monde. J'ai dit: "*J'vais aller chercher d'la soupe.*" Je me suis mise à la queue de la lignée. Arrivée à la soupe, il n'y en avait plus. La préposée m'a dit:"*On va en faire un autre chaudron.*" Je suis revenue à ma place et je me suis dit: "*Il doit y avoir une autre place où on serait moins tassées.*" Grâce à une bénévole, nous nous sommes retrouvées au sous-sol. Là, on pouvait respirer davantage. J'ai sorti mon lunch et on a mangé un peu. Une assistante sociale que Thérèse connaissait lui a dit: "*Vous n'pouvez pas rester ici. Vous êtes trop malade.*" Thérèse lui a répondu: "*Mais j'ai mon mari et ma soeur.*" "*Pas de problèmes. On va tous les trois vous envoyer au manoir Saint-Hilaire.*" Grâce à Thérèse, je me suis retrouvée au manoir. Nous avons eu un bon souper. Vers neuf heures, on m'a amenée à ma chambre. C'était loin, dans

Germaine Dubreuil

la partie neuve. Il n'y avait pas de chauffage. Un lampion nous éclairait. Pas de couverture sur le matelas. J'étais heureuse d'avoir pensé à apporter mon oreiller. Les autres n'en avaient pas. Il y avait une couverture seulement et moi qui suis si frileuse. J'ai pris mon manteau mais j'avais froid quand même. Le lendemain, une personne qui connaissait Thérèse m'a prêté des couvertures. Je me suis demandé pourquoi je me trouvais dans une telle situation après toute la misère que j'avais connue. Il me semble que j'avais déjà vécu quelque chose de semblable. Le froid, le chauffage absent et l'insécurité. Je suis demeurée là dix jours. Les repas étaient bons et dans la salle à manger il faisait chaud, mais j'ai quand même attrapé un rhume et fait de la température. Nicole m'a offert de venir me chercher car elle avait de nouveau l'électricité. Je suis donc partie chez elle à Saint-Hubert. Mes deux autres filles, Marjo et Louise, étaient déjà là. On était le 16 janvier, dix jours après le début de la crise. J'étais bien chez ma fille mais j'avais hâte de retourner chez moi dans mes affaires.

Le 22 janvier, l'électricité a repris chez moi. Le 23, j'ai appris que j'étais à nouveau sinistrée, mais je ne savais pas encore à quel point.

Le 30, je suis allée passer quelques jours chez mon amie, Denise. À mon condo, j'ai réalisé à quel point tout était défait. Il n'y avait plus de murs. Je suis allée chez Luc une journée mais toute sa famille était malade. Je suis retournée chez Nicole. Le samedi suivant, je suis retournée passer quelques jours chez Jules. J'y suis restée cinq jours. J'ai souvent été seule avec Raphaëlle que j'ai trouvée débrouillarde et bien spéciale. Marie-Pier couchait dans la même chambre que moi. On se disait de beaux mots avant de s'endormir. Je n'ai pu approcher Étienne, le p'tit dernier, de près. Il me faisait des sourires de loin. J'ai été bien heureuse d'avoir parlé avec tout ce monde, surtout avec mon fils, Jules, qui me manquait.

Jules est venu me reconduire chez Jeanne. Elle et son mari m'ont fait rire, comme d'habitude et cela m'a fait un grand bien. J'étais malade et je suis souvent resté couchée car j`avais mal à la tête. J'ai vu un médecin il a diagnostiqué une sinusite. J'ai donc pris des antibiotiques. Pendant tout le temps que je les ai pris, je me suis sentie mal. Je suis arrivée chez Jeanne le 12 février et j'y suis restée douze jours. Je suis allée faire un tour chez Lucienne pour revenir chez Jeanne. Je trouvais que les travaux de mon condo n'avançaient pas assez vite. C'est chez Jeanne que j'ai fait une belle crise de larmes. J'ai pleuré comme je n'avais jamais pleuré de ma vie. Je crois que je m'étais trop retenue. Jeanne m'a consolée. Puis j'ai reçu la nouvelle que les réparations de mon condo achevaient. Mes filles avaient fait des pressions pour que ça avance plus vite. Elles m'ont dit: *"Dans une semaine, tu seras de nouveau installée."*

J'ai compté les jours et je les ai trouvé longs. Jeanne et Lucien ont été extraordinaires pour moi. Jamais je n'oublierai ce qu'ils ont fait pour me changer les idées. Mes filles m'appelaient souvent pour me donner de l'espoir. J'étais déprimée. Je me suis dit: *"C'est assez! Je ne me laisserai pas aller. Je dois donner l'exemple à tout le monde."* Fallait bien que je me secoue un peu.

Enfin, le 14 mars, soixante-huit jours après le début de la crise, je suis retournée chez moi. Il faut dire que je n'y croyais presque plus. La guerre finie, la paix était dans l'air. J'ai senti, en arrivant chez moi que le printemps flottait au-dessus de ma tête et qu'il ne tarderait pas à revenir en même temps que les oiseaux et les fleurs. J'ai pris une grande bouffée d'air pur et je suis rentrée dans un condo tout neuf. Je remercie de tout mon être tous ceux qui m'ont aidée à passer au travers une telle épreuve et qui continuent encore à le faire. Vous avez le coeur à la bonne place. Gardez-le bien comme un trésor. Il est bien plus précieux que tout l'or de la terre.

Un après-midi du mois de mai, je suis allée voir ma soeur, Thérèse, au manoir Saint-Hilaire, un centre d'hébergement pour personnes âgées où elle demeure depuis la crise du verglas. J'ai fait tout le trajet à pied car il faisait un temps magnifique. Depuis quelques temps, je ne la sens plus. Elle est toujours occupée à faire des transactions par téléphone. Cet après-midi là, elle négociait une chaise roulante. Elle ne m'a pas parlé des vraies choses.

J'espère toujours qu'elle sera comme au temps où on communiquait bien ensemble. Je me rappelle quand elle enseignait à Standbridge-Est et qu'elle venait passer les fins de semaine chez nous, à Cowansville. Lorsqu'elle ne venait pas, je m'ennuyais d'elle.

En cette belle journée de printemps, je me suis vraiment rendue compte que ma soeur n'était plus là, près de moi, à son condo, juste au-dessus du mien. On se confiait nos peines et nos joies. On sortait à notre club et on avait beaucoup de plaisir. Au manoir, je l'ai vu amaigrie, le dos rond avec son oxygène. Elle m'a dit qu'elle n'était pas forte, mais que malgré tout, elle gardait un espoir de guérison. Elle m'a beaucoup parlé d'argent qu'elle continuait de placer et elle m'a dit avec amertume que cela lui coûtait très cher où elle demeurait présentement. Je me suis tout de même promis d'aller la voir aussi souvent que je le pourrais.

En revenant à la maison, il fallait bien que je commence à faire mon deuil parce que ma grande soeur n'en avait probablement pas pour bien longtemps.

20 octobre, 1998

Saint-Hilaire

Hier soir, Odette et moi sommes allées voir ma soeur, Thérèse. Je vois bien qu'elle s'en va tranquillement. Elle ne peut plus s'habiller seule. Je lui dis que peut-être elle serait mieux d'avoir quelqu'un pour l'aider mais elle ne veut pas. Je crois qu'elle ne pèse plus que soixante-dix livres. J'ai bien de la peine de la voir ainsi. Malgré tout, elle fait des farces pour nous faire rire. Je la trouve tellement courageuse. Elle se retient car elle ne veut pas qu'on s'inquiète trop pour elle.

8 février, 1999

Hier, je suis allée voir Thérèse avec Nicole. Le médecin a augmenté sa dose de morphine. J'ai trouvé qu'elle était plus mélangée. Elle me faisait répéter des mots que je venais de dire. Elle m'a dit que dans la nuit elle s'était réveillée à une heure avec un mal à la poitrine très fort. Elle a continué en nous disant: "*On est malade longtemps avant que la mort nous prenne.*" Je suis sortie de là le coeur tout à l'envers. Ma grande soeur que j'aime tant a déjà fait ses valises. Des larmes coulent sur mes joues plissées.

18 mars, 1999

Ma chère soeur Thérèse n'est plus. Elle est morte dans son sommeil et c'est ce que je souhaitais. Je suis quand même surprise lorsque je l'apprends. Je vais la voir. Elle est dans son lit, bouche ouverte, son tube d'oxygène dans le cou. Elle a l'air serein. Elle ne s'attendait sûrement pas à mourir car la veille j'y étais allée et elle voulait me faire acheter un gilet en vente chez Eaton. Elle m'avait dit: "*J'aimerais beaucoup avoir ce gilet.*" J'ai beaucoup de peine. J'allais la voir souvent et une fois, elle m'avait même écrit: "*Germaine, t'es mon ange gardien.*" Je vais m'ennuyer d'elle mais je suis contente car son tour est passé. Elle n'avait plus une belle qualité de vie.

Elle a été exposée un soir et le service a eu lieu le lendemain à onze heures. Il y avait beaucoup de monde et les chants à l'église étaient magnifiques. Ma fille, Odette, avait fait les arrangements funéraires et c'était très bien fait. Ma soeur, Jeanne, est restée avec moi et je l'ai bien apprécié. J'ai trouvé toutes ces émotions bien fatiguantes et je me suis sentie vite épuisée. Thérèse avait quatre-vingt ans. Elle a été pour moi, tout au long de sa vie, un modèle de courage. Adieu chère soeur que j'ai tant aimée.

23 mars, 1999
Je trouve la mort de ma soeur plus difficile que prévu. Elle me manque terriblement. Je fais parfois des crises de larmes et je me dis qu'elle est chanceuse d'être partie la première. Je m'ennuie d'elle. Je ne pourrai plus la voir ni rien lui raconter. On se disait tout. Mon coeur et mon âme lui parlent encore. Ma grande soeur n'est plus mais elle est encore au-dessus de moi, dans le ciel bleu, dans le vent, dans les oiseaux qui volent. Elle est partout maintenant et je sens qu'elle me frôle quand ma tristesse devient trop grande.

10 mai, 1999
Je pense souvent à Louise Poisson, ma belle-fille. Elle me dit au téléphone: *"Parfois, j'veux mourir et d'autres fois, je ne veux pas laisser mes enfants. J'prends beaucoup de médicaments et j'ai toujours mal partout."*

Que de souffrances pour une seule personne!

Je n'ai pas d'autres réponses que de lui dire de prier car la prière ne nous apporte que du bien. Je lui recommande aussi d'écrire. Confier sur papier fait sortir nos émotions. Louise a beaucoup de peines de ne pas recevoir des visites de ses frères. Je prie pour elle afin qu'elle soit plus sereine. Si j'avais le pouvoir de lui sauver la vie, je le ferais sans même y réfléchir, mais hélas, je ne suis qu'un être humain. Dieu, un jour, va le faire . Il va venir me chercher. Ma belle Louise est morte le 29 septembre, 1999, suite à un cancer du cerveau, mais elle restera dans mes plus beaux souvenirs.

Message

À la campagne, souvent j'allais au petit ruisseau. Je m'assoyais sur des roches et je regardais passer l'eau qui coulait comme la vie qui s'écoule. C'est là que j'entrais en moi. J'écoutais l'eau. Je réfléchissais. Je me sentais bien. Il y avait une paix qui s'installait en moi. Si j'avais de la peine, cela me calmait.

Ici à Saint-Hilaire, je vais à la montagne mais je ne suis jamais seule. Je me rends à un arbre dont les feuilles frissonnent toujours. Un calme étrange s'installe autour de nous. Je n'entends plus que les feuilles qui bougent tout doucement. Alors je peux réfléchir comme je veux, sans me faire déranger. Cet arbre est de connivence avec moi. Parfois je pleure sur sa peau dure et d'autres fois, je redeviens un enfant. Je contemple mon âme.

À la maison j'écoute parfois de la musique: piano concerto no 3. J'aime les quatre saisons de Vivaldi et l'Ave Maria de Schubert. La musique classique me rend sereine. Si j'ai un bon livre, je ne m'ennuie jamais. Je lis beaucoup de biographies. Je fais des mots croisés et je joue au scrabble. J'aime aller au restaurant avec mes amies. La communication est très importante pour moi et je trouve qu'il y a toujours quelque chose à apprendre des autres. J'aime bien être avec des enfants. Ils sont vrais et je me sens aimée.

Toute ma vie, à l'exception des dernières années, j'ai fait de mon mieux sans trop penser à moi. Ma maison était toujours ouverte et j'invitais mon monde à manger même si parfois, je me sentais bien fatiguée. J'étais fière de moi quand mes invités trouvaient que ma cuisine était bonne.

Germaine Dubreuil

C'était des choses importantes pour moi. J'aimais prendre soin des autres. Ces dernières années, je ressens le besoin d'entrer dans mon intériorité et surtout de me poser des questions sur mon passé. Ça n'a pas été facile. J'ai relu mes cahiers intimes et je me suis rendue compte de bien des choses négatives qui m'ont fait réfléchir sur le bonheur, sur la vie et sur l'importance des valeurs familiales. La vieillesse est nécessaire ne serait-ce que pour se rendre compte de tout ça. Le discernement est une chose que j'ai acquis par mes erreurs.

En voici un exemple: j'étais invitée chez une amie. Il y avait là un couple assez âgé, à la retraite. Quand je les aperçus, je me suis dis, en les voyant mal habillés: "*Quelle sorte de monde*" Je les jugeais mal. En parlant avec eux, je me suis aperçue qu'ils pouvaient m'en apprendre car ils possédaient chacun un doctorat et ils ne s'en vantaient pas. Ils m'ont donné une bonne leçon. C'étaient des gens simples mais riches intellectuellement. Je n'avais pourtant pas la qualité de juger.

En vieillissant, mes préjugés tombent et j'en suis bien heureuse! Cela me permet d'entrer dans le monde des autres. Je prends les gens comme ils sont et je ne les juge plus. Je n'accuse plus les autres de mes malheurs et de mes détresses. Je me regarde droit dans les yeux. Parfois ça fait mal. Parfois ça me libère. Le bonheur tient dans la compréhension de soi. Alors on aime tout ce qui nous entoure. Aimer, c'est si bon! Il n'y a rien d'autre qui compte plus dans ce monde. Il n'y a que ça.

Je ne vis plus les problèmes de mes enfants car je sais qu'ils feront comme moi et qu'ils s'en sortiront. J'ai cependant un conseil à leur donner: N'attendez rien des autres. Réglez vos problèmes par vous-mêmes. Ne pensez pas que c'est toujours la faute des autres. Cela ne vous mènera nulle part. Posez-vous des questions sur vous-mêmes et pardonnez-vous vos propres erreurs. De toute façon, nous ne sommes que de passage sur cette terre. Vaut mieux en profiter. Soyez tous heureux mes chers enfants! Vous ne pouvez pas vous imaginer comme je vous aime.

La naissance d'un petit-fils ou d'une petite-fille m'a toujours apporté beaucoup de bonheur. Je les regarde et je les trouve tellement beaux que j'en frissonne. Ils sont en bonne santé et pour moi, c'est ce qui est le plus important dans la vie. Quand j'ai élevé ma famille, j'apportais une grande attention à l'alimentation. Quand j'ai su que j'allais être arrière grand-mère, pour la première fois, j'ai pleuré de joie. Si vous aviez la chance de voir mes arrières petits-enfants, je vous jure que vous tomberiez à la renverse tellement ils sont beaux et en santé. Ces enfants sont ma plus grande récompense. Je peux m'en aller car ma lignée est bonne. Je suis prête. Une personne qu'on aime ne meure jamais. On la retrouve toujours à la lignée suivante.

J'adore mes enfants et ils sont tous extraordinaires: dix enfants vivants, dix sept petits-enfants et sept arrières. Je suis très fière de ma famille. Je n'aimerais pas qu'un de ceux-là meure avant moi. Je ne pourrais pas l'accepter. J'ai une vie bien tranquille maintenant. J'aime sortir avec mes amies, j'aime lire, je m'évade, je voyage, je m'instruis par les livres. Je ne suis jamais seule quand j'ai de la belle musique classique et un bon livre. Le bonheur tient à peu de choses. Il suffit de savoir ce que l'on aime vraiment.

J'ai pensé écrire mes mémoires vers 1965, après la mort de ma mère. C'est surtout vers 1977 que tout a commencé réellement. À ce moment, j'écrivais mon journal et je n'ai pas cessé depuis. Dans les années 80, particulièrement en septembre 1983, lors de ma première crise de tachychardie, je me suis mise à noircir mon journal presque tous les jours. Dans les nombreux cahiers que j'ai produits, j'ai surtout parlé de ce que je vivais quotidiennement: mes états d'âme, mes tristesses, mes joies. J'ai souvent parlé de mes enfants et de mes petits-enfants, d'une belle journée que j'ai passée avec une de mes filles, de la première neige de l'année, de la naissance d'un enfant, d'un baptême, d'une maladie, d'un long hiver, d'un court été. J'ai parlé de la vie, souvent banale mais quelques fois hors de l'ordinaire comme les feuilles qui rougissent à l'automne ou comme le printemps qui ranime toutes choses. Écrire m'a fait un bien immense.

Quand vous lirez mes écrits après ma mort, je resterai plus vivante, car seule la pensée écrite a la possibilité de perdurer l'usure des années. L'écriture m'a aidée à me relever de la souffrance, de la colère et de la joie. Je crois qu'écrire régulièrement peut aider à améliorer l'estime de soi. J'ai souvent conseillé aux personnes malades d'écrire leurs états d'âme. Puissiez-vous en faire autant, vous mes enfants! Je vous souhaite tout le bonheur possible, vous le méritez bien. Vous avez eu, tout comme moi, votre part de difficultés. Surtout, n'oubliez jamais, peu importe l'âge que vous aurez, je serai toujours près de vous, la nuit comme le jour. Vivre avec vous a été extraordinaire. J'ai foi en vous. J'ai foi en la vie. J'ai foi en Dieu.

"Je suis comme l'indienne. Je regarde le fleuve et je ne sais d'où il vient ni où il va."
Félix Leclerc

Félix, c'est le plus grand poète que je connaisse. Il parle de la vie, du pays français. Il ne se démodera jamais. Quand j'écoute Le Tour de l'Île ou l'Alouette en colère, des larmes me viennent aux yeux. Je suis une personne tellement sensible.

De toutes les couleurs

Entretiens

entrevue réalisé
par Luc Bousquet

La grande question existentielle en commençant:

-*La vie, c'est quoi pour toi ?*

-*La vie, ce sont des petits moments de bonheur qu'il nous faut découvrir à chaque instant et qu'il faut vivre pleinement.*

- *Mais il y a des douleurs dans la vie, des malheurs ?*

-*On dirait que pour moi, la vie, ce n'est que des moments de bonheur. Les souffrances ne sont pas si nécessaires. Ça ne devrait pas être, il me semble. C'est sûr que les difficultés de la vie m'ont fait réfléchir et maturer. On ne vit pas à ce moment-là. Comme je l'ai déjà dit, "la vie" ce sont de bons petits moments qui me rendent heureuse. Lorsque je suis heureuse, les oiseaux volent, planent et chantent tout le temps. Ils ont l'air heureux. Nous, on n'a pas le droit au bonheur constant? C'est injuste, il me semble. J'ai toujours eu de la misère avec l'injustice. Je trouve qu'on est bien compliqués pour rien.*

-*Et la mort?*

-*C'est un commencement et non une fin. Je la vois sans haine, sans peur, sans défaut. Je la vois brillante, sans apesanteur. Je la suppose bien mieux que la vie.*
-*Pourquoi tu dis que la mort est mieux que la vie? Comment*

peux-tu le savoir ?

-*J'aime bien penser que la mort nous libère de nos souffrances. Si la mort est pire que la vie, alors ça n'a plus de sens. Je ne sais pas si la mort est mieux que la vie mais je l'espère. Sinon, à quoi bon vivre? La mort c'est un aboutissement. C'est une paix que l'on mérite. Ça ne m'empêche pas d'aimer profondément la vie. Je suis en vie et j'essaie d'en profiter du mieux que je peux. Quelqu'un m'a donné la vie et il faut la vivre jusqu'au bout. C'est ce que j'ai l'intention de faire.*

-*En lisant ton journal, je m'aperçois que tu étais souvent déprimée. Y-a-t-il une origine à cette déprime ?*

-*Ça vient vraiment de la mort d'Auray. Je me suis complètement effondrée. J'ai fait une dépression et je m'en suis difficilement remise. Pendant mes trois années de veuvage, je n'étais plus capable de vivre. Plus ça allait, pire c'était. Son absence a pesé lourd dans ma vie quotidienne. Quand j'ai rencontré René et que je me suis remariée, je pensais moins à cette dure épreuve qui m'était arrivée. J'aimais mon nouveau mari et il me le rendait bien. Aussitôt que ça allait mal, d'une façon ou d'une autre, je retombais automatiquement dans ma déprime. Une journée, j'étais complètement à terre et le lendemain, je pouvais déplacer des montagnes. Je crois bien que cette dépression n'a jamais été soignée. Alors il a fallu que je m'en sorte toute seule.*

-*La vie est-elle si difficile que ça?*

-*Par moments, oui! Ça fait partie de la nature. Il y a des tremblements de terre, des catastrophes de toutes sortes. Des fois, le soleil n'est pas là des jours entiers. On dirait que la nature souffre aussi, comme moi.*

-T'as connu une bonne enfance avec des parents qui t'aimaient. Tu devais te sentir en sécurité dans un tel environnement. Quand tu t'es mariée, Auray n'était pas un homme particulièrement sécurisant. As-tu souffert de cette insécurité?

-Oui, beaucoup, même que cette insécurité m'empêchait souvent de dormir. Avec Auray, j'étais anxieuse. Devant un problème, il avait tendance à l'ignorer, ce qui me faisait paniquer. Avec René, ça été complètement différent. Je savais que le soir, il serait toujours là pour souper. J'appréciais ça. J'ai été heureuse avec lui. Ce n'était pas aussi passionné qu'avec Auray mais on s'aimait quand même beaucoup tous les deux.

-Que comprends-tu de la vie maintenant?

-La vie doit nous apprendre les vraies choses, selon l'âge où on est rendu. Je plains ceux qui n'apprennent pas et qui restent au même point. C'est important d'évoluer. Je crois qu'il faut rester en contact avec les gens.

- C'est quoi les vraies choses de la vie?

-L'amour est le plus vrai des sentiments. La compréhension de soi et des autres et la liberté.

-D'où te vient cette grande soif d'amour?

-J'ai reçu cette soif de mes parents. Je donne l'amour parce que je l'ai reçu. C'est aussi simple que ça! Je suis une personne naturellement passionnée, même que souvent c'est exagéré. Par exemple, je vois une rose et je la trouve extraordinaire. Je m'exclame toujours plus qu'à l'ordinaire. Je pense que Sylvie me ressemble beaucoup. Ça me choque

de voir que les gens ne sont pas comme moi. Je vois, je sens plus loin. Ce n'est pas explicable. Ça vient du coeur et la beauté de toutes choses ne vient pas de la raison. Mes *enfants ont toujours été plus intelligents, plus fins ou plus beaux que n'importe quels autres enfants. C'est plus fort que moi, je suis faite comme ça. La nature m'a fabriquée ainsi. Je ne connais que le noir et le blanc. Entre les deux, il n'y a que de la médiocrité et je n'endure pas ça.*

-Y-a-t-il un message que tu voudrais laisser à tes enfants ?

-Bien sûr. Je veux leur dire que c'est très important de s'entraider, de former une famille, de s'aimer, de s'accepter. La vie est moins dure quand la famille se tient. Je désespère de voir tant de familles qui éclatent. Dans ma vie, le soutien de ma famille m'a beaucoup aidée.

-Quel a été le pire moment de ta vie?

-Il y en a eu plusieurs mais celui qui m'a le plus marqué, c'est lorsque je me suis mariée enceinte. Je devenais ainsi le déshonneur de ma famille et surtout, je faisais beaucoup de peine à mes parents que j'aimais tant. Je ne pense pas que vous puissiez comprendre tout l'impact que cela a eu dans ma vie.

-Et le plus beau moment ?

-C'est lorsque j'ai vu mon arrière petit-fils, si beau et en santé. Mon bonheur était si grand que j'en pleurais. C'est alors que j'ai réalisé que ma lignée était bonne et que je pouvais maintenant partir tranquille.

-Recommencerais-tu ta vie telle que tu l'as vécue?

-Non, pas telle que je l'ai vécue mais je la changerais un

peu si j'avais la possibilité de le faire. Tout d'abord, je ne me serais pas mariée si jeune. Des enfants c'est bien beau mais ça tient occupé.T'as pas le temps de penser à toi. C'est sûr que j'aurais aimé m'instruire. Mes parents s'étaient posé la question: "On la fait instruire notre p'tite Germaine?" Papa a tranché la question assez vite: "Non, on n'a pas d'argent." J'étais assez douée à l'école. Je réussissais très bien. J'aurais aimé devenir institutrice. J'ai toujours eu de l'admiration pour les professeurs. Quand je demeurais dans le rang du Kempt, dans les années cinquante, on m'avait demandé si je voulais enseigner à la petite école du rang. Monsieur Dextraze était commissaire et avait suggéré ma candidature qui avait été acceptée. On n'avait pas réussi à trouver une institutrice et tout naturellement, on m'avait proposé le poste. Faut croire qu'on avait une bonne opinion de moi. Je me suis préparée fébrilement. J'avais hâte. Juste le jour avant le début des classes, on a trouvé un professeur. Je suis sûre que j'aurais fait l'affaire. J'étais déçue.

-Et l'oeuvre de ta vie ?

-C'est la santé que j'ai reçue et que j'ai transmise. Mes enfants suivent mon exemple sur ce point. Bien sûr, l'oeuvre de ma vie ce sont mes enfants et toute ma lignée. J'en suis très fière.

-Que voudrais-tu transmettre à tes enfants?

-Premièrement, la santé, l'amour de soi et des autres. Je trouve que c'est une grande prière. Avec tout ça, je crois qu'on peut faire de grandes choses.

-Crois-tu que ta vie a été utile?

-Peut-être. C'est difficile à dire. Elle a sûrement été utile à quelqu'un. C'est une question à laquelle quelqu'un d'autre

pourrait répondre à ma place. Pour moi, ce n'est pas évident. J'essaie de faire de mon mieux. C'est tout.

-Quels ont été les bons coups que tu as effectués dans ta vie?

-J'ai pas fait assez de bons coups, il me semble. Est-ce un bon coup d'avoir mis tant d'enfants au monde? J'en suis pas si sûre, même si je ne regrette rien aujourd'hui car je suis bien contente d'avoir mes enfants près de moi. Le meilleur coup, c'est de les avoir éduqués et leur avoir transmis de bonnes valeurs. Un jour, une femme m'a confié qu'elle voulait se suicider car son mari la trompait. Elle avait même acheté le poison. Je lui ai parlé fort et je lui ai dit: "C'est ça, meurt! Après ça ton mari va aller rejoindre sa maîtresse et la marier? "Elle est restée l'air bête. Vingt ans plus tard, elle m'a avoué que je lui avais sauvé la vie. Je pense que je suis une bonne communicatrice. C'est comme ça que j'ai pu aider des gens en les faisant réfléchir.

-Es-tu une artiste ou une intellectuelle ?

-Je ne sais pas. Mais il y a une chose que je sais, c'est que je ne suis pas comme tout le monde. Je vais souvent à contre-courant. Je ne suis pas une suiveuse. Je me fais souvent une idée en me servant de ma propre logique. J'ai toujours été comme ça. Quand j'avais un problème à résoudre, je me questionnais. Je me demandais comment je pouvais le régler. Parfois je réussissais ou je trouvais une autre idée si ça ne marchait pas. J'aime beaucoup la lecture. C'est primordial pour moi. Je m'ennuierais beaucoup, s'il n'y avait pas les livres. J'ai peur qu'en vieillisssant, mes yeux ne me permettent plus de lire. Mais j'ai la musique. La musique m'emplit le coeur et me rend heureuse.
-Quel genre de musique aimes-tu et que lis-tu?

Germaine Dubreuil

-J'aime beaucoup la musique classique. J'en écoute le matin, souvent jusqu'à midi. C'est un véritable repos pour moi. J'aime surtout écouter Bach et Mozart, mais je trouve que Mozart me saisit plus. On dirait que sa musique est plus profonde, plus pénétrante. J'aime aussi les chansons populaires mais quand je suis plus en forme. Souvent je vais lire en même temps. Je lis particulièrement des biographies et des livres qui parlent de la recherche de soi.

-As-tu un secret bien gardé ?

-J'en ai plusieurs! Je ne trouve pas la nécessité d'en parler. Cela n'aiderait personne et je crois que chacun a son secret bien gardé dans le fond de son coeur et qu'il doit y rester.

-Ton opinion sur la politique? Est-elle restée la même?

-Vous savez que je suis une séparatiste depuis longtemps. Je n'ai pas changé là-dessus. J'ai beaucoup suivi la politique depuis trente ans. Je vois bien que les demandes du Québec vis-à-vis le reste du Canada n'ont jamais abouti. Le 30 octobre, 1994, on est allé voter. Je suis pour que le Québec se sépare. J'ai voté oui. Je veux un pays, c'est important pour moi, pour mes enfants et mes petits-enfants. Nous avons perdu le référendum par très peu mais nous avons gagné des votes. Les Québécois ne se tiennent pas assez ensemble. Ils ont encore peur. Les imigrants ne nous comprennent pas car ils ne connaissent pas notre longue histoire. Jacques Parizeau dans son discours en a parlé et ils en ont fait tout un plat. Pourtant, il a dit la vérité. Maintenant, il faudra cicatriser les plaies et surtout se rassurer. L'idéal aurait été de s'entendre mais pour les Canadiens anglais, on ne compte pas. Ils l'ont prouvé depuis toujours et au lendemain du référendum, ils le prouvent encore si on se fie aux nombreuses déclarations

des ministres des autres provinces et du premier ministre Jean Chrétien. Depuis longtemps, je préconise la séparation claire et nette sans partenariat. C'est trop compliqué de s'entendre. Je suis fière d'être Québécoise. J'aime ma culture et je voudrais que ma lignée la conserve toujours.

-Crois-tu vraiment que ça va être possible?

-Malheureusement, je désespère! Je crois que dans vingt ans notre culture sera perdue et que nous serons assimilés. Nous ne faisons plus d'enfants et les imigrants qui arrivent à pleines portes vont surtout du côté anglais. Ce qui est pire, c'est qu'il y a encore une grande partie de Québécois qui ne s'aiment pas assez. Il faudrait que nos jeunes soient plus politisés. Il n'y a plus grand espoir si les jeunes ne continuent pas l'oeuvre de leurs aïeux. Vaut mieux faire tout de suite une croix là-dessus. J'aimerais que le français s'améliore dans les écoles et qu'on donne à nos jeunes le sens de la fierté d'un peuple, comme René Lévesque savait si bien le faire.

-Comment vois-tu ta vieillesse ?

-J'ai soixante seize ans et de plus en plus, je désire vivre ma vieillesse avec sérénité, lentement, sans vitesse. Je me connais, même que je reconnais des défauts que j'avais caché. Je vois que je suis une personne humaine. Je m'accepte telle que je suis et je m'améliore. Je ne cherche pas la perfection car je sais qu'elle n'existe pas. S'il y avait moins de petits bobos, la vieillesse serait encore plus agréable. J'ai fait le ménage dans ma vie. Je laisse aux autres ce qui leur appartient, comme leurs souffrances. Maintenant je les écoute mais je ne souffre plus à leur place. Ça me dégage, me libère. J'ai plus le temps de penser à moi. Je m'écoute plus. En arrivant à Saint-Hilaire, il a

fallu que je me parle et j'en suis arrivée à la conclusion qu'il fallait que je me libère des problèmes de mes enfants. Dans ma vie, j'en ai eu en masse des problèmes et je suis passée au travers. Mes enfants sont capables d'en faire autant. Accepter sa vieillesse, c'est déjà un bon point. Je n'ai pas le goût de montrer que je suis encore jeune en exagérant sur l'exercice ou les jeux de toutes sortes. Mes loisirs sont simples , un peu de marche, lentement, tout en respirant à fond. Observer la nature et les belles choses. Je ne m'ennuie jamais. Je lis, j'écoute de la musique, je joue au Scrabble. Je commence à me poser des questions car le décompte est commencé. Quand la mort viendra-t-elle me prendre? Je me rends compte que le temps prend de plus en plus d'importance. Je n'ai pas de temps à perdre à des banalités. Ma vie est pleine et je l'ai remplie du mieux que j'ai pu. Je récolte ce que j'ai semé. Mes enfants sont tous extraordinaires pour moi. Je suis une vieille bien gâtée et aimée et de plus en plus je trouve mes enfants corrects et je les accepte tous tels qu'ils sont.

-Selon toi, qu'est-ce que tu as changé au fil des ans?

-Une meilleure compréhension de moi et des autres, comme par exemple, lorsque mes enfants ont divorcé de leurs con-joints, j'ai souvent mal pris ça. Ça ne se pouvait pas que mes enfants soient imparfaits. Maintenant, je crois qu'ils sont pareils comme les autres. Ils ne sont pas mieux, ils ne sont pas pire. Quand Ghislaine est tombée enceinte avant son mariage, ça m'a fait mal car je me revoyais à seize ans en plein déshonneur. Ça m'a affectée. Mais René m'avait alors pris dans ses bras et m'avait dit: "Pourquoi tu pleures? Ghislaine va s'marier. C'est correct ça!" J'ai appris de René. Sur certaines choses, il s'en faisait beaucoup mais c'était souvent pour des futilités. Pour d'autres choses, il était plus ouvert. Il ne s'en faisait pas pour ça, lui, une personne qui se marie enceinte. Ce n'était

pas anormal. Bien au contraire, c'était la vie, l'amour. Mes enfants m'ont beaucoup appris aussi. Du temps du "peace and love," par exemple, surtout Luc et Sylvie à cette époque. J'ai pris conscience de certaines choses. Je me souviens que je chiâlais *souvent après Luc parce qu'il avait les cheveux trop longs à mon goût. Un jour, il a pris une poignée de ses cheveux dans une de ses mains et m'a dit: "Regarde ça, c'est rien qu'des cheveux. C'est juste une apparence. En arrière d'mes cheveux, j'suis encore là." À partir de ce moment, j'ai arrêté de le juger.*

La communication m'a fait avancer. J'ai toujours essayé de comprendre les choses même si c'était dur parfois pour moi. Souvent, j'y suis parvenue. C'est tout à mon avantage car je n'aurais pas aimé rester accrochée à de vieilles valeurs sans importance. Plus jeune, j'ai lu plusieurs fois Simone De Beauvoir et Jean-Paul Sartre. Ils m'ont fait réfléchir sur la notion de la liberté, une liberté qui m'a souvent manqué et que j'étais incapable d'aller chercher. J'ai lu La Tendresse de Gabrielle Roy trois fois. Ça m'a beaucoup marqué en tant que femme. Je crois qu'il faut lire plusieurs genres de livres pour ensuite se faire une idée plus personnelle de la vie. Je n'accepte pas les choses toutes faites d'avance. Il faut que j'apprenne par moi-même.

Aujourd'hui, je sais que je peux être bien avec moi-même car les autres ne m'ébranlent plus comme avant. Je ne suis pas toujours obligée d'être avec les autres. Je peux être seule et être bien car j'ai plus confiance en moi.

-Crois-tu que tu vis plus sereinement depuis que tu n'as plus d'hommes dans ta vie ?

-Je pense que oui. Je suis mieux avec moi-même. Je n'ai de comptes à rendre à personne. Je suis une femme qui aime trop. Avec un homme, je suis portée à m'oublier et à ne vivre

que pour lui. Depuis que je suis à Saint-Hilaire, j'ai retouvé la paix d'esprit. C'est agréable de redevenir soi-même. C'est très excitant. Je crois que je vais finir ma vie en beauté, Dans la liberté.

-As-tu peur de la mort?

-J'ai surtout peur de souffrir. Quand la mort nous arrive, on est comme dans un état second. Je crois que ça se passe bien. Si je souffre, je vais me servir de médicaments, en grosses quantités s'il le faut. J'ai horreur de souffrir. Pourquoi souffrir pour rien si on peut se soulager du mal qui nous ronge?

-Penses-tu qu'un jour, en mourant, tu vas aller rejoindre les êtres que tu as aimés?

-Non, je ne pense pas, mais je l'espère. On ne sait jamais. On n'est jamais sûr de rien. Disons que j'y crois à moitié. Je laisse une porte ouverte au cas où ça serait possible, mais je ne crois pas que ces êtres soient comme nous, sur terre. Je pense plutôt qu'ils sont devenus comme une sorte de puissance inconnue sur terre.

-Et ta foi, où en est-elle? Dans ton journal, tu mentionnes souvent la bible. Ça t'a aidé de croire?

-Dans le temps, oui! Aujourd'hui, je crois encore mais d'une autre façon. Ce n'est plus tout à fait pareil. Je crois en Jésus-Christ, aux paroles qu'il nous a transmises. Mais Jésus-Christ n'était pas la réincarnation de Dieu. C'était un homme, un grand homme qui a fait beaucoup pour l'humanité toute entière. C'est pas rien ça. Trouvez-moi un homme qui a marqué autant le monde. À mon avis, il est unique. Je le trouve extraordinaire. Chose bizarre, je prie plus ma mère que Jésus-Christ. Je crois plus en elle. J'ai

plus confiance. Jeune, j'étais comme ça. J'avais une telle confiance en ma mère que je n'ai pas changé là-dessus. Aujourd'hui, elle est encore très présente dans mon esprit. Elle est une sorte de Jésus-Christ.

-Que penses-tu du monde d'aujourd'hui ?

-Chaque siècle est bon. Mais il me semble que c'est mieux aujourd'hui. Je ne voudrais pas revenir en arrière, la religion, les péchés, etc. J'ai confiance en l'avenir. Je crois qu'il va arriver bientôt des choses extraordinaires. Je crois en l'humain. Ça devrait aller de mieux en mieux. Le monde se trompe mais il corrige ses erreurs. La famille se dissout et c'est bien dommage mais il n'y a rien qui dit qu'elle ne reviendra plus jamais. Je suis optimiste. Les gens reviennent lentement vers la nature. Ils s'aperçoivent bien qu'il n'y a pas d'autres issues possibles. Les gens sont stressés et n'en peuvent plus. Alors ils n'ont pas d'autres choix que de changer leur rythme de vie, sinon, ils vont tous se ramasser six pieds sous terre. Il me semble que les gens sont plus intelligents et qu'ils vont trouver des solutions. On est à l'aurore d'un changement. Oui, je crois encore à l'humanité. Pourtant, j'ai connu des atrocités, des injustices. Mon siècle a été parsemé de guerres, de dépressions économiques, de famines, etc. J'ai la tête dure. Je suis faite comme ça et ce n'est pas en vieillissant que je vais changer. Il faut continuer de rêver à un monde meilleur. L'espoir nous tient en vie. C'est l'espoir qui nous fait avancer. Il nous faudrait cultiver cette vertu. Car après la noirceur jaillit toujours la lumière. La vie c'est ça: des périodes sombres et des périodes lumineuses. Je vis dans les périodes où il fait un beau soleil.

-Merci Germaine pour cette enrichissante entrevue.
-Ç'a m'a fait bien plaisir. Je souhaite à tous mes enfants, mes petits-enfants et arrières petits-enfants et à tous ceux

qui vont suivre d'être heureux dans la vie. Surtout, ne désespérez pas! Ayez confiance en vos moyens et surtout, ne lâchez jamais car il y a toujours une lumière au bout du tunnel. Ne vous arrêtez pas au beau milieu de ce long tunnel car vous risquez de perdre tout espoir et l'espoir est l'essence de la vie.

Bonne chance à tous! Et souvenez-vous que je vous aime du plus profond de mon être.

De toutes les couleurs

Ma vie spirituelle

J'avais beaucoup la foi quand j'étais jeune et je crois que cela m'a énormément aidée. Si mon père était malade, je priais pour qu'il guérisse et ça me donnait de l'espoir. Si j'avais peur du tonnerre et des éclairs, je priais à genoux, car j'avais peur que le feu tombe sur la maison. Prier me donnait confiance. J'ai souvent vu ma mère faire des neuvaines afin de régler certaines situations et dans mon esprit, elle y arrivait toujours. C'est pour cela que lorsqu'il nous arrivait un problème (comme ne pas arriver à faire un paiement annuel de la terre, par exemple), je ne me posais pas de questions car j'étais sûre que la neuvaine règlerait tout. J'avais une grande confiance en maman et je ne m'inquiétais pas outre mesure.

Plus tard, c'est la nature qui a pris le dessus. J'étais et je suis une passionnée des belles choses. J'aime les oiseaux, je m'extasie devant une rose, j'aime les feuilles à l'automne, la montagne, le printemps et l'éveil de la nature. J'aime l'automne avec toute sa beauté, les outardes, ces symboles de liberté qui s'en vont du nord au sud. J'aime les bébés pour voir leur évolution, deviner leur caractère. J'adore les enfants et je trouve que c'est l'amour le plus vrai qui puisse exister. Je crois aux paroles de l'Évangile, à Jésus-Christ, à l'énergie de l'être humain, à une autre dimension, à ce qu'il y a de bon chez les êtres. Je tenais à ce que ma pensée et mon action se relient à l'Évangile par mon exemple, mais je me suis trompée souvent à cause des préjugés qu'heureusement je n'ai plus, ou presque plus. Avec la communication que j'ai eue avec mes enfants et mes petits-enfants, j'ai pu ainsi suivre le courant.

J'ai cherché surtout à ce que ma famille soit unie, que tous s'aiment et s'entraident dans les épreuves comme dans les joies. Je me rends compte que j'ai réussi et j'en suis bien fière. Pour moi une famille, c'est cela: le soutien, l'amour et la compréhension. J'ai donné ce que j'ai reçu et j'espère que mes enfants feront de même.

La musique

J'aimais beaucoup la musique et je l'aime encore énormément. S'il n'y avait pas la musique, je crois que je ne pourrais pas vivre en harmonie. Maman baissait souvent la radio car je l'écoutais trop fort et cela la fatiguait. J'avais un accordéon. Maman, Armand et moi on en jouait et Jeanne un peu. L'accordéon était mon ami. Je me réfugiais souvent dans ma chambre pour jouer plus à mon aise.

J'aimais la chanson de Charles Trenet: "La mer qu'on voit danser a des reflets changeants sous la pluie" Je chantais cet air et je le jouais sur mon accordéon. Cela me faisait rêver, me transportait sur le bord de la mer.

J'aimais aussi beaucoup les chansons de Tino Rossi qui me charmait à en perdre la tête par ses belles chansons d'amour. Douces chansons d'amour. Sa voix me mettait toute à l'envers.

Maintenant, j'écoute souvent dans ma chambre, au lit, de la musique douce, de la musique classique. Cela me calme et me fait du bien. La musique a été très importante dans ma vie et elle l'est de plus en plus. J'écoute encore avec avidité le fameux Jacques Brel. Il a été, je crois, un très grand poète.

À l'orée de ma vieillesse, je tiens à vous présenter une des grandes chansons de Jacques Brel que j'aime beaucoup: Les vieux. (heureusement, je ne suis pas encore rendue la p'tite vieille qui ne bouge plus.)
Cette chanson porte à réfléchir même si elle est parfois dure et cruelle. La voici donc.
Je vous laisse là-dessus, chers enfants, chères

soeurs, chères amies. Je vous aime tous! Décembre, 1999

Les Vieux
Jacques Brel
poète et chansonnier de nationnalité belge

Les vieux ne parlent plus ou alors seulement parfois du bout des yeux; même riches, ils sont pauvres. Ils n'ont plus d'illusions. Ils n'ont qu'un coeur pour deux.

Chez eux ça sent le thym propre, la lavande et le verbe d'antan. Que l'on vive à Paris, on vit tous en province quand on vit trop longtemps.

Est-ce d'avoir trop ri que leur voix se lézarde quand ils parlent d'hier? Et d'avoir trop pleuré que des larmes encore leur perlent aux paupières?

Et s'ils tremblent un peu est-ce de voir vieillir la pendule d'argent qui ronronne au salon, qui dit oui qui dit non, qui dit: Je vous attends.

Les vieux ne rêvent plus. Leurs livres ont sommeil, leurs pianos sont fermés. Le petit chat est mort, le muscat du dimanche ne les fait plus chanter.

Les vieux ne bougent plus, leurs gestes ont trop de rides. Leur monde est trop petit, du lit à la fenêtre, puis du lit au fauteuil, et puis du lit au lit.

Et s'ils sortent encore bras-dessus bras-dessous, tout habillés de rêves, c'est pour suivre au soleil l'enterrement d'un plus vieux, l'enterrement d'une plus laide et le temps d'un sanglot oublié.

Toute une heure la pendule d'argent qui ronronne au salon,

qui dit oui qui dit non, et puis qui les attend.

Les vieux ne meurent pas. Ils s'endorment un jour et dorment trop longtemps. Ils se tiennent la main, ils ont peur de se perdre, et se perdent pourtant.

Et l'autre reste là, le meilleur ou le pire, le doux ou le sévère. Cela n'importe pas, celui des deux qui reste se retrouve en enfer.

Vous le verrez peut-être, vous la verrez parfois, en pluie et en chagrin traverser le présent, en s'excusant déjà de n'être pas plus loin, et fuir devant vous une dernière fois

la pendule d'argent qui ronronne au salon, qui dit oui qui dit non. qui leur dit: Je t'attends; qui ronronne au salon, qui dit oui qui dit non et puis qui nous attend.

Une belle histoire

Il était une fois une grande chaîne en or formé de dix

chaînons et d'une attache solide en forme de marguerite. Chacun des maillons semble être fait différemment comme pour former et créer une oeuvre d'art.

Pour former cette belle chaîne, d'abord il faut un clown! Ce n'est pas sa profession mais il met de la joie et de la gaieté tout autour de lui.

La suivante y met de la modération, du partage. Elle y met beaucoup d'amour. Tous l'aiment.

Comment pourrait-on tenir ces mailles ensemble sans ce troisième chaînon qui apporte de l'intuition, de la prévoyance et autant de logique.

L'autre nous fait aimer les fleurs, l'amour des choses, l'importance de l'amour avec un grand A qui déteint sur les autres.

Un anneau spécial s'occupe et fait son possible pour que ne se brise cette chaîne en soignant et en s'occupant de l'attache en forme de marguerite. C'est important pour elle car elle est généreuse.

La sixième est délicate et sensible. Elle est absolument importante. Elle semble faire l'équilibre entre tous ces liens.

Le suivant doit être là. Il voit plus clair que nous et est avant-gardiste. Sans lui, la vie serait plus difficile. Il nous transmet et nous crée de belles choses. C'est son rôle.

Une toute petite chaînette est là. Elle est belle en dedans comme en dehors. Elle est à l'écoute avec sa psychologie avancée. Elle peut aider et chaque lien a confiance en elle.

Germaine Dubreuil

Le suivant nous apporte de la logique, de la tendresse beaucoup de sensibilité aussi. Je crois que ce chaînon a du génie. Tous profitent de son savoir.

Le dernier, celui tout près de l'attache, s'occupe beaucoup du bien-être de cette dernière. Il semble connaître ses besoins et ce qui lui fait plaisir. Il est beau, sensible et généreux.

N'est-ce-pas une belle oeuvre? Tous ces maillons se tiennent debout devant une épreuve et se soutiennent. La chaîne reste attachée et solide.

L'attache résiste. Elle ne peut faire autrement quand elle voit d'autres liens se tisser, d'autres petites chaînes se former. Elle garde espoir de voir apparaître d'autres petites chaînettes. Elle sera heureuse tant et aussi longtemps que toute cette succession d'anneaux ne se brisera pas.

Une belle chaîne en or. Une belle oeuvre d'art, n'est-ce pas? J'en suis fière.
Décembre, 1989

Lise Payette, mon idole a déjà dit: Chaque humain constitue le maillon d'une immense chaîne à travers l'univers et l'important, c'est de faire briller ce maillon pour qu'il soit le plus beau possible.

J'ai décidé de polir le mien jusqu'à ma mort. Ce maillon, c'est ce que je peux donner à la société. Quand je vais le lâcher, il brillera de mille feux. Celui ou celle qui donne l'exemple vivra une vie remplie. Il faut idéaliser sa vie jusqu'à la fin sinon, à quoi bon vivre?

Septembre, 1992.

Anecdotes d'enfants

" Il nous faut voir un enfant
comme un joyau précieux
comme de l'or brut pas encore manipulé "

''Vos enfants ne sont pas vos enfants.
Ils sont les fils et les filles
de l'Appel de la vie à elle-même
Ils viennent à travers vous mais non de vous
ils ne vous appartiennent pas
Vous pouvez donner votre amour mais non vos pensées
Car ils ont leurs propres pensées
Vous pouvez vous efforcer d'être comme eux
Mais ne tentez pas de les faire comme vous
Car la vie ne va pas en arrière ni ne s'attarde avec hier''

Khalil Gibran, Le Prophète

Comme vous le savez, ma vie a été remplie d'enfants. Évidemment, je les aime du plus profond de mon coeur. Quand j'en vois un, je deviens alors la femme la plus heureuse du monde. Aujourd'hui, ce sont mes arrières-petits-enfants qui m'apportent le plus de joie. Je trouve qu'ils ressemblent à des arbres, enracinés dans la vie, bien d'être là, dans le vent et la pluie. Ils sont encore intacts, naïfs et drôles à la fois. Quand je suis près de l'un d'eux, je me sens vivre et revivre. Un enfant apporte avec lui la beauté fondamentale de l'être humain, qu'enfin je retrouve en moi et que je croyais avoir oubliée à tout jamais. Un enfant, ça nous rend enfant.

Je tiens à vous présenter maintenant, des mots, des phrases, des anecdotes prononcés par des enfants. C'est beau, rafraîchissant. C'est coloré, brillant. Ça met du soleil

283

Anecdotes d'enfants

dans nos vies.

Hugo, mon petit-fils, a trois ans et pose beaucoup de questions. Il me pose une question surprise: "*Est-ce que tu vas mourir, toi?*" Je lui réponds: "*Même si je meurs, je serai toujours près de toi.*" Il me regarde et me dit: "*Oui, je sais, tu seras au ciel avec Gamine.*" Gamine est le chien décédé de sa gardienne.

Mon fils, Bruno, qui a deux ans déboulait l'escalier sur toute sa longueur. En arrivant tête première en bas, j'ai bien peur qu'il se soit fait mal. Il se relève bien vite et regarde l'escalier d'un air perplexe et me dit aussitôt: "*J'me demande bien qui a inventé ça?*"

Je reviens de l'hôpital avec le bébé, Bruno. Jules, qui vient d'avoir quatre ans, joue tranquillement avec ses autos. Le bébé pleure et il a faim. Et Jules de dire: "*Il me dérange. Il est braillard. T'es mieux d'le r'tourner d'où y vient.*"

Je suis au salon mortuaire: Ma soeur, Thérèse, y est exposée. Je pleure! Mon petit-fils Félix arrive avec sa mère et son frère. Il me demande: "*C'est toi qui a d'la peine?*" Je lui réponds d'une voix plaintive: "*Oui, c'est moi.*" Alors, avec ses petites mains, il me tourne le visage sur un bord puis sur l'autre et me dit enfin: "*Pourtant t'as pas de bobos.*" Je me suis mise à rire! Les enfants, c'est la vie et cela nous aide à vivre.

Nous sommes reçues ma soeur, Thérèse, et moi chez Odette et son mari, Jean-Pierre. Mathieu, leur fils, qui a à peine six ans, a une surprise pour Thérèse dont c'est la fête. Il lui donne une carte et lui dit aussitôt: " *J't'ai fait un cadeau mais yé trop gros. Je n'pouvais pas l'envelopper*" Alors il va dans sa chambre et revient avec une cabane d'oiseaux qu'il avait faite lui-même. Nous avons tous ri.

Même les parents n'étaient pas au courant de ce que Mathieu avait préparé.

Julien, le fils de Luc vient passer quelques jours avec moi et je lui montre à jouer au Scrabble. Il est intéressé et après une partie, il veut inventer d'autres jeux. Le soir, au coucher, je lui raconte une histoire de mon cru et je lui fais un massage. Je lui demande ce qu'il fera plus tard et il me répond: "*Un écrivain, mais j'écrirai un peu plus que mon père ou un ingénieur. C'est bien plus payant.*"

Vers l'âge de six ou sept ans, Julien a dit, bien nonchalemment: "*Il pleut parce que la neige se cache.*" "*Pourquoi le soleil se cache?*" s'était-il posé comme question. Il a aussitôt répondu sans même réfléchir: "*C'est parce qu'il a peur de la nuit.*" et comme s'il récitait un poème:

> "*Lorsque le soleil se couche, Il rêve à Noël*
> *Il rêve à des cadeaux. Il rêve à la lune*
> *Il rêve qu'il est dans la lune.*"

Julien parle de son grand-père et de sa chienne Sophie tous les deux décédés depuis peu. Julien a quatre ans. Il dit: "*J'veux bien les rejoindre au ciel mais j'suis trop p'tit pour voler dans les airs.*"

Je parle au téléphone avec Mélissa. Elle me dit: "*Grand-Maman?*" Je dis: "*Oui, mon trésor?*" Elle me répond: "*Je t'aime beaucoup, beaucoup.*" Et je lui réponds à mon tour: "*Moi aussi, je t'aime beaucoup.*" Puis elle me dit qu'elle est amoureuse de Serge qui est plus grand qu'elle (Il a huit ans; elle en a quatre ans et demi.) Je lui dis: "*Tu n'as pas fait l'amour, toujours?*" Elle me répond: "*Ben non, Grand-Maman, je l'ai juste embrassé.*" "*Tu es bien grande, maintenant?*" que je lui dis. "*Ben oui grand-maman.*

Anecdotes d'enfants

T'aimes ça, hein, quand je suis grande?"

Je pense, ma petite Mélissa d'amour.
Tu es bien trop petite encore pour parler d'amour.
Tout cela vient de la télévision et des contes de fées.
Tu me fais bien rire ma douce Mélissa. Je t'aime tant!

Durant deux jours, j'ai la visite de la petite Mélissa, trois ans et demi. Elle me surprend toujours. Nous allons prendre une marche et je chante: "*Ah, que la vie est belle, belle, belle!*" Elle me dit: "*T'aimes la vie, grand-maman?*" Je lui réponds: "*Bien oui!*" "*Pourquoi?*"qu'elle me demande. Et là nous commençons à parler. Je lui dis: "*J'aime la vie parce qu'il y a des oiseaux. J'aime la vie parce que j'aime les fleurs. J'aime la vie parce que j'aime Mélissa.* Elle répète:"*J'aime la vie parce que j'aime grand-maman.*" Et nous rions, rions.

Je crois qu'elle ne connaît pas encore grand-chose de la vie et c'est tant mieux. Elle aime la vie et moi aussi. Lorsque nous sommes ensemble, elle couche avec moi, dans mon lit. Je ne dors pas beaucoup car elle bouge pas mal. Dans la nuit, elle se réveille et dit en pleurant: "*Maman est partie pour toujours, toujours.*" C'est un rêve, bien sûr mais j'ai bien de la peine de la voir ainsi. Je la prends dans mes bras et lui parle doucement pour la consoler.

Dans l'après-midi, je joue à la madame avec elle. Je fais la coiffeuse, la grand-mère, la mère, la tante Sylvie. Je donne tout mon temps. Je délaisse tout le reste quand je suis avec elle. Quand je lui dit après souper qu'elle a un gros ventre, parce qu'elle a bien mangé, elle me répond: "*Oui, j'ai un bébé dans mon ventre.*" Je lui dis: "*Ben voyons, Mélissa, t'es bien trop petite.*" "*Ben non*" qu'elle me répond. "*J'commence à être grande.*" "*Mais t'es même pas en amour, il faut être en amour pour faire un bébé.*" "*Oui! Je*

Germaine Dubreuil

suis en amour avec Bruno, son père. *Ça s' peut, non? C'est un homme.*" Cela me fait bien rire. Je me dis que les enfants en savent plus que nous quand nous avions leur âge. Mélissa, sait qu'elle peut porter un bébé, moi, à douze ans, je ne pouvais même pas me l'imaginer. Ah, que j'aime cette petite!

Petit garçon, Réal, mon fils, était facile à vivre. Il était propre et il aimait bien les autos, mais il était peureux. Je me rappelle de sa première année d'école. Je suis allée le reconduire et il devait revenir avec une petite fille de son âge, une voisine qui jouait tous les jours avec lui. (Rassurez-vous, il n'a pas eu de problèmes avec la petite fille.) À ce moment nous demeurions à Cowansville et l'école était tout près. Il devait arriver bientôt lorsque j'ai entendu un cri épouvantable qui venait du coin de ma rue. Je me suis précipitée en courant croyant que mon fils venait de se faire très mal, mais il n'en était rien. Réal, mon courageux fils avait simplement eu peur d'un tout petit chien. À cette époque, il avait six ans. Vers l'âge de sept ou huit ans, il s'est complètement transformé. Il n'avait plus peur de rien. C'en était inquiétant.

Nous demeurions à Sainte-Cécile-De-Milton, sur une ferme et il suivait toujours son père. Est-ce à cause de ça qu'il a cessé d'avoir peur ou a-t-il réussi à la contrôler?

Je garde mon petit garçon, Alexandre, le fils de Réal. Dans l'après-midi, je lui raconte une histoire. Pour m'éblouir, il m'en raconte une bien plus longue. Je fais semblant d'être sérieuse mais j'ai bien envie de rire. Il a de si beaux yeux, des yeux qui parlent et qui brillent. Je lui fais un costume de superman. Il est très content car, de ce temps-là, il se prend, la moitié du temps, pour superman.

7 avril 1987

Anecdotes d'enfants

À la crise du verglas, je suis allée passer quelques jours chez ma grande fille, Nicole, puisque je ne pouvais plus demeurer chez moi, à Saint-Hilaire. Nicole, comme de raison, m'a reçue comme si j'étais la reine d'Angleterre. Son fils, Frédéric, qui avait à peu près seize ans, est venu s'asseoir à côté de moi dans le salon. Je l'ai regardé et j'ai commencé à lui flatter les cheveux et à lui donner des becs. Je le trouve tellement fin et beau mon Frédéric. Alors, sans trop savoir pourquoi, je lui ai dit: *"Regarde ta grand-mère, elle est vieille. Regarde mes mains, elles sont toutes ridées."*Et tout de suite, il m'a pris affectueusement les mains et m'a dit sans hésiter: *"Ben voyons, grand-maman, c'est beau ça. C'est du vécu."* Il m'a fait tellement plaisir quand il m'a dit cela.

La petite Raphaëlle, quatre ans, se promène en auto avec sa famille dans la campagne. Elle est curieuse, donc elle a le nez dehors et elle observe.Tout à coup, elle aperçoit des vaches noires et blanches. Elle trouve ça bien bizarre. Elle dit aussitôt: *"Regarde maman, ce sont des vaches Dalmatien."* À cette époque, les chiens dalmatiens étaient très populaires à cause d'un film de Walt Disney. C'est tellement beau. simple et naïf un enfant. Nous, les adultes, sommes si compliqués.

Un jour, la petite Catherine, huit ans, m'a dit en me regardant avec ses petits yeux pétillants et intelligents: *"Grand-Maman, t'es bien jeune pour être vieille."* J'ai trouvé cette phrase tellement brillante que j'en suis restée estomaquée et je me suis mise à rire de bon coeur.

Picasso avait déjà dit une phrase un peu semblable à celle de Catherine, sauf que lui, il devait avoir dans les quatre-vingts ans. Il a dû garder son âme d'enfant toute sa vie, il a dit: *"on met très longtemps à devenir jeune."* J'aimerais bien rajeunir en vieillissant. Me semble que ça serait moins difficile.

Catherine me posait des questions sur la maladie de Thérèse. Elle l'avait vu amaigrie avec son masque à oxygène sur la bouche. Elle était impressionnée. Elle me demande: "*est-ce qu'elle va mourir?*" Je lui réponds: "*peut-être car elle est bien malade.*" Elle me dit alors : "*bien, elle est chanceuse, elle a fait une bonne vie. Sûrement qu'elle ira au paradis.*" La petite Catherine n'a jamais si bien dit. Je suis certaine que Thérèse sera très heureuse dans son autre vie qui va commencer très bientôt.

Quand Luc avait à peu près trois ans, je l'asseyais sur une chaise et avec l'eau du lavabo, je le lavais. Je lui faisais prendre son bain, comme je disais à l'époque. On parlait: "*Où est papa?* "qu'il me demandait. "*Au ciel*" (Son père venait de mourir) que je lui répondais, avec de la tristesse dans la voix. "*J'veux y aller,*" insistait-il."*Tu n'peux pas, c'est trop loin, c'est trop haut.*" que je lui disais. Mais Luc avait la tête dure: "*Non, j'veux y aller. J'vais prendre une grande échelle et j'vais me rendre jusque là, là où il est.*" Je ne savais pas trop quoi lui répondre. Des larmes me montaient aux yeux. S'il avait existé une échelle assez grande pour me rendre jusqu'à mon mari, j'y serais allée lui rendre visite avec mon p'tit Luc. Il est sûr et certain que j'y s'rais allée bien souvent, à part ça, mais ce n'était que de beaux rêves.

Quand j'étais malade, petite, ma mère me berçait et me chantait des chansons. Thérèse m'a déjà dit la même chose. Ça enlevait le mal. On reste toujours petite quand on souffre. Se bercer en chansons fait du bien.

Aujourd'hui, quand je souffre, je chante une chanson en dedans de moi comme pour me rassurer. Je retourne, en quelque sorte, dans les bras de ma mère.

Anecdotes d'enfants

Mélissa a à peu près deux ans et demi. Elle est assise sur moi et je la berce. Avec ses petits doigts fins, elle suit mes rides dans la figure: "*C'est plein de p'tits chemins*" qu'elle me dit, avec sa petite voix douce. "*Oui, y en a pas mal.*" que je lui réponds. Je me mets spontanément à rire devant tant de fraîcheur et de créativité. Elle a sûrement une âme de poète, ma petite Mélissa.

Hugo, a environ trois ans. Marco, son père, vient me chercher car il m'a invitée à déjeuner chez lui. Une fois à la maison, Marco m'empoigne solidement par la nuque et me dit: "*C'est l'fun de t'voir. Tu pètes le feu.*" Hugo ne dit rien mais il me regarde drôlement. Il a l'air de réfléchir. Au retour, dans l'auto, Hugo me demande: "*Mamie, viens t'asseoir avec moi en arrière.*" J'y vais et il ne parle toujours pas. On fait un bon bout de chemin comme ça. Et je me dis: "*Il va sûrement me sortir de quoi bientôt.*" Et comme de raison, il se tourne vers moi et me regarde droit dans les yeux. Il a l'air très sérieux. Il me dit: "*Mamie, joue pas avec le feu, c'est ben dangereux.*" J'ai bien ri et ça m'a fait du bien de voir cette belle naïveté d'enfant. Le monde de l'adulte me semble tellement programmé et tout prévu d'avance.

Armand demeurait avec nous à la maison et il n'avait pas de patience avec les enfants. La petite Louise avait du caractère. Quand mon frère s'amenait pour s'asseoir sur une chaise, la petite Louise (qui devait avoir dans les dix-sept, dix-huit mois) lui répliquait aussitôt: "*C'est ma chaise.*" Ça fâchait Armand. À la table, quand on mangeait, Louise lui disait: "*Y en prend trop lui, y en prend trop!* " Elle se mettait à pleurer. Elle observait beaucoup les autres. Elle était bien spéciale notre petite Louise. À un moment donné, je suis allée faire une commission à l'épicerie et quand je suis revenue, j'ai vu que Louise était assise sur la chaise berçante et que toutes les autres chaises de la cuisine étaient en cercle autout d'elle. J'ai dit à Armand: *"Qu'est-ce qui s'passe?"* Il m'a répondu: *"A veut toutes les chaises, j'vais toutes lui donner."* Je l'ai trouvé tellement enfant. J'avais de la misère à croire ça.

Plus tard, quand Armand est devenu père, je lui ai remis à peu près la même chose parce que son bébé pleurait presque tout le temps. Sacré petite Louise!

Un après-midi, à la salle des amis de la vallée du Richelieu, nous avons reçu vingt élèves de première, deuxième et troisième années. C'était des élèves qui avaient été choisis parce qu'ils souffraient tous d'un manque d'affection. Un professeur et le directeur les accompagnaient. Nous leur avons donné du jus et des petits gâteaux. Ensuite, nous leur avons fait des exercices avec des ballons. Je crois que c'était une première au Québec. Des grands-parents recevaient des petits-enfants en difficulté.

Moi, j'ai fait la connaissance d'Adrianne. Elle a parlé beaucoup et m'a avoué que ses parents étaient divorcés. Elle a dit aussi qu'elle avait une grand-mère (elle n'avait pas l'air certaine) mais qu'elle ne l'avait jamais vue. Quand je lui ai dit qu'elle avait un bien beau chandail, elle m'a répondu: *"C'était à ma soeur. Je mets presque toujours le linge de mes trois autres soeurs plus vieilles."* Quand nous avons fini les jeux avec les ballons, elle m'a demandé, *"Viens t'asseoir à côté de moi. T'étais à ma table tout à l'heure."* Puis elle s'est mise encore à parler. Elle m'a dit: *"J'me demande ce que j'srai quand j'vais être grand-mère."* Elle m'a aussi souvent parlé de son père mais pas une fois de sa mère. Ça m'a passablement surprise.

À la même table, une autre petite fille racontait avoir

Anecdotes d'enfants

deux mamans et deux papas mais pas de grands-mères ni de grands-pères. Me rencontrer était pour elle une expérience nouvelle. Au moins, j'ai servi à quelque chose. J'ai bien aimé l'expérience mais j'ai trouvé triste de voir des enfants qui n'ont pas de vie familiale. C'est pas pour rien qu'ils étaient en manque d'affection. Où veux-tu aller quand tu es un enfant seul dans la vie? Les familles sont presque toutes tombées. Quelle tristesse!

L'amour est tellement essentiel à
l'épanouissement d'un enfant.

Je parle au téléphone avec Mélissa et elle me dit: "*Je ne te vois pas souvent. Quand je vais être grande, j'irai te voir souvent et peut-être qu'à l'été, tu pourras venir passer une semaine avec moi. Tu seras l'arrière-grand-mère de mes enfants et je leur raconterai tout ce qu'on a fait ensemble, comme des biscuits ou des beaux dessins.*"

Pour ses huit ans, je lui ai donné un livre pour écrire son journal. Elle m'a dit: "*J'ai commencé à l'écrire et je parle même de René.*" Je lui avais aussi envoyé une lettre. Elle en parle avec joie: "*J'étais assez contente! Je l'ai conservée et je la relis parfois.*"

Je parle ensuite à Catherine, elle n'a pas la parole aussi facile que sa soeur. Elle me souhaite Bonne Fête et me promet un travail qu'elle a fait à la maternelle. Ce sont deux petites filles extraordinaires. Quel bonheur pour moi de les avoir!

Je garde en mémoire le jour de la Fête des Mères, du 15 mai, 1995. Ça s'est passé chez Sylvie et John. J'ai tellement apprécié cette journée. Marie-Pier m'a apporté un bouquet de fleurs. Ses yeux étaient tellement beaux quand elle me les a données. Catherine et Mélissa m'ont donné leurs photos. Elles aiment toujours me faire plaisir. Toutes les deux ont fait une entrée spectaculaire avec leurs robes et leurs chapeaux, fabriqués par leur mère. Elles sont venues me voir en arrivant et se sont collées sur moi. Tout le monde s'est pâmé pour ces deux jolies demoiselles. Elles sont si belles et si fines.

Un cadeau aussi de voir cette petite Raphaëlle, toujours si belle. Elle semblait sereine et calme. Quand je lui parle, elle me récompense de son plus beau sourire.

Un autre beau cadeau quand je prends dans mes bras le bébé de Barbara et de Guy. C'est un bébé en santé, avec de belles couleurs. Un beau garçon, quel bonheur pour moi!

Un an plus tard...
Fête de mères 12 mai, 1996
Je me pâme encore sur mes petits-enfants. Ils me rendent tellement heureuse! Cette fois-ci, c'est Nicole qui nous reçoit. Elle a décidé de faire un brunch et j'aime bien cela. Dans l'après-midi, mes petits-enfants arrivent: Pascale, la fille de Véronique. Je la prends dans mes bras et en s'éveillant, elle me fait un petit sourire. Je suis au septième ciel! Hugo, en me voyant, me dit: "*Ça fait longtemps qu'on s'est vus?*" Ce garçon me surprend toujours avec ses questions et ses réponses. Les petits garçons de Barbara sont plus indépendants et je ne peux pas les embrasser comme je le veux, mais ils sont si beaux et ils ont l'air si intelligent. Je les observe et j'aime beaucoup les voir agir. Marie-Christine aussi est très indépendante

Je ne me tanne pas de voir Marie-Pier et Raphaëlle. Elles sont bien spéciales! Elles ont de si beaux yeux. Mélissa et Catherine viennent se coller. Elles m'aiment autant que je les aime. Ce sont deux petites bien chaleureuses. La belle Catherine me dit: "*Une chance que*

Anecdotes d'enfants

tu as eu Bruno comme fils, car tu n'aurais pas été notre grand-mère et on t'aime tellement grand-maman."

Oui, être grand-mère, m'apporte une joie sans borne. Les petits-enfants sont ma raison de vivre.

Je suis rendue à un âge où je commence à me poser des questions. Le décompte, pour moi, est commencé.

Combien d'années, combien de jours, combien d'hivers me reste-t-il? Je trouve de plus en plus longs les hivers, les étés de plus en plus courts.

Aujourd'hui, Fête des Mères, il fait un froid terrible qui nous traverse de part en part. Pour un 12 mai, c'est plutôt rare. Il a neigé à plusieurs endroits. Carole et Jules attendent un troisième enfant d'un jour à l'autre. Cela me réchauffe le coeur encore une fois. Quand je vois tous mes petits-enfants, je me sens heureuse, comme si je rajeunissais tout à coup.

Je ne sais pas pourquoi mais c'est de plus en plus ces petits que je regarde, que j'observe. Ils me donnent de la vie, du souffle.

Ça fait du bien à mon coeur qui vieillit.

Germaine Dubreuil

La dame aux pigeons
petit conte véridique

Un pigeon solitaire vint se poser
sur le rebord de la fenêtre.
Elle y voyait un message ou un mauvais présage.
L'oiseau, toujours seul, s'envolait le jour
mais revenait toujours
La dame lui demanda: "Est-ce le bon Dieu qui t'envoie?
Est-ce le bon Dieu qui fait que tu es muet? "
Elle n'apprit ni ne comprit pourquoi
Ce pigeon s'agrippait tant à sa fenêtre!
Par contre, ça l'a fait réfléchir
sur l'hiver, sur la vie, sur la mort
Et sur son amour sans visage oublié.
Va dire à mes amis que je me souviens d'eux.
Sylvie septembre, 1987

Réponse de la dame au pigeon

Au printemps, le pigeon était encore sur le bord de la
fenêtre, il ne voulait pas partir.
La dame aux yeux bleus était de plus en plus perplexe.
Pourquoi? Pourquoi ne partait-il pas?
Ce qu'elle ne savait pas, c'est qu'il restait parce qu'il avait
vu dans cette dame quelque chose de puissant.
Une bonté infinie. Un coeur de mère.
Pourquoi fallait-il affronter les misères du monde?
N'avait-il pas tout ce qu'il fallait: Un gîte, une nourriture
donnée par une main amie? Non, il ne voulait pas partir.
Où pourrait-il trouver tant de paix et de tranquillité?
Qui pourrait avoir ce même regard?
Non, les yeux bleus l'avaient trop profondément marqué.
C'était décidé, il resterait jusqu'à la fin de l'été.
Sylvie, 8 novembre, 1987

Le premier souffle

Illumine les chandelles au-dessus de nos têtes
Bouge les étincelles dans nos yeux
Calme nos coeurs enlisés dans la tempête
Touche nos peaux pour que l'on se sente mieux.

Il est l'essence de nos regards
Nous sommes le reflet de son miroir
Quelques brins de poussière dans le ciel
Qui se croient toujours éternels

Approche-toi de nous lentement, sûrement
Pour baiser nos joues
Qu'elles deviennent tellement roses
Que cette fraîcheur soit au-dessus de toute chose!

Regarde-nous, on te remet tes sourires
Ressens-tu notre joie de vivre?
La lumière est entrée sous nos toits
Parce que partout porte ta voix...

Tu te souviens...

Lorsque nous étions dans le ventre de l'éternité
Nos visages enlacés les uns contre les autres
Avec chacun nos doux sourires
On savait tout ce qui allait se passer

Même jusqu'au premier souffle...

Jules Poisson, 5 mai, 1987.

Le millénaire

Hommage à ma mère
et à ses dix enfants

À l'aube de ce nouveau millénaire, nous ne pouvions l'amorcer sans rendre un hommage tout particulier à notre chère mère qui est pour nous si spéciale et que nous aimons tous.

L'odeur de la bonne soupe nous attendait. Gelés, fatigués, nous retournions dans la protection de notre maison comme si elle était un refuge. Ma mère nous y accueillait toujours quand nous revenions de quelque part. On ne passait pas inaperçus. Une question par-ci, une autre par-là. *"Ah! Tu as appris cela. Tu as vu cela!"* des exclamations. Des yeux bleus luminescents qui pénétraient jusqu'à notre âme. Cette curiosité que tu as toujours démontrée tout au long de ta vie dans les livres, la politique (je me souviens des nombreuses interventions, parfois orageuses en écoutant les nouvelles du soir.) *"C'est tu effrayant! C'est épouvantable!"* La fin dans le monde, la guerre, l'injustice. Une révolte grondait: maman écoutait les nouvelles.

Je me souviens très bien d'Odette qui revenait de l'école et racontait des jokes (enfin, si on pouvait les appeler ainsi) maman riait, riait haut et fort. Je me souviens d'une fois où Réal était arrivé en peur et dévasté à cause d'une grande peine d'amour. Installé sur mon lit, assis, il pleurait toutes les larmes de son corps, ce cher Réal. Maman lui parlait, parlait comme une litanie. Des mots sans fin, consolateurs. Tu en as bien essuyé, maman des peines d'amour.

De toutes les couleurs

Quand on étaient malades, c'était le branle-bas de combat. Toute la panoplie des traitements y passait, incluant les frottements partout et des *"mon pauvre petit chien"* répétés encore une fois en litanie. Il y a eu quelques accidents dans notre parcours. Je me revois encore attendant Nicole dans la cuisine d'hiver. Son entrée remarquée par les *"ah! c'est tu possible!"* de maman si énervée de voir sa fille dans cet état. Sa belle fille que l'on avait amochée! Et que dire de cet accident que j'ai eu et qui a bouleversé ma mère comme ça s'peut pas. C'était comme si j'étais à l'article de la mort. Et de me voir toute coupée, ça non, elle n'aimait pas ça.

Cette chère Gyslaine dont ma mère s'est inquiétée pendant des années et qui est finalement venue se réfugier sous l'aile de notre mère en se séparant de son mari. *"Comment peut-on être cruel avec ma fille au coeur d'or et pleine de bonté?"* Combien de fois tes enfants sont retournés au bercail? Pour ma mère, la santé, c'est important. Alors quand notre petite Louise a été malade, l'inquiétude s'est enparée d'elle qui répétait sans cesse *"ma petite Louise, ma petite Louise."*

Et puis, ses enfants, ils étaient tous beaux et parfaits. L'autre jour je regardais les photos avec maman et quand elle a vu la photo de son Luc, elle a dit: *"As-tu vu comme il était beau? mon Luc!"* Et de décrire ses beaux cheveux et même ses belles oreilles, encore émerveillée!

Et que dire du *"top"* son cher Bruno, blond comme les blés, possédant de si beaux yeux bleutés comme les siens. Pauvre Bruno, comme il se faisait embrasser avec passion! Peut-on perturber un enfant en l'embrassant si fort?

Et que dire des cent coups que tous tes enfants ont

bien pu faire? Ils sont si nombreux. Le spécialiste, cependant, il me semble que c'était Jules: peinturer le chien en rouge, se cacher dans le blé d'inde avec son petit sourire sardonique, faire peur aux poules avec l'étole de vison de maman (les poules qu'il imite si bien), jouer dans le ruisseau en sautant de glace en glace, se casser la clavicule en faisant un *"stunt"* avec sa bicyclette. Tu pourrais nous en raconter beaucoup hein, Jules, ce Jules que l'on a cherché combien de fois?

Et Marjolaine là-dedans? Marjolaine, Elle aidait maman à piocher, à traire les vaches, à mettre la maison propre. Un ange quoi! (hum!)

Tes éternels ébahissements devant la nature sont remarquables. Une petite violette et cela prenait l'ampleur d'une fête. Et si on en trouvait des blanches alors là. Le bruissement des feulles des bouleaux dont tu nous faisais toujours remarquer la musique si particulière. La protection des oisillons dans un éternel chassé-croisé d'une fenêtre à l'autre. Tout à coup, on te voyait disparaître à la rescousse d'un oisillon tombé du nid en criant: *"le chat, ah!"* Et ces hirondelles des granges qui annonçaient le printemps après un si long hiver, comme tu étais contente qu'elles reviennent Tu avais aussi une prédilection pour les coccinelles que tu appelais, il me semble, les bêtes à bon Dieu. Pour les vaches, on en reparlera, n'est-ce pas.

Il faut dire aussi que ma mère avait du caractère, ça oui! Quand elle a décidé de ne plus conduire le gros tracteur rouge, ça été fini net, ou la fois qu' elle avait eu à conduire le tracteur mais ne pouvait ralentir, sinon le moteur calait. En bons enfants (personne ne peut contester cette affirmation!), Luc et moi nous avions pensé aller lui porter de l'eau car il faisait si chaud. Mais elle allait si vite. Elle nous faisait des signes d'impatience que l'on n'a pas compris sur le coup. Tout ce que l'on voyait, c'est qu'elle n'avait pas trop l'air de bonne humeur.

Il faut dire que tu as tellement travaillé, maman. Ces beaux jardins si bien entretenus qui faisaient l'envie des passants et qui étaient toujours agrémentés de fleurs. Ces bons repas toujours préparés avec soin. Je ne peux faire autrement que me rappeler ces shortcakes aux fraises chauds que l'on mangeait avec de la crème fraîche. Miam! Miam!

Tes grands talents de couturière en ont impressionnés plus d'un, spécialement un jour, où si fière, j'annonçais à l'école, que ma mère m'avait fait la robe que je portais et qu'elle avait été confectionnée dans un...rideau!

Mais il y a eu aussi dans ta vie tant d'épreuves, de peine, de tristesse. La maison brûlée, ton mari, mort le 25 décembre et que tu aimais tellement. La mort des membres de ta famille: ta mère, ton frère, ta soeur. La mort de ton deuxième mari et de tous les autres amis, voisins, enfants de René. Toutes ces tragédies vécues ne t'ont pas aigrie. Elles ont fait de toi la personne pleine de compassion et d'amour que tu es aujourd'hui.

C'est pour cela que c'est le mot AMOUR qui te décrit le mieux.

L'amour infini, pur et profond
L'amour-tendresse
L'amour filial, l'amour passionné
L'amour de la nature
L'amour envers tes enfants
tes petits-enfants et tes arrières petits-enfants
Voici cet extrait de Rûmî

Germaine Dubreuil

"Ô amour, ô amour pur et profond
sois ici, sois maintenant, sois tout
Les mondes se dissolvent dans ta splendeur
immaculée et infinie
Tu fais briller de frêles feuilles vivantes
d'un éclat plus grand que les froides étoiles
Fais de ton serviteur, ton souffle, ton âme"

Au début de ce millénaire, c'est ce que je vous souhaite
Cet amour si grand qui peut soulever des montagnes
Que cet amour rayonne autour de vous

Célébrons l'amour
Que notre amour
Nous a tant donné

Merci maman!

Bonne année à tous!

De toutes les couleurs

À propos de l'auteure

J'ai connu Germaine Dubreuil Poisson
il y a très peu de temps.
Nous étions inscrites toutes les deux à un concours
littéraire où se regroupait cinquante-six auteures
pour réaliser le collectif FEMME = SOLUTION

Le défi était de vivre une expérience de solidarité
pour souligner et amorcer le millénaire
tout en léguant un héritage au féminin.

L'Amour traversait tous les récits d'auteures.
Oui l'Amour engendre l'Amour
et seul l'Amour peut faire fondre
les coeurs refroidis, les différences, les distances
les résistances et dépasser les épreuves.
L'Amour, c'est l'évolution de notre humanité.

Germaine est synonyme de l'Amour.
Elle enseigne par ses écrits la façon
la plus simple et la plus accessible d'aimer.
S'engager par amour et vivre la plénitude de l'Amour.

Qu'on se le dise, l'Amour ouvre le coeur!
Répandons-le comme le plus grand virus
que la terre n'ait jamais porté!

À bon lecteur Salut!

Louise Kanemy

Éditrice

Achevé d'imprimer chez
MARC VEILLEUX IMPRIMEUR INC.,
à Boucherville,
en juin deux mille un